Kirstin Chen
Sojasoße für Anfänger

D1678495

Das Buch

Die dreißigjährige Gretchen Lin treibt ruhelos durchs Leben, nimmt sich kurzerhand eine Auszeit von San Francisco und ihrer gescheiterten Ehe und kehrt nach Singapur in ihr Elternhaus zurück. Dort muss sie sich mit zwei unbequemen Wahrheiten auseinandersetzen, vor denen sie ihr Leben lang Reißaus genommen hat: das Alkoholproblem ihrer Mutter und die Machenschaften in der Sojasoßenfabrik ihres Vaters. Inmitten ihrer Familie ist Gretchen hin- und hergerissen zwischen dem Wunsch nach Selbstverwirklichung und ihren Pflichten als Tochter. Dennoch beginnt sie eine Romanze mit dem Sohn eines Kunden – einem gleichermaßen attraktiven wie stillen Mann. Als eine alte Freundin aus Amerika in die Stadt kommt, werden beide in den schwelenden Konflikt um Gretchens Cousin, den einzigen männlichen Enkel und Erben von Lin's Sojasoße, hineingezogen. Der Druck auf Gretchen wächst: Ihr Vater wünscht sich, sie möge für immer in Singapur bleiben, ihre Mutter rät ihr, nach San Francisco zurückzukehren. Gretchen muss sich entscheiden, ob sie ihre Ehe fortführt und ihr Studium am Konservatorium beendet oder ob sie alles aufgibt, um gemeinsam mit ihrer Familie den weltweiten Siegeszug der traditionellen Sojasoßenherstellung voranzutreiben.

Die Autorin

Kirstin Chen ist die Autorin des Romans »Soy Sauce for Beginners«, der von *USA Today*, dem *Ophra Winfrey Magazine* und dem *Glamour Book Club* vorgestellt und empfohlen wurde. Sie ist Absolventin des *Steinbeck Fellows Program* für kreatives Schreiben und hat das Emerson College in Boston mit dem Master of Fine Arts und die Stanford University mit einem Bachelor abgeschlossen. Geboren und aufgewachsen in Singapur, lebt Kirsten Chen derzeit in San Francisco, wo sie an ihrem zweiten Roman arbeitet, dessen Handlung auf einer kleinen Insel vor der Küste Südchinas im Jahr 1958 spielt.

KIRSTIN CHEN

Sojasoße für Anfänger

Roman

Aus dem Amerikanischen von Andrea Greul

Die Originalausgabe erschien 2013 unter dem Titel »Soy Sauce for
Beginners« bei Houghton Mifflin Harcout, New York.

Deutsche Erstveröffentlichung bei
AmazonCrossing, Amazon Media E.U. Sàrl
5 Rue Plaetis, L-2338 Luxembourg
Juli 2015
Copyright © der Originalausgabe 2013
By Kirstin Chen
All rights reserved.
Copyright © der deutschsprachigen Ausgabe 2015
By Andrea Greul

Umschlaggestaltung: bürosüd° München, www.buerosued.de
Lektorat: Renate Novak
Satz: Dr. Rainer Schöttle Verlagsservice, www.schoettle-lektorat.de
Printed in Germany
By Amazon Distribution GmbH
Amazonstraße 1
04347 Leipzig, Germany

ISBN: 978-1-503-94813-6

www.amazon.com/crossing

1

Dies sind einige meiner Lieblingsdüfte: getoasteter Bagel, frisch aufgeschnittene Feigen, Bergamotte in einem guten Earl-Grey-Tee und unbehandelte Sojabohnen, die unter tropischer Sonne in einem Fass reifen.

Man würde vermuten, Letzteres rieche salzig, fleischig und schal – als würde man, nachdem man den roten Verschluss abgeschraubt hat, seine Nase so tief wie's geht in die Flasche stecken, die beim Chinesen an der Ecke auf dem Tisch steht. Doch tatsächlich riechen gärende Sojabohnen ganz anders als die Soße in der Kunststoffflasche. Würzig und kräftig, wie aufgehender Brotteig oder feuchte Erde, verströmen diese Bohnen den Geruch von Geschichte, Leben und jenen winzigen, unaufhörlichen Entwicklungen, die mit bloßem Auge nicht erkennbar sind.

Alles, was ich über Sojasoße weiß, habe ich von meinem Vater, meinem Onkel und meinem seligen Großvater gelernt. Wir sind eine Familie, in der stundenlang über die Sojabohne und ihre Besonderheiten geredet wird. Doch an jenem Morgen in der familieneigenen Sojasoßenfabrik hatte ich keine Lust zu diskutieren. Das Einzige, was mein Hirn in Beschlag nahm, war diese unerträgliche Hitze. Sie drang aus dem Boden durch die dünnen Sohlen meiner flachen Schuhe und kroch mir in Nase, Mund und Ohren. Der Schweiß stand mir unter den Achseln, in den Armbeugen und in den Kniekehlen. Selbst im Schatten der rot gestreiften Markise vor dem Fabrikgebäude war die Luft zum Schneiden. Ich stand zwischen meinem Vater und meinem Onkel, trat von einem geschwollenen Fuß auf den anderen und wünschte mir, dass die Kunden sich beeilen und endlich ankommen würden.

Innerhalb der vergangenen drei Monate war ich dreißig geworden, von meinem Mann verlassen worden und hatte mir eine Auszeit von San Francisco genommen, der Stadt, in der ich seit fünfzehn Jahren lebte. Mittlerweile war es August, ich war zurück in Singapur und wohnte seit einer Woche wieder im Haus meiner Eltern. Auf Drängen meines Vaters hatte ich mich breitschlagen lassen, in der Fabrik auszuhelfen. Ich erledigte anspruchslosen Papierkram, der wenig mit Sojasoße zu tun hatte. Ich hatte diesen Job jetzt seit genau vier Tagen, doch trotz meiner Unerfahrenheit bestand mein Vater darauf, dass ich an diesem Treffen teilnahm.

Ich hielt mir die Hand als Sonnenschutz über die Augen und betrachtete blinzelnd das Logo, das in das Werkstor eingelassen war: 林, das wie mit dicken Pinselstrichen gemalte chinesische Schriftzeichen für meinen Familiennamen. Seit der Gründung von *Lin's Sojasoße* durch meinen Großvater vor fünfzig Jahren war der Betrieb auf ein umzäuntes Gelände mit drei Betongebäuden angewachsen, die um einen zentralen Innenhof gruppiert waren. Es war eine karge und zweckmäßige, fast strenge Architektur – als würden selbst kleinste Ornamente von der eigentlichen Aufgabe ablenken, der Herstellung von Sojasoße. Mein Vater, mein Onkel und ich standen auf den Stufen des Bürogebäudes, und jedes Mal wenn die Glastür aufging, streifte uns eine Welle klimatisierter Luft und verschaffte uns einen Augenblick lang Erleichterung von der Gluthitze.

Falls mein Vater mein Unbehagen bemerkt haben sollte, zog er es offensichtlich vor, es zu ignorieren. Er warf einen Blick auf sein altmodisches Klapphandy, um nachzusehen, ob er

Anrufe verpasst hatte. Dann nahm er die Brille ab und polierte die Gläser mit dem Saum seines Hemdes. Ohne den gewohnten Schutz wirkten Bas Augen klein und hilflos. Als er mich dabei ertappte, wie ich ihn ansah, lächelte er. An seinen Schläfen bildeten sich feine Linien, wie mit einem Kamm gezogen. Es war ein ungekünsteltes, spontanes Lächeln – wie es einem übers Gesicht huschte, wenn man ein Kleinkind mit einer drolligen Mütze sah –, und ich lächelte unwillkürlich zurück.

Auf der anderen Seite neben mir zog mein Onkel ein zerknittertes Taschentuch aus der Hosentasche und fuhr sich damit über den Nacken. Während Ba drahtig und kompakt war, war Onkel Robert ziemlich groß und breit für einen typischen Singapurer und hatte einen stattlichen Bauch, der über seinem Hosenbund prangte. Er grinste mich an. »Heiß, was?«, fragte er fröhlich. Er streckte die Hand aus und drückte den Arm meines Vaters. »Gretchen ist jetzt eine Amerika-ha-nerin«, sagte er lachend. »Kann die Hitze nicht mehr *tahan*.«

Singapurer sind auf eine perverse Art und Weise stolz auf ihr Klima. Auf Temperaturen, die das ganze Jahr über um die dreißig Grad betragen und nie unter vierundzwanzig fallen. Unser kleiner Inselstaat liegt direkt vor der Südspitze der Malaiischen Halbinsel in Südostasien und fast auf dem Äquator.

In förmlichen Gesprächen sprechen wir von zwei Jahreszeiten: heiß-und-feucht und heiß-und-trocken. In weniger förmlichen Gesprächen von dreien: heiß, sehr heiß und scheißheiß. Während meiner Zeit in der Bay Area hatte ich gelernt, den Mund zu halten, wenn meine amerikanischen Freunde sich über die Luftfeuchtigkeit beschwerten. Als ich nun hier auf den Stufen stand und mir die Seidenbluse am Rücken klebte, dachte ich an kühle Herbsttage in San Francisco und an warmes Sonnenlicht auf kalter Haut.

Ich war kurz davor, mich wieder zu beschweren, als ein langer dunkler Wagen durch das Tor fuhr und einen Parkplatz ansteuerte. Zwei Männer stiegen aus. Der Ältere war klein und hatte nach hinten frisiertes graues Haar auf einem Kopf, der viel zu groß für seinen schmalen Körper zu sein schien. Der Jüngere war schlank, aber viel breitschultriger und größer als sein Begleiter. Der Größenunterschied hing vielleicht auch damit zusammen, dass sein Haar zu einem Fake-Iro hochgegelt war. Mir war nicht entgangen, dass viele junge Männer in Singapur diese Frisur trugen, die ich bereits bei Fashionistas der Gay Community in San Francisco gesehen hatte. Ich fand das immer viel zu gekünstelt, um wirklich stylish zu sein. Außer der Frisur fiel an dem Jüngeren eine glänzende schwarze Brille auf, mit schmalen Gläsern und breiten Bügeln. Sie wirkte, als wäre sie in seinem Gesicht festgewachsen, wie ein Ohr oder die Nase.

Seit der Rückkehr in meine Heimat beschränkte ich mich in puncto Schönheitspflege nur noch auf das Notwendigste. Doch nun versuchte ich, nicht an mein strähniges schulterlanges Haar, die Ringe unter meinen Augen und an meine rissigen Lippen zu denken, auf denen eine meterdicke Schicht Lippenbalsam klebte.

Ba und Onkel Robert hatten mich bereits bestens über unsere Besucher informiert. Kendro Santoso gehörte eine Kette von exklusiven panasiatischen Restaurants in ganz Südostasien – in Jakarta, wo der Hauptsitz war, in Bangkok, Kuala Lumpur, Manila und nun auch in Singapur. Das neueste Spice Alley sollte noch in diesem Jahr im Luxushotel Shangri-La eröffnet werden. Mr Santoso wollte sich unseren Betrieb genau ansehen, bevor er entschied, ob er einen exklusiven Vertrag mit Lin's Sojasoße unterschreiben würde. Mein Vater und mein Onkel gingen offenbar davon aus, dass ich Interesse hätte, bei der Führung dabei zu sein, aber das sah ich natürlich anders.

Als Kind hatte ich es geliebt, jeden Samstagmorgen mit meinem Vater in den Betrieb zu gehen. Während unzähliger Abendessen im Kreis der Familie hatte ich jedes Mal die Ohren gespitzt, wenn die Erwachsenen darüber debattierten, ob ein Zedernfass oder ein Eichenfass für den Reifeprozess geeigneter wäre. Mit dreizehn hatte ich dann im Juni während der Schulferien in der Abfüllstation gearbeitet, so wie mein Cousin Cal schon vor mir. Dieser anstrengende Job hatte mich schließlich in meinem Entschluss bestärkt, niemals ins Familiengeschäft einzusteigen. Es war das letzte Mal gewesen, dass ich bei Lin's gearbeitet hatte. Seitdem hatte ich nichts mehr dazugelernt. Ich wusste wenig darüber, was mein Vater und mein Onkel eigentlich machten. Doch Ba gab nichts auf meine Bedenken. Er versicherte mir, die Arbeit im Büro könne warten und meine Kollegen dort würden auch ganz gut ohne mich klarkommen.

Mr Santoso kam mit ausgestreckter Hand auf Onkel Robert zu. Er entschuldigte sich für die Verspätung, obwohl er eigentlich pünktlich war. Dann stellte er uns seinen jüngsten Sohn vor. Er hieß James.

»Und das ist Gretchen, meine Tochter«, erwiderte mein Vater. »Frisch aus Amerika in die Heimat zurückgekehrt.«

Ich drückte die Arme eng an den Körper, um die Schweißflecken zu verbergen.

»Sie ist sehr schlau«, fügte Onkel Robert hinzu, als würde er über ein Hündchen oder ein kleines Kind reden. Er beugte sich verschwörerisch vor. »Hat ihren Abschluss in Stanford gemacht.« Er erwähnte nicht, dass ich derzeit vom Konservatorium in San Francisco beurlaubt war, aber das überraschte mich auch nicht.

»James hat an der New York University seinen MBA gemacht«, sagte Mr Santoso. »An der anderen Küste.« Er lachte laut auf, als wäre das eine gute Pointe. Falls er sich wunderte, warum Cal, Onkel Roberts Sohn, nicht anwesend war, verzichtete er aus Höflichkeit darauf, nach ihm zu fragen. Erleichtert stimmten mein Vater und mein Onkel in sein Lachen ein.

Der Sohn lächelte seinen Vater nachsichtig an. Er hatte eine Leichtigkeit an sich, die bezeichnend war für einen Typen, der mühelos durchs Leben glitt – der eine kultivierte, zierliche chinesische Freundin hatte, die auf seinen Heiratsantrag wartete. Bei diesem Gedanken fragte ich mich plötzlich, ob ich tatsächlich so müde und abgespannt aussah, wie ich mich fühlte. Wie eine Frau eben, die von ihrem amerikanischen Ehemann wegen einer einundzwanzigjährigen studentischen Hilfskraft verlassen worden war; ein Detail, das ich meinen Kommilitonen, Freunden und insbesondere meiner Familie bislang vorenthalten hatte.

»Fangen wir an«, sagte Onkel Robert, hielt die Tür auf und winkte uns in das klimatisierte Foyer.

Als wir den Flur mit gerahmten Schwarz-Weiß-Fotos an den Wänden entlanggingen, blieb ich kurz vor meinem Lieblingsbild stehen. Mein Großvater war darauf zu sehen, mit silbergrauem Haar und seinem schiefen Grinsen, das er mir über meinen Vater vererbt hatte. Auf dem Bild sah man, wie Ahkong sich vorbeugte und eine Handvoll vergorener Sojabohnen aus einem großen Tontopf schöpfte. Seit er mir einmal eine Bohne zum Probieren gegeben hatte, lief mir jedes Mal sofort das Wasser im Mund zusammen, wenn ich an den sauer-scharfen Geschmack dachte.

Weiter vorne erläuterte mein Onkel unseren Gästen die Geschichte von Lin's Sojasoße, die man sich in unserer Familie mindestens einmal im Jahr erzählte. Vor allem, seit die Kinder meines Cousins alt genug waren, um sie zu verstehen. Obwohl ich sie in- und auswendig kannte, hörte ich jedes Mal aufmerksam zu, betrachtete die Gesichter der Kinder und wünschte mir, sie könnten die Geschichte direkt von meinem Großvater hören.

Mein Großvater – Lin Ming Tek für seine Angestellten, Ahkong für uns Enkelkinder – begann seine Karriere bei Yellow River, dem Hongkonger Sojasoßen-Giganten, der das massenproduzierte Zeug herstellte, das alle von uns Lins bereits in jungen Jahren verächtlich ablehnten. Nachdem Ahkong sich sehr schnell hochgearbeitet hatte und zum Leiter der Singapurer Niederlassung befördert worden war, ließ der Präsident von Yellow River ihn nach Hongkong einfliegen und lud ihn zu einem Festbankett im besten Restaurant der Stadt ein – ein Restaurant, exquisiter als alle auf der verschlafenen Insel Singapur. Dort kam Ahkong zum allerersten Mal in den Genuss echter Sojasoße, die ein livrierter Kellner in ein winziges Porzellanschälchen goss, das mühelos Platz auf seinem Handteller fand. Glänzend, lebendig und mit einem weichen, leicht herben Nachgeschmack war diese Soße, verglichen mit der trüben, abgestandenen Brühe von Yellow River, wie ein funkelnder Bach.

Trotz seiner jüngsten Beförderung und der damit verbundenen Garantie für ein sorgenfreies Leben beschloss Ahkong eine eigene Fabrik zu eröffnen, in der ausschließlich natürlich fermentierte Sojasoße aus erstklassigen Zutaten hergestellt werden sollte.

Und das hieß: Er musste eine vollkommen andere Produktionsmethode neu erlernen – eine, die gerade im Aussterben begriffen war. Die Firmen, die das Gros der Sojasoßen produzierten, benutzten allesamt chemische Zusatzstoffe, die den Fermentationsprozess beschleunigten sowie jede Menge Salz, um den Geschmack der minderwertigen Zutaten zu übertünchen. Nur einige wenige arbeiteten noch nach der überlieferten Methode, Sojabohnen in jahrhundertealten Fässern reifen zu lassen. Dieser Prozess brachte die köstliche, facettenreiche goldene Flüssigkeit hervor, die seit langer Zeit die Aromen der asiatischen Küche betonte. Ahkong war fest entschlossen, diesen Schatz nach Singapur zu bringen. Im Rahmen seiner Ausbildung arbeitete er in der Sojasoßenmanufaktur Chiba, bei einem der besten Soßenhersteller, der seinen Sitz auf der Insel Shodoshima im japanischen Seto-Binnenmeer hatte. Dort erlernte er die traditionellen japanischen Methoden, die er bei der Herstellung seiner eigenen chinesischen Spezialsojasoße anwenden wollte.

In seiner Kurzversion übersprang mein Onkel einige Jahre und kam direkt zu der langen Liste der Erfolge und Auszeichnungen meines Großvaters. Er erzählte es so, als wäre es keine große Sache gewesen, als würde man auf einem Parkplatz von einem Hollywood-Regisseur entdeckt werden. Doch ich kannte die Wahrheit.

Bevor sie starb, hatte meine Großmutter uns die Geschichte von ihrer Warte aus erzählt. In Amahs Version ging es darum, wie bestürzt sie gewesen war, als sie erfuhr, dass ihr Ehemann eine glänzende Karriere an den Nagel hängen und Singapur und seine Familie für sechs Monate verlassen wollte, um irgendeinem wilden, romantischen Traum hinterherzujagen.

»Das waren die Fünfziger, wisst ihr«, hatte Amah auf Chinesisch gesagt, obwohl sie wusste, dass diese Zahl uns Enkelkindern nichts sagte. Doch sie fuhr unbeirrt fort: »Es herrschten chaotische Zustände im Land, es gab Rassenunruhen, da waren die Kommunisten, die Nationalchinesen und dann noch die, die auf der Seite der Briten gestanden haben – nein, wir waren ja noch nicht einmal ein richtiges Land.« An dieser Stelle fasste sie sich und schüttelte den Kopf. »Singapur war nicht, was es heute ist. Ich weiß, für euch kleine Krabben ist das schwer zu glauben, aber die ganze Insel war ein einziges Durcheinander. Furchtbar dreckig. Überall Hausbesetzer. Hühner und Schweine rannten in der Gegend herum.«

Sie hatte recht. Ich konnte mir nicht vorstellen, wie scharenweise Nutztiere durch meine schöne, makellos saubere Stadt rannten. Cal, damals etwa zehn oder elf Jahre alt, sah kurz von seinem Comic auf, las dann aber weiter. Seine jüngeren Schwestern Lily und Rose taten so, als würden sie zuhören, unterhielten sich aber stumm weiter, indem sie sich bedeutungsvolle Blicke zuwarfen. Nur ich, die ich zu sehr daran gewöhnt war, allein zu spielen statt mit den anderen Mädchen, und zu jung, um für Cal interessant zu sein, hörte gebannt zu.

Amah erklärte, Ahkong habe jeden Tag seines Lebens gearbeitet, um seiner Familie ein gutes und sicheres Zuhause bieten zu können. Und nun wollte er alles hinwerfen – um ausgerechnet nach Japan zu gehen! »Keine zehn Jahre nach dem Krieg. Was würden die Leute sagen?«

Sie bat ihn, zu bleiben – sie drohte ihm sogar, ihn zu verlassen –, doch mein Großvater blieb stur. Erst forderte er sie auf, ihn gehen zu lassen, dann diskutierte er mit ihr, und schließlich flehte er Amah an, gehen zu dürfen. Während sie ihre Entscheidung überdachte, aß und schlief er nicht, sondern saß einsam an seinem Schreibtisch und lernte Japanisch.

»Was hätte ich tun können?«, sagte Amah und machte ihrer Entrüstung Luft. »Er hatte seine Stelle ja schon gekündigt. Seine Leichenbittermiene hat uns verrückt gemacht. Ich habe ihm gesagt, wenn er nicht nach genau sechs Monaten wieder zu Hause sein würde, dürfe er seine Söhne nie mehr im Arm halten.«

Als Amah sah, wie ich sie mit großen Augen und offenem Mund anstarrte, strich sie mir übers Haar und versicherte mir, es sei bloß eine leere Drohung gewesen. »Das hätte ich meinen Jungs doch niemals angetan.«

Meine Großmutter war nicht die Einzige, die an Ahkongs Verstand zweifelte. Seine ehemaligen Kollegen erklärten ihm, er werde mit seiner extravaganten Soße kein Geld machen. Die Kunden würden den Unterschied sowieso nicht bemerken und wären sicherlich nicht bereit, mehr dafür hinzublättern.

Doch je mehr mein Großvater lernte, desto entschlossener wurde er.

Onkel Robert hielt kurz inne, um sicherzugehen, dass er immer noch die ungeteilte Aufmerksamkeit seiner Besucher hatte. »Wie kann jemand, der einmal erlebt hat, wie ein einziger Teelöffel das Aroma von Frühlingszwiebeln, Ingwer und

Knoblauch veredelt oder wie eine dünne Glasur den Rauchgeschmack eines zarten Bratens hervorhebt« – an dieser Stelle legte er die Fingerspitzen gegeneinander und führte sie an seine Lippen – »wie kann jemand davor die Augen verschließen?«

Unsere Gäste nickten andächtig. Als mein Vater mir hinter seinen Brillengläsern zuzwinkerte, wünschte ich mir, er möge endlich aufhören zu versuchen, mich auf ihre Seite zu ziehen. Ich wusste es zu schätzen, dass er es versuchte, wirklich. Aber ich hatte mit dem Zeitunterschied zu kämpfen, dem Wetter und meinem Schmerz über das, was ich zurückgelassen hatte. Ich zwang mich zu grinsen und nickte eifrig, um Interesse zu demonstrieren – doch es kostete mich mehr Kraft, als ich hatte.

Außerdem sollte Ba dringend einen Gang herunterschalten. Eigentlich war er auch schon im Ruhestand: Aufgrund des sich verschlechternden Gesundheitszustands meiner Mutter hatte er den Posten des Direktors von Lin's an seinen jüngeren Bruder abgegeben. In der vergangenen Woche, in der Cal immer noch nicht zurück war, war mein Vater jedoch jeden Tag zur Arbeit gegangen, nachdem er meine Mutter zur Dialyse und wieder nach Hause gefahren hatte. Sie war Professorin für deutsche Literatur an der National University of Singapore gewesen, bevor ein Nierenversagen sie zwang, ihre Stelle aufzugeben. Das Thema Sojasoße interessierte sie nicht.

Onkel Robert erzählte den Santosos, es sei nur eine Frage der Zeit, bis die Sojasoße Ketchup und Senf verdrängen und die Nummer eins der Würzsoßen in Amerika werden würde.

»Das ist durchaus möglich«, erwiderte Mr Santoso. »Die Amerikaner lieben die asiatische Küche. Als ich damals in Michigan studierte, bekam man in den Restaurants nur frittierten Fisch. Aber heutzutage kann man in jedem Supermarkt Sushi kaufen. Stimmt doch, mein Junge, oder? Hat das was, oder hat das was?«

»Das hat schon was«, bestätigte der Sohn. Er hatte einen amerikanischen Akzent – ganz der reiche Junge, der auf internationalen Privatschulen herangewachsen war.

Doch ich gebe zu, dass auch ich häufig fälschlicherweise für eine Kalifornierin gehalten wurde. Allerdings sprach ich ebenso fließend Singlisch und wechselte die Akzente wie Hüte oder Perücken, je nach Gelegenheit und Stimmung. Obwohl ich nicht viel von dem Sohn hielt, jagten mir seine undeutlich ausgesprochenen Silben, die flachen Vokale und verschluckten Konsonanten einen leisen Schauer über den Körper. Das Gefühl war vergleichbar mit dem, das einen in dem Moment ereilt, in dem man einen Freund erblickt, den man jahrelang nicht mehr gesehen hat – aber man weiß nicht, ob man ihn ansprechen oder sich unbemerkt davonschleichen soll.

Wir folgten Onkel Robert nach draußen auf den asphaltierten Innenhof, auf dem viele Reihen von Tonfässern standen, von denen jedes einzelne so groß war, dass ein Kind hineinkriechen konnte. Als wir uns in den Schatten eines gelben Feuerbaums stellten, erklärte mein Onkel, die siebzig hüfthohen Behälter seien eine Spezialanfertigung für Ahkong, hergestellt in der chinesischen Provinz Fujian. Die Fässer enthielten eine Mischung aus ungeschroteten Sojabohnen – die gedämpft statt gekocht worden waren, um ihr erdiges Aroma zu bewahren –, Meersalz, Wasser und geröstetem Winterweizen. Alle vier Tage rührte ein Mitarbeiter die Mischung mit einem langen hölzernen Paddel um. Ansonsten ließ man die zugedeckten Fässer einfach in der Sonne stehen, bis der Gärungsprozess nach fünf bis sechs Monaten vollendet war.

Auf der anderen Seite des Innenhofes, wo Lin's neue Fiberglastanks hinter einem Schuppen versteckt standen, überprüfte ein dünner, leicht gebeugter alter Mann mit einem Zeigerthermometer die Temperatur in den Fässern. Er trug die Arbeitskleidung der Fabrikarbeiter, ein gelbes Poloshirt, auf dessen Rücken unser Logo gedruckt war – das von einem Kreis umschlossene Schriftzeichen 林. Bevor ich sein Gesicht sah, wusste ich, es war Mr Liu, der Leiter des Labors. Er nickte mir nur leicht zu, weil er nicht wollte, dass man auf ihn aufmerksam wurde. Ich hob die Hand und wackelte zum Gruß verstohlen mit den Fingern.

Doch Onkel Robert ergriff sofort die Gelegenheit, um unsere Gäste mit Lin's ältestem Mitarbeiter bekannt zu machen. Ahkong hatte ihn 1958 selbst eingestellt. »Wir sind glücklich, ihn seitdem bei uns zu haben. Ohne ihn wären wir nichts.« Er winkte Mr Liu heran und klopfte ihm auf den Rücken. »*Ng dao eh sai bo?*«

Seine Augen vor dem Sonnenlicht schützend, antwortete Mr Liu auf Chinesisch, dass der Gärungsprozess reibungslos verlaufe. Er hob einen Zeigefinger in die Luft, lächelte schüchtern und wechselte dann ins Englische, damit die Gäste ihn verstanden. »Heiß, sehr heiß, *hor*. Schlecht für Menschen, gut für Bohnen.«

Neben mir stand James, der erstaunlich gelassen auf die Hitze reagierte. Seine reine Haut war trocken, der Kragen seines Hemds makellos gestärkt. Er blinzelte in den Himmel und holte tief Luft. »Riecht nach Brauerei«, sagte er, ohne jemand Bestimmtes anzusprechen. Als er einen Mundwinkel hob, blickte ich zur Seite.

Während wir zurück zum Bürogebäude gingen, lief James neben mir her. »Und«, fragte er, »was ist Ihre Aufgabe hier?«

»Oh«, erwiderte ich und spürte, wie meine Wangen heiß wurden, »nichts Besonderes. Ich bin hier eigentlich nur zum Zeitvertreib.« Ich überlegte, ob ich ihm erklären sollte, dass ich kurz vor meinem Abschluss ein Urlaubssemester genommen hatte, damit ich mich um meine Mutter kümmern konnte. Stattdessen lief ich schneller, um die anderen einzuholen. Sie sprachen gerade über die Firma eines gemeinsamen Freundes, die hatte verkauft werden müssen.

»Eine Firma sollte in Familienhand bleiben, obwohl das natürlich ebenfalls viele Herausforderungen mit sich bringt«, sagte Mr Santoso. Er deutete auf seinen Sohn. »Bis jetzt habe ich da ziemliches Glück gehabt.«

Onkel Robert und Ba stimmten verhalten zu. Ich konnte und wollte dieses Thema nicht vertiefen.

James sagte leise: »Bitte entschuldigen Sie. Mein Dad kann manchmal ziemlich prosaisch sein.«

Ich versuchte mich daran zu erinnern, was »prosaisch« bedeutete, um etwas Geistreiches zu erwidern. Als unsere Väter außer Hörweite waren, sagte ich: »Meiner ist der König der falschen Redensarten. Von ihm stammen Perlen wie ›Wenn man mit dem Teufel spricht‹, und als ich im College war, hat er mich oft ›Partykatze‹ genannt.« Obwohl das stimmte, hatte ich ein schlechtes Gewissen, weil ich mich über Ba lustig machte, der nur ein paar Meter entfernt stand.

Wenn James lachte, wurde sein ganzes Gesicht lebendig. Die Stirn war in Falten gezogen, die Nase gekräuselt, und in den Augenwinkeln erschienen feine Lachfältchen. Ich spürte ein süßes Ziehen im Unterleib, das auch sogleich wieder verschwand, mich aber verwirrte und aufkratzte. Plötzlich fragte ich mich, warum ich mich so wahllos nach der Anerkennung anderer sehnte.

Plötzlich erklang eine elektronische Version der Arie der Königin der Nacht – mein neues Handy. Alle drehten sich um. Mein Vater blickte skeptisch drein.

»Entschuldigung«, sagte ich und wühlte in meiner Handtasche herum, die ich wegen der vielen Fächer gekauft hatte. »Keine Mozart-Fans hier?«

Nur James lachte leise, aber befangen. Ich ließ die Königin verstummen, indem ich den roten Knopf drückte. Vorher hatte ich allerdings einen Blick auf den Namen des Anrufers geworfen: Paul.

Ich rechnete nach. Wenn es hier zehn Uhr morgens war, war es in San Francisco fünf Uhr nachmittags. Seit meiner Abreise vor einer Woche hatten wir kein Wort mehr miteinander gesprochen. Unser letztes Gespräch war äußerst einsilbig gewesen. Ich konnte mir keinen Grund vorstellen, warum er mich ausgerechnet jetzt anrief. Aber vielleicht hatte er auch keinen, vielleicht wollte er einfach nur meine Stimme hören.

»Xiao Xi«, rief mich mein Vater von der Treppe aus mit meinem chinesischen Spitznamen. Seine Stimme hatte einen leicht scharfen Ton.

Die anderen waren bereits im Konferenzraum, also beeilte ich mich.

In dem Raum füllte eine der Verwaltungsassistentinnen Tieguanyin-Tee in fünf coelinblaue Teetassen. Mein Onkel saß am Kopfende des langen Tisches unter einigen chinesischen Landschaftszeichnungen, auf denen riesige, zerklüftete Berge zu sehen waren, die über einem nebelverhangenen Flusslauf aufragten. Er bedeutete mir, auf dem Stuhl neben meinem Vater und gegenüber von James Platz zu nehmen. »Und nun werden wir etwas Sojasoße probieren.«

In der Mitte des Tisches standen zwei schlanke Glasflaschen mit einem goldenen Etikett, auf dem das Schriftzeichen 林 in einem Kreis prangte. Eine klobige Plastikflasche mit der von Ahkongs ehemaligem Chef produzierten Yellow-River-Soße stand auf einem weißen Porzellantablett mit drei Vertiefungen, das sie von den eleganteren Flaschen trennte. Daneben war eine Schüssel mit Reiscrackern in der Größe von Oblaten.

Mein Vater hatte mich an meine erste Verkostung herangeführt, als ich sechs Jahre alt gewesen war. Jedes Jahr wiederholte sich das Prozedere, bis ich ein Alter erreichte, in dem Jugendliche alles schrecklich finden, was ihre Eltern ihnen vorschreiben. Jetzt, achtzehn Jahre später, überfiel mich die gleiche Ungeduld wie als zwölfjähriges Mädchen. Ich wünschte mir nur, aufspringen, zu meinem Schreibtisch rennen und Paul anrufen zu können.

Doch Ba hatte das komplette Programm für seine Gäste vorgesehen, und da ich wusste, was für Lin's auf dem Spiel stand, blieb ich sitzen.

Er öffnete den Verschluss der Yellow-River-Flasche und füllte etwas Soße in die erste Vertiefung. »Wir fangen mit der lausigen Variante an«, sagte er augenzwinkernd. Dann wurde sein Gesichtsausdruck wieder ernst. Er hob das Tablett hoch und drehte es mit der Feierlichkeit eines andächtigen Priesters. »Sehen Sie, wie dunkel sie ist?«, fragte er und kniff angewidert die Augen zusammen.

Die Santosos betrachteten das Tablett, als wäre es ein Rorschachtest. Ich wusste selbstverständlich, worauf man achten musste. Die Soße war zäh und dunkel und hinterließ einen braunschwarzen Fleck, der wie ein Fingerabdruck am Porzellan haftete.

Ba stellte das Tablett wieder auf den Tisch und deutete den Santosos an, sich weiter vorzubeugen. »Noch ein kleines bisschen nach vorne, *lah*. Sie können dann das Aroma besser aufnehmen.« Er nahm drei tiefe Atemzüge, um es ihnen zu demonstrieren. So wie ein Hund, pflegte er früher zu sagen, als ich noch jünger war.

James beugte den Kopf vor. Angesichts des schleimigen Lächelns in seinem ansonsten hübschen Gesicht kam die Irokesenfrisur auf eine Art zur Geltung, die ich fast schon anstößig fand. Ich fragte mich, wie viel Haargel er jeden Morgen benutzte, damit seine Frisur so aussah. Ich spürte, wie meine Hände zu schwitzen begannen.

»Du auch, Xiao Xi«, sagte Ba und schob das Tablett zu mir hinüber.

Ich beugte den Kopf vor und verzog das Gesicht, als mir der scharfe, beißende Geruch in die Nase stieg.

21

Als Nächstes nahm Ba einen Cracker, dippte ihn in die Soße und forderte den Rest von uns auf, es ihm gleichzutun. Die Soße schmeckte exakt so, wie sie roch.

»Herb, flach, eindimensional. Fast metallisch im Abgang«, stellte mein Onkel kopfschüttelnd fest. »Grauenhaft, diese Soße, *lah*. Ob ein Lebensmittel von guter oder schlechter Qualität ist, spielt leider keine Rolle mehr, wenn man mit dieser Soße kocht.«

Ba fügte hinzu: »Das ist keine echte Sojasoße. Farbe und Geschmack sind durch Chemikalie beeinflusst.«

Plötzlich meldete sich die Stimme meiner Mutter in meinem Kopf. Den amerikanischen Akzent hatte sie sich während ihres jahrelangen Studiums in Ithaca, New York, antrainiert. »Chemikalien, Xiong«, korrigierte sie. »Chemikalien mit *n* am Ende.« Ba verwechselte häufig Singular und Plural, die es im Chinesischen nicht gab.

Weiter ging es mit den beiden Flaschen von Lin's Sojasoße. Mein Onkel riet den Santosos, von jeder Soße einen kleinen Schluck zu nehmen und langsam auf der Zunge zergehen zu lassen, damit sich die Aromen entfalten konnten. Nach der Vorgängersoße war diese eine Offenbarung. Heutzutage verstand ich, warum mein Großvater für das perfekte Gebräu so viel riskiert hatte.

»Echte Sojasoße ist so komplex wie ein guter Wein – fruchtig, erdig, sogar blumig, *lah*.« Onkel Robert betonte die lebendige Säure der hellen Sojasoße im Vergleich zu der dunklen Soße, die reichhaltiger und weicher war. Helle Sojasoße, erklärte er, verwende man als Würzmittel und zum Dippen, die dunkle Soße zum Kochen, da sich deren Aromen erst beim Erhitzen entfalten.

James und sein Vater zogen die Augenbrauen zusammen und machten laute Schlürfgeräusche. Wäre Paul hier gewesen, hätte er mich unterm Tisch angestupst. Er hasste jede Form von Überheblichkeit. Blender, so nannte er die Leute, die er

unecht fand. Er machte ein langes Gesicht und murmelte kopf-
wackelnd: »Blender, Blender, Blender.«

Doch Ba und Onkel Robert waren offenbar äußerst zufrieden über die Reaktion der Santosos. Nach so vielen Jahren und
Verkostungen konnte ihnen niemand den Vorwurf machen,
leidenschaftslos ihrer Arbeit nachzugehen.

Als alle Fragen der Santosos beantwortet waren und mein
Vater zufrieden darüber war, dass die beiden die Unterschiede
zwischen der Soße von Yellow River und unserer erkannt hatten, verließ er den Konferenzraum und kam kurz darauf mit
einem Tablett zurück, auf dem Gläser und drei eiskalte Dosen
Sprite standen. »Nun kommt was ganz Spezielles«, sagte er.

Die Santosos sahen so neugierig drein, dass ich plötzlich
auf ihrer Seite war und Paul insgeheim abstrafte. Wieso fühlte
er sich von anderen Menschen immer so bedroht? Offenbar
konnte man mir meine Grübeleien ansehen, denn mein Vater
blickte mich fragend an. Ich schüttelte bloß den Kopf.

Ba füllte Sprite in die Gläser und gab dann einen Schuss
dunkler Sojasoße hinzu. Die karamellfarbene Schliere verwir-
belte sich im Glas zu einer düsteren Wolke.

James und sein Vater tauschten skeptische Blicke aus. Dann
hielten sie ihre Gläser gegen das Licht.

»Probieren Sie, *lah*«, sagte Ba.

»Sie werden es mögen«, sagte Onkel Robert.

»Es ist wirklich köstlich«, sagte ich.

Wir drei beobachten, wie die Santosos ihre Gläser zum Mund
führten, vorsichtig daran nippten und dann zufrieden strahlten.

Mein Vater drückte mir das dritte Glas in die Hand, und
ich nahm einen kräftigen Schluck. Die Mischung, Ahkongs
Kreation, war süß, würzig und wohlschmeckend – ein ange-
nehmer, voller Geschmack nach karamellisiertem Zucker oder
gebräunter Butter, der einen klaren Kontrast zu den prickeln-
den Bläschen auf meiner Zunge bildete.

Als Mr Santoso sein Glas leerte, war mein Onkel schon mit der Preisliste zur Stelle und verwies auf den Sonderrabatt, den Lin's jedem Erstkunden gewährte. Als er den Preisnachlass erwähnte, hatte ich den Eindruck, dass mein Vater kurz zusammenzuckte. Doch als ich ihn ein zweites Mal ansah, waren seine Züge ganz entspannt. Er war ein Profi.

James holte sein Smartphone hervor und begann, auf das Display zu tippen. Einen Moment später zeigte er es seinem Vater.

»Das ist alles sehr eindrucksvoll«, sagte Mr Santoso.

Ba und Onkel Robert beugten sich auf ihren Stühlen ein Stückchen weiter vor.

»Aber da alles noch in diesem Monat über die Bühne gehen muss«, fuhr Mr Santoso fort, »gibt es noch ein paar kleine Probleme.«

Bevor er weitersprechen konnte, sagte mein Onkel: »Ich versichere Ihnen, ich werde mich höchstpersönlich um Ihre Bestellung kümmern. Es wird keine Pannen geben. Sie haben mein Wort.«

Erneut blickte Mr Santoso auf den Minibildschirm des Smartphones seines Sohnes.

Als James mich ansah, spürte ich, dass ich den Atem anhielt. Ich wich seinem Blick aus und konzentrierte mich auf die Bilder an der Wand hinter Onkel Roberts Kopf. Ganz unten am Rand der Zeichnung mit der Bergkette und dem sich schlängelnden Fluss war hinter einem großen Felsen ein daumennagelgroßer Mann zu sehen, der in einem winzigen Fischerboot saß.

Endlich legte Mr Santoso das Smartphone beiseite. Er streckte meinem Onkel die Hand entgegen und strahlte übers ganze Gesicht. »Ich freue mich, Ihre Sojasoße demnächst in unseren Restaurants servieren zu können.«

Die Wände des Konferenzraums schienen sich angesichts unseres scheinbar kollektiven Ausatmens weit auszudehnen. Wir standen auf, und nach dem großen Händeschütteln beauftragte mein Onkel eine Assistentin, eine Kiste der preisgekrönten Austernsoße als Geschenk für unsere Gäste zu holen. Dann begleiteten wir die beiden zu ihrem Wagen, wo es eine weitere Runde Händeschütteln gab.

»Wie lange sind Sie noch in der Stadt?«, fragte mein Vater, während er Mr Santosos Hand kräftig schüttelte.

»Nur noch bis zum Wochenende. Aber wir pendeln viel zwischen hier und Jakarta. Wir haben ein Apartment in River Valley. James verbringt die meiste Zeit dort.«

»Sie können uns jederzeit anrufen, wenn Sie etwas besprechen wollen«, sagte mein Onkel. »Egal, worum es geht.«

»Das ist sehr nett«, erwiderte James und sah mich über die Schulter meines Onkels an.

Ich senkte den Kopf und spürte meinen Herzschlag in den Schläfen. Ich gab Ba und Onkel Robert die Schuld – dafür, dass sie mich dafür benutzten, um diese Männer von Cals Fehlen abzulenken. Und dass sie sich so sehr darum bemühten, mein Interesse zu wecken.

Schließlich fuhren die Santosos davon, Ba und Onkel Robert gratulierten sich gegenseitig und klopften mir dann auf die Schulter. Erst da wurde mir bewusst, wie angespannt sie gewesen waren.

»Weißt du, *ah*, Gretchen«, sagte Onkel Robert, »als du klein warst, bist du immer gerne in den Betrieb gekommen. Du kanntest die Namen aller Arbeiter.« Er hatte diese Geschichte schon oft erzählt: Weil ich so viel Zeit auf dem Fabrikgelände verbrachte, schenkte Mr Liu mir ein eigenes gelbes Poloshirt, damit ich wie alle anderen aussah.

Das war das Stichwort für meinen Vater. »Das Hemd ging dir bis zum Knie. Du hast es ein Jahr lang Woche für Woche getragen.«

Die beiden führten oft solche Unterhaltungen. Es war wie ein eingeübtes Frage-und-Antwort-Spiel.

Jetzt war Onkel Robert wieder an der Reihe. »Weißt du noch, wie sehr sie die Reissnacks geliebt hat?« Damit meinte er die Cracker, die immer während der Verkostung gereicht wurden.

»Zu Hause hast du nichts gegessen«, sagte Ba. »Aber hier hättest du ein ganzes Paket davon verputzt, wenn wir dich gelassen hätten.« Er legte einen Arm um mich, als wir wieder ins Gebäude gingen, aber ohne darüber nachzudenken, löste ich mich aus der Umarmung.

Es war schon eine lange Zeit her, dass ich die Fabrik zu meinem persönlichen Spielplatz gemacht hatte, aber ich hatte keine Lust, näher darauf einzugehen. In meinem Kopf schwirrten andere Gedanken herum. Sein Name blinkte vor meinem geistigen Auge auf wie auf dem Display meines Handys: Paul – Paul – Paul. Eine endlose Abfolge von Hoffnung und Geschichte, Unerreichbarkeit und Verschwinden.

2

Damals, im Jahr 1958, als mein Großvater seine Sojasoßen-fabrik eröffnete, ordnete er an, dass sich sämtliche Mitarbei-ter aus der Fabrik und dem Büro jeden Tag um 12.30 Uhr zu einem familiären Mittagessen trafen, das von eigens angestellten Köchen zubereitet wurde. Zu der Zeit, als ich bei Lin's zu job-ben begann, war Ahkong bereits fünf Jahre tot. Doch nicht nur seine handgefertigten Fässer und Geheimrezepte hatten über-lebt, auch die Tradition des gemeinsamen Essens war geblieben. Selbst seine südchinesischen Lieblingsspeisen standen immer noch regelmäßig auf dem Speiseplan: Geschmortes Schweine-fleisch mit hart gekochten Eiern, gedünstetes Hühnchen mit Morcheln, Süßkartoffelbrei. Viele dieser Gerichte hatte ich während meiner Zeit in San Francisco schmerzlich vermisst, doch nun versuchte ich, einen Bogen um das Mittagessen zu machen.

An meinem ersten Arbeitstag schlich ich mich in aller Frühe in die Küche, um mir etwas zu essen zu holen und mit nach oben zu nehmen. Doch mein Onkel sah mich und bestand dar-auf, dass ich mich zu ihm setzte und ihm erklärte, was genau ich eigentlich in diesem Masterstudium der Musikpädagogik lernen würde. Danach täuschte ich Magenprobleme vor, blieb hinter meinem Schreibtisch hocken und aß Zimt-Flakes – die ich völlig übersteuert im Supermarkt für Expatriates erstanden hatte – direkt aus der Packung.

Jetzt war ich auf dem Weg vom Parkplatz in mein Büro, und die Menschen strömten mir in Richtung Speisesaal entgegen. Ich sah Fiona und Shuting, zwei Büroassistentinnen, mit denen ich die ganze letzte Woche zusammengearbeitet hatte. Der Höflichkeit halber fragte ich, wohin sie gingen.

»Zum *makan*«, antwortete Shuting. Sie deutete pantomimisch an, mit einem Löffel aus ihrer hohlen Hand zu essen.

Obwohl ich sicher dankend abgelehnt hätte, wartete ich darauf, dass sie mich einluden, sie zu begleiten. Doch als nichts dergleichen geschah, gab ich mich geschäftig und eilte in mein Büro.

Ich glaubte, meine Unfähigkeit, am Arbeitsplatz Freundschaften zu schließen, könnte etwas mit diesem großen Raum mit den frisch gestrichenen pistaziengrünen Wänden zu tun haben, der direkt neben dem Eckbüro meines Vaters lag. Als wäre es nicht schon schlimm genug, dass mein Familienname auf jeder Flasche prangte, die wir verkauften, unterschied ich mich von den anderen auch noch dadurch, dass ich als einzige Gelegenheitsarbeiterin in der Firmengeschichte ein eigenes Büro bekommen hatte. Ich hatte meinen Onkel angefleht, mir einen ganz normalen Arbeitsplatz im Großraumbüro zuzuweisen. Doch er hatte bloß mit einer Hand auf das Fenster gedeutet, durch das man in das Großraumbüro mit den engen Arbeitszellen blickte. »Wo soll ich dich da hinsetzen? Dieses Büro ist schon rappelvoll. Außerdem kommt doch nächste Woche diese Freundin von dir.«

Damit meinte er Frankie Shepherd, meine ehemalige Mitbewohnerin aus College-Tagen, die ein Jahr lang als Beraterin bei Lin's arbeiten würde – ich hatte ihr geholfen, diesen Job zu ergattern, bevor eine von uns beiden ahnte, dass es mich ebenfalls nach Singapur verschlagen würde, und zwar nur ein paar Türen weiter. Wenigstens würde auch Frankie ein eigenes Büro bekommen. Als Zeichen des Protests weigerte ich mich aber, Bilder und Fotos an die Wände zu hängen oder Topfpflanzen in die Ecke zu stellen. Wann immer mein Onkel oder Vater

Bemerkungen über den kahlen Raum fallen ließen, machte ich sie darauf aufmerksam, dass ich nur ein paar Monate bleiben würde. Im nächsten Januar würde ich wieder am Konservatorium sein, um meinen Abschluss zu machen.

Ein Klopfen riss mich aus meinen Gedanken. Ohne eine Antwort abzuwarten, stürmte Shuting durch die Tür. Sie war ein dünnes Mädchen mit einer hohen Stimme, und sie redete ununterbrochen.

»Übrigens«, sagte sie, als wären wir gerade mitten im Gespräch, »du hast einen Anruf bekommen, als du weg warst. Irgendein Paul.«

Sie wartete auf eine Reaktion, während ich mich zwang, ruhig zu bleiben. Paul hatte einen Namen für Mädchen wie sie: Dramageier. Dieses Büro war voll von ihnen.

»Aha«, sagte ich und zuckte mit den Schultern. »Hat er eine Nachricht hinterlassen?«

Shuting seufzte enttäuscht. »Nur, dass du ihn zurückrufen sollst. Entschuldige, *ah*, hatte ich ganz vergessen, dir zu sagen.«

Ich nickte resolut. »Noch was?«

Sie schüttelte den Kopf.

Als sie die Tür hinter sich schloss, nahm ich den Telefonhörer ab und wog ihn in der Hand. Paul hatte sicher erst zu Hause angerufen und mit meiner Mutter gesprochen. Wer sonst sollte ihm gesagt haben, wo er mich erreichen konnte? Ich spürte, wie mich eine gewisse Anspannung erfasste, so als würde jemand einen engen Reißverschluss von meinem Steißbein bis zum Nacken schließen. Paul und meine Mutter waren immer gut miteinander ausgekommen. Bestimmt hatte meine Mutter versucht, ihn auszuquetschen. Obwohl ich wusste, dass er sich an die Abmachung halten würde, keine Details unserer Trennung preiszugeben, zitterten mir die Hände bei dem Gedanken, wie die beiden miteinander sprachen – darüber, wie es ihnen ginge und wie leid es ihnen täte.

Ich legte den Telefonhörer wieder auf die Gabel und angelte die Packung Zimt-Flakes aus der unteren Schreibtischschublade – es waren die Flakes, die ich hier an meinem Schreibtisch zum Frühstück aß, um nicht gemeinsam mit meinen Eltern am Esstisch sitzen zu müssen. Ich schaufelte mir eine Handvoll in den Mund und kaute. Ich schaufelte und kaute und genoss die berauschende Süße, das herzhafte Knuspergeräusch, die amerikanische Maßlosigkeit. Dann wandte ich mich meinem Computer zu und öffnete die gerade angekommene E-Mail von Kat Tan, meiner ältesten Freundin in Singapur. Es war eine Einladung zu einer Party anlässlich ihres dreißigsten Geburtstags. Ich schloss die Mail wieder, damit ich mich nicht entscheiden musste.

Auf dem Flur vor meinem Büro blieb ein Mädchen aus der Marketingabteilung vor meinem Fenster stehen und durchwühlte mit großer Geste einen Stapel Dokumente, während sie mich verstohlen bei meiner seltsamen Mahlzeit beobachtete. Ich ging rüber und ließ mit einem kräftigen Ruck die Jalousie herunter.

Minuten später klopfte es laut an meiner Tür. Ich öffnete sie etwas zu barsch und sah in das Gesicht meines Vaters. »Oh«, sagte ich. »Du bist's.«

»Alles in Ordnung?«, fragte er. Sein Blick schweifte durch den Raum und blieb an der Flakes-Packung hängen.

»Alles in Ordnung«, erwiderte ich und ging zurück zu meinem Stuhl. »Mal abgesehen davon, dass die gesamte Firma offenbar denkt, ich sei eine Art exotisches Tier. Dieses Büro könnte genauso gut ein Käfig im Zoo sein.«

Ba lächelte kurz. »Die werden sich schon früh genug wieder langweilen.« Er blickte erneut auf die Packung mit Flakes, verkniff sich aber klugerweise eine Bemerkung. »Ich werde nach Hause gehen und Ma abholen.« Er schob seine Brille zurecht. »Ich fahre sie zu ihrem Arzttermin.« Er wartete offenbar darauf, dass ich etwas sagte.

Ich blickte auf den Computerbildschirm und legte eine Hand auf die Maus. »Ist gut.«

Er stand mit verschränkten Armen da, drehte sich dann ruckartig um und öffnete die Tür. Bevor ich beruhigt ausatmen konnte, steckte er erneut den Kopf herein.

»Kommst du zum Abendessen oder nicht?«, fragte er, als ob er in den letzten drei Tagen nicht immer dieselbe Antwort bekommen hätte.

»Heute nicht.«

Die Schritte meines Vaters waren gerade verklungen, als ich draußen vor meiner Tür Gekicher und Getuschel hörte. Ich sah das Mädchen aus der Marketingabteilung vor mir, das zweifellos Verstärkung von anderen bekommen hatte, deren Augen vor Neugier bestimmt weit aufgerissen waren; sogar glänzten. Ich hatte das Bedürfnis, das Telefon quer durchs Zimmer gegen die Tür zu schleudern, damit es dort ordentlich krachte. Dann überkam mich plötzlich Sehnsucht nach der Anonymität meines Lebens in San Francisco, wo ich von keinem die Tochter, Enkelin, Cousine oder Nichte war.

Ich verschränkte die Arme auf dem Schreibtisch, legte meinen Kopf darauf und wünschte mir, sonst wo zu sein, nur nicht in diesem Büro, in dem ich wispernden Stimmen und wachsamen Blicken ausgesetzt war. Ich wollte mir nicht vorstellen, wie übel das Getratsche wäre, wenn die von Pauls Affäre erführen. Und Bas brodelnde Wut schon gar nicht, wenn er es ebenfalls wüsste.

Als ich es endlich schaffte, mein Büro zu verlassen, sah ich, wie Shuting und Fiona in Fionas Bürozelle hockten und sich das Online-Video ansahen, in dem mein Cousin Cal einer Lokalreporterin ein Interview gab. Am Tag meiner Ankunft hatte ich mir diesen Clip ebenfalls angeschaut. Nachdem ich bereits in den ganzen Skandal eingeweiht worden war, hatte es mich entsetzt, zu sehen, wie mein Cousin der Journalistin geradewegs in die Augen blickte und ihr langsam und deutlich erklärte, er wiederhole sich gerne noch mal: Er und Lin's hätten nichts Falsches getan. Kurz nach diesem Interview hatte mein Vater Cal aufgefordert, die Stadt zu verlassen.

Als sie mich bemerkte, schloss Fiona schnell die Website.

Shuting fasste sich als Erste. Übertrieben besorgt fragte sie: »Wieso kommst du eigentlich nie zum Mittagessen? Hast du Paul angerufen?«

Ich wollte sie nicht einmal seinen Namen sagen hören. Als ich nicht antwortete, sah Fiona mich prüfend an und fragte dann, ob alles in Ordnung sei. Sie war eine seriöse, akkurat gekleidete Frau, von der ich immer annahm, sie sei in den mittleren Jahren. Dabei war sie gerade einmal ein paar Jahre älter als ich. Ich war erleichtert, als Jason aus dem Vertrieb seinen Kopf in die Bürozelle steckte und ich dadurch um eine Antwort herumkam.

»Offenbar ist *xiao lao ban* wieder in der Stadt«, sagte er und griff damit jedermanns Lieblingsthema auf: Cal, den jeder hinter seinem Rücken »kleiner Boss« nannte. Jason machte ein langes Gesicht, als er mich sah. »Oh«, sagte er, »du bist hier.«

In den Jahren, in denen ich im Ausland gewesen war, einen Job nach dem anderen gemacht und Abschlüsse gesammelt hatte, war mein Cousin an Ort und Stelle geblieben, um wirklich alles über das Familienunternehmen zu lernen. Schon als Teenager hatte Cal während der Schulferien in der Fabrik gearbeitet. Als Student hatte er dann ein Praktikum in der Vertriebsabteilung gemacht, und selbst während seiner Wehrdienstzeit hatte er regelmäßig in Uniform vorbeigeschaut. Niemand war überrascht, als Cal nach seinem Abschluss zum Vizedirektor von Lin's ernannt wurde.

Vor einigen Monaten hatte mein Cousin den neuesten Vorstoß unternommen, die Firma ins neue Jahrtausend zu führen, indem er eine neue Reihe küchenfertiger Soßen in Geschmacksrichtungen wie Teriyaki, Süßsauer, Schwarzbohne oder Pekingente entwickelt. Obwohl Onkel Robert und Ba

Bedenken hatten, wies Cal sie darauf hin, dass Lin's bereits an preiswerteren Soßenvarianten arbeitete, die in Fiberglastanks reifen sollten. Er führte an, diese neuen Gewürzprodukte würden der Firma helfen, eine jüngere Zielgruppe zu erschließen. Und tatsächlich war das Feedback der ersten Käufer überwältigend positiv, und die Bestellungen kamen schneller herein, als sie erledigt werden konnten.

Eine Woche nach der Markteinführung kam die erste Meldung über eine Lebensmittelvergiftung von Rice Broker, einer kleinen Fast-Food-Kette, ganz anders als die Edelrestaurants, die Lin's Sojasoße bezogen.

Cal war sicherlich in Panik geraten, als ihm klar wurde, dass womöglich ein sehr ernsthaftes Problem auf ihn zukam. Vor allem, weil er derjenige gewesen war, der den Produktionsprozess beschleunigen wollte, indem er auf einige Hygienemaßnahmen verzichtete. Doch dann folgten nur noch drei oder vier Beschwerden, und die Quelle der Verunreinigungen war nicht auszumachen. Gleichzeitig übertrafen die Verkäufe der neuen Soßen die Prognosen um das Doppelte. Hätte man zu diesem Zeitpunkt die Soßen wieder zurückgezogen, wäre das nicht nur teuer geworden, es hätte auch dem Ansehen der Firma geschadet – möglicherweise sogar unnötig. Vermutlich waren Cal diese Gedanken immer wieder durch den Kopf gegangen, als er die Entscheidung traf, den Bericht über die Lebensmittelvergiftungen zu verheimlichen. Er verfügte über ein Marketingbudget so hoch wie nie zuvor in der ganzen Firmengeschichte. Also warb er unverdrossen und aggressiv weiter für seine neuen Produkte.

Zuerst sah es so aus, als würde seine Strategie aufgehen; es wurden keine neuen Fälle von Lebensmittelvergiftungen bekannt. Doch dann erkrankte ein Journalist der *Straits Times* nach dem Verzehr von geschnetzeltem Kabeljau, gebraten in Lin's Fertigsoße mit Schwarzbohnengeschmack. Der Journalist hakte bei einer Freundin nach, deren Dreikäsehoch zwölf Stunden lang gereiht hatte, nachdem sie ihrer Familie diese Soße vorgesetzt hatte. Er begann zu recherchieren und schickte im Rahmen seiner Untersuchungen auch eine Soßenprobe zum Gesundheitsministerium. In seinem Artikel enthüllte er nicht nur Informationen über den verkürzten Herstellungsprozess, sondern stellte auch Cals Managementqualitäten und seine Auffassung von Anstand in Frage. Wie konnte ein Traditionsunternehmen, das auf Familienwerte setzte, weiterhin ein Produkt verkaufen, das Menschen krank machte? Der Journalist beendete seinen Artikel mit einem chinesischen Sprichwort: Reichtum überlebt nicht die dritte Generation. Zu der Zeit, als der Artikel veröffentlicht wurde, spielte es keine Rolle mehr, dass die Tests des Gesundheitsministeriums ergebnislos waren.

Meine Mutter war diejenige, die mich in San Francisco anrief, um mich über den Stand der Dinge zu informieren. Mein Vater war viel zu erschöpft und zornig, um darüber zu reden.

Schließlich riefen Ba und Onkel Robert mit einem erheblichen Kostenaufwand alle Produkte zurück, die noch im Handel waren. Sie strichen die neue Linie und beurlaubten Cal, während sie daran arbeiteten, den Ruf der Firma wiederherzustellen. Cal war jetzt seit zwei Wochen im Exil, und Ba und Onkel Robert waren immer noch damit beschäftigt, Cals Zukunft bei Lin's zu besprechen – eine Diskussion, die strikt unter vier Augen geführt wurde.

Selbstverständlich befeuerte ihr Stillschweigen die Spekulationen der Büroangestellten.

»Sollte er wieder in der Stadt sein, dann ist er nächste Woche wieder hier«, sagte Shuting.

»Es sei denn, er wird am Wochenende gefeuert, *kena*«, sagte Jason und wackelte hämisch mit den Augenbrauen. Als sein Blick auf mich fiel, senkte er den Kopf. »Entschuldigung – *ah*.«

Ich winkte ab. Cal verdiente es, dass man über ihn herzog.

»Sie werden ihn nicht feuern«, sagte Fiona knapp.

Die drei verzichteten auf die üblichen Witze über die Vorzüge der Vetternwirtschaft. Sie erwarteten, dass ich mich äußerte.

Unsicher sagte ich: »Ich habe gehört, dass er die ganze Zeit über auf den Malediven tauchen war.«

Jason wollte wissen, ob mein Vater mir noch andere Dinge über Cal erzählt habe. Als ich ihm versicherte, dass ich keinerlei weitere Informationen hätte, schüttelte Shuting missbilligend den Kopf. »Ja, ja, *lah*, wie auch immer«, sagte sie. »Diskretion ist alles, was?« Zu den anderen sagte sie auf Chinesisch: »Natürlich darf sie uns nichts sagen.« Sie wusste sehr wohl, dass ich sie verstand.

Als wir hörten, wie die Tür zum Büro meines Onkels aufging, brachen Jason und Shuting auf, verabredeten sich aber noch zu einem Feierabendbier auf dem Garküchenmarkt. Ich wurde nicht eingeladen.

Fiona reichte mir eine Schachtel mit Briefumschlägen zum Eintüten einer Wurfsendung und sagte mit leiser Stimme: »Lass dich von den beiden nicht ärgern. Sie *quit gong bueh gong*, haben aber letztlich von nichts eine Ahnung.«

Ich lächelte, um ihr zu signalisieren, dass alles in Ordnung sei.

In meinem Büro druckte ich fünfzig Exemplare eines Standardbriefs an unsere besten Kunden aus, in dem wir ihnen für ihre Treue in diesen schwierigen Zeiten dankten. Dann machte ich mich an die Arbeit. Eigentlich mochte ich diese anspruchslosen monotonen Aufgaben: Daten in Excel-Tabellen eingeben, Akten sortieren, Fotokopien erstellen. Doch an diesem Nachmittag konnte ich mich nicht konzentrieren. Ich faltete und entfaltete jeden Brief, weil ich überzeugt war, ihn falsch adressiert zu haben.

Von meinem Fenster aus sah man hinter den niedrigen Fabrikdächern die Wolkenkratzer der City, die in der Spätnachmittagssonne wie Katzengold glitzerten. Makellos und steril.

In San Francisco hatte ich mich sofort in die viktorianischen Häuser in unserer Gegend verliebt, von denen einige so manchem Erdbeben getrotzt hatten. Das Apartmenthaus in Russian Hill, in dem Paul und ich wohnten, stammte aus dem Jahre 1922.

»Das heißt, beim nächsten Erdbeben sind wir sicher«, sagte Paul, während wir in dem engen Käfig des Aufzugs nach oben fuhren. An jenem Abend im dritten Jahr unserer Ehe entdeckten wir, dass der Aufzug plötzlich stehen blieb, wenn die Tür ruckartig aufgerissen wurde. Während der Aufzug also zwischen dem dritten und vierten Stockwerk in der Luft hing, zog ich meinen Pullover aus und warf ihn auf den schmutzigen Boden, bevor ich Paul an mich zog und ihm meinen Mund auf den Nacken presste. Ich hatte ihm das Hemd aufgeknöpft und war gerade dabei, seine Gürtelschnalle zu lösen, als von oben eine Stimme zu uns hinab dröhnte. »Lassen Sie das lieber bleiben, was Sie da vorhaben.« Es war unsere Nachbarin von nebenan, Mrs O'Donley.

Kichernd schnappten wir uns unsere Klamotten, richteten uns das Haar und versuchten, uns zusammenzureißen, bevor sich die Aufzugtür im fünften Stockwerk öffnete. Dort stand die alte Dame, die Hände in die Hüften gestemmt.

»Guten Abend, Mrs O'Donley«, sagte Paul und beugte sich leicht nach vorn, um ihr in die Augen sehen zu können. »Es tut mir leid, dass Sie warten mussten.« Er lächelte und enthüllte zwei Reihen glänzend weißer Zähne.

»Oh«, sagte sie und trat einen Schritt zurück. Sie errötete, ihre Gesichtsmuskeln entspannten sich wieder. Zweifellos hätte sie alles vergeben und vergessen, wenn ich nicht wieder zu kichern begonnen hätte.

Mrs O'Donley war wieder ganz die Alte. »Einige von uns müssen pünktlich wohin«, sagte sie mit einem strengen Blick über den Brillenrand.

Wir beeilten uns, in unser Apartment zu kommen, wo Paul sich aufs Bett fallen ließ und mich auf sich zog. Wir lachten, bis wir uns die Bäuche hielten.

An jenem Abend liebten wir uns. Ich drückte Paul so fest an mich, wie ich konnte, wieder und wieder, schlug mir die Hüftknochen blau, brach mir fast die Rippen. Er dachte, ich wäre richtig scharf, aber das war's nicht: Ein Verlangen war in mir geweckt worden, das ich nicht kontrollieren konnte, ich war mir der Lücken bewusst geworden, die er nicht füllen konnte.

Die Uhr auf meinem Computer zeigte drei Uhr nachmittags; ein Uhr nachts in Kalifornien. Ich stellte mir vor, wie Paul quer durch sein neues Apartment lief, das Telefon ans Ohr gepresst, und wie er sich bei meiner Mutter nach deren Gesundheit erkundigte und ihr von seinem Forschungsprojekt erzählte. Ich hörte, wie er schluckte, als sie die Stimme senkte, um einen Themenwechsel anzukündigen, und dann sagte: »Sei ehrlich, Paul. Ist es wirklich aus zwischen euch?« Hatte er daraufhin etwas Belangloses und Vages wie »Es ist kompliziert« geantwortet? Hatte er auf seinen Wangen herum gekaut, bevor er zugab, dass er es nicht wusste?

Ich war gerade dabei, die letzten Briefe einzutüten, als das Telefon klingelte. Ich hielt den Atem an, doch es war bloß Ba. Dann fiel mir wieder ein, dass er aus dem Krankenhaus anrief.

Es war eine Routineuntersuchung gewesen. Er versuchte mir zu versichern, alles sei in Ordnung, obwohl der Arzt einige Tests gemacht und herausgefunden habe, dass die Kaliumwerte meiner Mutter leicht erhöht waren. Als ich weiterbohrte, gab Ba zu, dass sich der Zustand meiner Mutter ohne Behandlung verschlimmern könne. Um ganz sicherzugehen, habe der Arzt entschieden, sie über Nacht im Krankenhaus zu behalten.

»Du weißt ja, wie Dr. Yeoh ist«, sagte er. »Einer von den ganz Vorsichtigen, *lah*.«

»Aber was ist denn passiert?«, wiederholte ich. Mittlerweile war ich verärgert über die Beschwichtigungsversuche meines

Vaters und fest entschlossen, die Wahrheit zu herauszufinden. »Wie ist es dazu gekommen?«

Schließlich gab er zu, dass Ma während einer Verabredung zum Mittagessen mit einer Freundin ein oder zwei Gin Tonic getrunken haben könnte – viel mehr sagte er nicht dazu, und ich verkniff es mir, Anschuldigungen zu machen.

Ich legte die verschlossenen Umschläge auf Fionas Schreibtisch und kündigte an, früher Schluss zu machen. Als ich den Flur entlang in Richtung Treppenhaus lief, bekam ich mit, wie Shuting verstohlen zu Fiona in deren Zelle huschte. Doch ich drehte mich nicht um, um sie auf frischer Tat zu ertappen.

Es war kein Geheimnis, dass sich das chronische Nierenleiden meiner Mutter verschlimmert und zu einem kompletten Nierenversagen geführt hatte. Doch meine Kollegen wussten nicht – und auch mir wurde erst allmählich klar –, in welchem Ausmaß meine Mutter mit ihrer Trinkerei ihre Gesundheit gefährdete. Seit die Krankheit sie mit achtundfünfzig Jahren in den Ruhestand gezwungen hatte, verbrachte Ma die meisten Tage an der Dialysemaschine, und das würde vermutlich für den Rest ihres Lebens so weitergehen. Irgendwie konnte ich ihr keinen Vorwurf dafür machen, diese einsamen, öden Stunden ausfüllen zu wollen. Ma hatte sich schon immer einen Drink zum Feierabend gegönnt, ein Glas oder auch zwei Gläser guten Weins. Dank des geschickten, behutsamen Eingreifens meines Vaters hatte sie nie mehr als leicht beschwipst gewirkt. In den letzten Jahren war es allerdings immer häufiger zu Vorfällen gekommen, die sich nicht wegdiskutieren ließen. Zum Beispiel rief sie mich einmal mitten in der Nacht mit zu lauter und schriller Stimme in San Francisco an. »Hast du mich lieb, mein Schatz?«, hatte sie in den Hörer gelallt. »Hast du mich auch wirklich, ehrlich lieb?«

Auf der Fahrt zum Krankenhaus kamen Schuldgefühle in mir hoch. Mein Vater bat mich nie um Hilfe, das war einfach nicht seine Art. Dennoch brauchte Ma etwas, was er ihr nicht geben konnte. Ich beschloss, ihnen zu zeigen, dass ich für sie da und bereit war, mich aktiv um sie zu kümmern.

Drei Monate zuvor hatte ich meine Eltern angerufen, um ihnen die denkbar kürzeste Version meiner Trennung von Paul mitzuteilen: Unsere Ehe funktioniere nicht, er ziehe aus. Ich machte mich auf eine Kanonade von Fragen gefasst, doch alles, was mir entgegenschlug, war Schweigen. Erst dachte ich, mein Handy hätte die Verbindung abgebrochen. Dann sagte Ba: »Wir haben dir auch etwas mitzuteilen. Ma muss zur Dialyse.« Er wartete drei Tage, bevor er mir vorsichtig vorschlug, es sei vielleicht Zeit, nach Hause zu kommen, und da ich in jenem Moment nur an mich dachte, war ich erleichtert.

Obwohl er von Mas Gesundheitsproblemen und Cals Verrat vollkommen ausgelaugt war, versuchte mein Vater, mit mir über die Trennung zu reden. Doch genau davor graute es mir.

Im neunten Stock des Krankenhauses verließ ich den Aufzug. Als ich meinen Vater den Flur auf und ab tigern sah, ging mir bloß durch den Kopf, dass er sich niemals gegen Ma hatte behaupten können.

Bevor ich mich zurückhalten konnte, sagte ich: »Du darfst das nicht zulassen.«

Zuerst blickte er mich einfach nur an, dann beugte er sich näher zu mir. »Du bist seit einer Woche wieder hier«, sagte er. Sein Gesicht war rot, und er bemühte sich, leise zu sprechen. »Du weißt rein gar nichts.«

Ich versuchte es erneut. »Vielleicht sollte ich mit ihr reden.«

»Wer hindert dich daran?«, gab er zurück.

Als ich nichts erwiderte, steckte er das Hemd richtig in den Hosenbund und strich es glatt. »Ich gehe runter und hole mir was zu trinken. Möchtest du auch was?«

Einen Augenblick lang dachte ich, er würde eine Bar meinen. Doch dann wurde mir klar, dass er von der Krankenhauscafeteria sprach. Zu dieser Zeit rührte Ba kaum Alkohol an. Obwohl ich den ganzen Tag lang nichts anderes als Frühstücksflocken gegessen hatte, drehte sich mir beim Gedanken an Essen der Magen um. »Nein danke«, sagte ich.

Er versuchte nicht, mich zu überreden. Er drehte sich einfach um und ging zu den Aufzügen.

»Ba«, rief ich, weil ich ihm mitteilen wollte, ich würde ihm doch beim Abendessen Gesellschaft leisten.

Ohne sich umzusehen, hob er eine Hand und winkte mir im Davongehen zu.

Als ich vor der Tür des Zimmers meiner Mutter stand, beugte ich mich nah ans Fenster. Da lag sie, hoch gelagert auf zwei Kissen, schmaler und gebrechlicher als tags zuvor. Eine Infusionsnadel steckte in ihrem linken Arm, und Plastikbeutel hingen neben dem Bett. Deren Schläuche führten zu Stellen, über die ich nicht nachdenken wollte.

Schon immer war meine Mutter sehr schlank gewesen; jetzt hatte sie im Laufe des letzten Jahres noch mehr Gewicht verloren. Ihre Wangen waren gelblich und wächsern, wie aus einem Kunststoff geformt, der echte Haut imitieren sollte. Nachdem sie monatelang unter Haarausfall gelitten hatte, hatte sie ihrem Friseur aufgetragen, das Haar »radikal abzuschneiden«. Der Rest ihrer einst langen glänzenden Locken hing ihr nun schlaff bis zum Kinn. Doch trotz aller Rückschläge weigerte sie sich, die Rolle eines Menschen einzunehmen, der seine Tage regelmäßig in verschiedenen Krankenhauszimmern verbrachte. Jeden Morgen zog sie eine Seidenbluse mit einem grafischen Muster und eine gebügelte Hose an und streifte ihre goldenen Armringe über – das war die Uniform, die sie als Dozentin an der Universität getragen hatte. Und sogar heute, als sie nur einen grauen Krankenhauskittel trug, wirkte der knallrote Lippenstift auf Mas Mund wie frisch aufgetragen. An manchen Tagen bewunderte ich ihre kompromisslose Haltung, an anderen bedauerte ich sie dafür.

Auf ihrer Brust lag eine aufgeschlagene Ausgabe des *Economist*, doch sie starrte auf den Bildschirm des Fernsehers an der

Wand, auf dem eine aufgedrehte, perfekt frisierte Blondine – Amerikas beliebteste Talkmasterin – den Zuschauern einhämmerte: »Hören Sie auf, ›Nein‹ zu sagen, und beginnen Sie, ›Ja, sicher!‹ zu sagen.« Die Studiogäste, alles Hausfrauen mittleren Alters, brachen in frenetischen Jubel aus. Diese kräftigen und großäugigen Frauen besaßen eine Kernigkeit, die ich aus dem Mittleren Westen kannte, doch die Show wurde in San Francisco aufgezeichnet. Das Anwesen der Moderatorin im wohlhabenden Stadtviertel Pac Heights war eine beliebte architektonische Sehenswürdigkeit bei Stadtrundfahrten.

Als sie mein Klopfen hörte, schaltete Ma hastig den Fernseher aus.

»Meine verloren geglaubte Tochter«, sagte sie. »Da muss ich erst im Krankenhaus liegen, um dich zu Gesicht zu kriegen.«

Geschäftig zog ich einen Stuhl heran.

»Wohin gehst du nach der Arbeit?«, fragte sie. »Was tust du mit deiner freien Zeit?«

Das waren durchaus berechtigte Fragen. Ich hatte die letzten zwei Abende mit mir als Begleitung im Chaplin's in Holland Village verbracht, einer heruntergekommenen Bar mit aufgerissenen Lederhockern und einer kleinen leeren Tanzfläche, die nichts mehr mit dem aufregenden und pulsierenden Laden gemein hatte, in dem wir früher während der Sommerferien gewesen waren. Wo der Rauch so dicht gewesen war, dass man sich aus reiner Notwehr selbst eine angesteckt hatte.

Ich fragte sie: »Wie geht es dir?«

Sie setzte einen mürrischen Blick auf. »Dieser Dr. Yeoh. Er meint ständig, ich solle mehr essen, sagt mir aber im gleichen Atemzug: ›Kein Salz, kein Chili, kein Zucker, kein Knoblauch.‹« Sie zählte die Liste an den Fingern ab. »Was soll ich da noch essen? Und dann dein Vater. Er nimmt alles so furchtbar ernst. Er hat dagesessen und sich Notizen gemacht, um ja nichts zu vergessen. Ich habe zu ihm gesagt: ›Schreib einfach, *nichts*

41

mit Geschmack.‹« Sie wirkte zufrieden, als ich mir ein Lächeln abrang. »Im Ernst, was spielt es bei der Dialyse für eine Rolle, was ich esse? Und weiß Dr. Yeoh nicht, dass ich mit dem Soja-soßen-König von Singapur zusammenlebe?«

Alkohol stand nicht auf der Liste der verbotenen Lebensmittel des Doktors. Ich verdächtigte Ma insgeheim, ihn absichtlich ausgelassen zu haben. Doch angesichts der Tatsache, dass ich die letzten Abende damit verbracht hatte, einen Wodka Soda nach dem anderen zu bestellen, um so spät wie möglich durch die Tür meines Elternhauses gehen zu müssen, stand es mir nicht zu, ein Urteil über sie zu fällen.

»Ma, wir müssen darüber reden«, sagte ich und legte ihr eine Hand auf den Unterarm, um ihr irgendwie zu zeigen, dass ich im Bilde war.

»Fang bitte nicht damit an, mein Schatz. Ich fühle mich gut. Ich habe ihnen gesagt, es sei absolut unnötig, mich über Nacht hierzubehalten. Aber natürlich hört niemand auf mich.«

Ich unterbrach sie. »Wie viele hattest du?«

Sie schaute weg.

Ich sagte ihr, sobald sie wieder zu Hause sei, würden wir uns zusammensetzen und uns was einfallen lassen. Vielleicht wäre es für sie an der Zeit, sich endlich wieder dem Manuskript zu widmen, das sie irgendwann aufgegeben hatte: Eine Biografie des deutschsprachigen afrikanischen Schriftstellers Dualla Misipo. »Du kannst nicht den lieben langen Tag rumsitzen«, sagte ich.

Sie spitzte die knallroten Lippen. »Tatsächlich? Mir erzählt aber jeder ständig, wie krank ich bin. Und das machen kranke Leute nun mal.«

Ich ließ mich nicht darauf ein. »Ich werde dir Klavierunterricht geben.«

Sie hielt kurz inne. Schon immer hatte sie Klavierspielen lernen wollen, aber nie die Zeit dafür gefunden. »Oh, Gretch«, begann sie.

»Ich bin sehr streng. Denn ich bin es gewohnt, Achtjährige mit ADS zu unterrichten.« Im Rahmen meines Masterstudiums absolvierte ich eine Hospitanz an einer staatlichen Schule in Richmond.

Sie lachte schwach.

»Gut«, sagte ich. »Wir fangen sofort damit an.« Ich dachte an meinen Vater, wie er in der Krankenhauscafeteria an einem künstlich aromatisierten Apfelsaft nippte, und wünschte mir, nicht so barsch zu ihm gewesen zu sein.

Ma nahm meine Hand. »Es gibt noch etwas, worüber ich gerne mit der reden möchte.«

Ich spürte ihre Haut zwischen meinen Fingern, dünn wie Pergamentpapier. Ich kämpfte gegen das Bedürfnis, sie loszulassen.

»Hat Paul dich im Büro erreicht?«, wollte sie wissen.

Nun zog ich doch unwillkürlich meine Hand zurück. »Wieso hast du mit ihm geredet? Was hat er zu dir gesagt?« Ich riss mich zusammen. »Warum müssen wir jetzt überhaupt darüber sprechen?«

»Was genau ist zwischen euch passiert? Wieso bekomme ich von niemandem eine klare Antwort?«

»Ich finde, im Moment gibt es genügend andere Dinge, über die wir sprechen sollten«, sagte ich. »Zum Beispiel, warum du schon nachmittags Gin Tonic trinkst.«

Sie zog die Augenbrauen ganz eng zusammen, ließ sie aber schnell wieder locker. Ich hatte es zwar endlich ausgesprochen, aber keine Ahnung, was als Nächstes kommen sollte.

Ein lautes Piepsen durchbrach plötzlich die Stille – die Infusionsmaschine. Eine Krankenschwester eilte, ohne anzuklopfen, ins Zimmer und stellte das Piepsen ab. »Alles in Ordnung?«, fragte sie. Sie begutachtete die Nadel in Mas Armbeuge und drehte ihren Unterarm hin und her. Sie schien gar nicht zu bemerken, dass weder Ma noch ich ihre Frage beantworteten. »Ich bin in einer Stunde wieder da, um die Werte zu prüfen«, sagte sie und verschwand wieder.

Ich wünschte mir, die Schwester aus irgendeinem Grund zurückrufen zu können. Ich hatte Angst davor, Ma ins Gesicht zu sehen.

Sie sprach zuerst. »Du bist dreißig Jahre alt«, sagte sie. »Es wird Zeit, dass du dich deinem Alter entsprechend verhältst. Deine Probleme verschwinden nicht einfach, nur weil du dir das wünschst.«

Ich stand so ruckartig auf, dass der Stuhl mit einem metallischen Geräusch nach hinten auf den Boden fiel. »Stimmt, du musst das ja wissen. Du bist ein wunderbares Beispiel dafür, wie man Probleme ins Gesicht sieht.«

»So kannst du nicht mit mir reden.«

»So? Wie denn?«, schrie ich.

»Früher oder später wirst du mir sagen, was passiert ist. Wieso fängst du nicht gleich damit an, bevor du ihn für immer verlierst?«

»Schön«, erwiderte ich. »Du willst also, dass ich rede? Dann mache ich das. Und wenn wir damit durch sind, können wir uns vielleicht darauf konzentrieren, warum du im Krankenhaus bist. Denn eigentlich geht es hier ja wohl um dein Alkoholproblem. Du bist auf dem besten Weg, eine Trinkerin zu werden.« Das Wort hallte in meinen Ohren nach. Ich wusste nicht, ob ich das gesagt hatte, weil es gesagt werden musste oder weil ich ein Gespräch über Paul vermeiden wollte. Selbst in meinem aufgebrachten Zustand wurde mir eines klar: Würde ich Ma von der Affäre erzählen, kämen eine Menge anderer Dinge an die Oberfläche, über die ich noch nicht nachzudenken bereit war. Sobald ich einmal angefangen hätte zu reden, würde ich nichts mehr zurücknehmen können.

Sie sagte: »Er kann dir nicht ständig vergeben.«

Ich brauchte einen Moment, um zu begreifen, dass sie mir die Schuld gab. Ich stand mit offenem Mund da und dachte darüber nach, wo ich anfangen sollte.

Ma seufzte. »Komm«, forderte sie mich auf, »setz dich.«

Bevor sie noch irgendetwas anderes sagen konnte, eilte ich zur Tür hinaus auf den Flur und begegnete dort meinem erschöpften und irritierten Vater. »Wohin gehst du?«, fragte er.

Ich schüttelte den Kopf, sagte ihm, ich würde später nach Hause kommen, und hämmerte auf den Knopf der Aufzugtür.

Auf dem Parkplatz fischte ich mein Handy aus der Tasche und scrollte durch die Liste der entgangenen Anrufe. Ich sah, wie der Cursor immer wieder zum Anfang sprang, zurück zu Pauls Namen. Ich schaltete das Radio ein und ging die Sender durch, bis ich das Eröffnungsmotiv von Dvořáks Symphonie *Aus der Neuen Welt* hörte. Die gewaltigen Klänge der Bläser erfüllten das Wageninnere.

Ich war fünf, als ich zum ersten Mal die langsame, imposante Melodie des zweiten Satzes auf dem Plattenspieler meiner Mutter hörte. Danach war ich zum Klavier gelaufen und hatte das Solo des Horns auf Anhieb richtig angestimmt. Als meine Mutter – völlig außer sich vor Begeisterung – meinem Klavierlehrer davon erzählte, war er von meinem absoluten Gehör überzeugt. Ma wurde nicht müde, wieder und wieder diese alte Geschichte zu erzählen; ich hatte keine Ahnung, wann ich sie zum letzten Mal so stolz gemacht hatte.

Ich stellte wieder den Softrocksender ein und verließ den Parkplatz. Als ich vor der Ampel stand und darauf wartete, dass sie umsprang, überlegte ich, ins Chaplin's zu fahren. Der Barkeeper war ein Engländer mit Glatzenansatz, der nur für jeden zweiten Drink Geld von mir wollte. Doch beim Gedanken an seine wässrigen Augen und hängenden Mundwinkel fühlte ich mich noch niedergeschlagener als ich ohnehin schon war. Anstatt in Richtung Westen zum Chaplin's zu fahren, bog ich auf den Pan Island Expressway ab, um dem Feierabendverkehr zu entgehen. Bevor ich es realisierte, war ich auf dem Weg zurück zur Fabrik.

Zwei Ampeln von Lin's entfernt fuhr ich auf den Parkplatz des Garküchenmarktes Jalan Besult. Ich rechnete damit, dass meine Kollegen bereits fort waren. Wären sie wider Erwarten doch noch da, könnte ich ja mit ihnen ein kleines Feierabendbier trinken. Bestimmt würde niemand etwas dagegen haben. Bestimmt wären sie außerhalb des Büros viel freundlicher.

Der Garküchenmarkt war ein großes Gelände mit etwa vier Duzend Imbissständen, von denen jeder ein ganz spezielles Gericht im Angebot hatte: Von gegrilltem Rochen in feuriger Shrimpspaste bis zu *hokkien mee*, einer Mischung aus Weizen- und Reisnudeln, mit Eiern angebraten und dann in einer schmackhaften Garnelenbrühe gegart. Zu dieser Uhrzeit wimmelte es auf dem Markt von Pärchen, die auf dem Weg von ihrer Arbeit zu ihren Familien waren, die gleich in der Nähe in dem staatlich subventionierten Wohnbezirk lebten. In der Luft lag der Geruch von im Wok gebratenem Knoblauch und den Reinigungsmitteln, mit denen die Fliesenböden geputzt wurden, die aber aufgrund der hohen Luftfeuchtigkeit nie vollständig trockneten.

Als ich mich zwischen den Tischreihen durchschlängelte, überprüfte ich den Sitz meiner Ledertasche, der aufwendig bestickten schwarz-weißen Bluse und des engen Bleistiftrocks.

Der Bierstand befand sich am anderen Ende des Marktes. Dort saßen Fiona, Shuting und Jason an einem Tisch, eingequetscht zwischen vier männlichen Teenagern, die weiße Kurzarmhemden und Kakishorts trugen – die Uniform einer renommierten Oberschule. Shuting war die Erste, die auf mich aufmerksam wurde. Sie machte große Augen, senkte den Kopf und murmelte den beiden anderen etwas zu. Auf ihren Gesichtern breitete sich erst Überraschung, dann Panik aus, und da wusste ich, ich hatte einen Riesenfehler begangen.

»Hi«, rief ich laut und winkte ihnen fröhlich zu. Was hätte ich sonst tun können?

Sie murmelten ein Hallo zurück.

Die Teenager sahen kurz auf, widmeten sich dann aber wieder ihren dampfenden Nudelgerichten.

»Willst du dich setzen?«, fragte Fiona unsicher. Sie versuchte, so gut es ging, ein Stück zur Seite zu rutschen, damit ich mich auf die Bank setzen konnte.

Shuting kniff die Augen zusammen. »Wie geht's deiner Mum? Alles *eh sai boh*?«

»Ihr geht's gut«, log ich mit lauter und fröhlicher Stimme. Ich erklärte ihnen, ich könne nicht bleiben und wäre nur hier, um etwas zum Abendessen mitzunehmen – natürlich war allen klar, dass ich deswegen auf keinen Fall hierher zurückgefahren wäre.

»Dann bis Montag«, rief ich laut und eilte um eine Ecke, wo mir ein Koch mit einem Stapel grüner Teller entgegentrat und mich anraunzte, ich solle gefälligst aufpassen.

Hinter mir wurde Gekicher laut – ich wusste, dass es teilweise von Fiona, Shuting und Jason kam. Ich konnte mir schon ihre mitleidigen Blicke vorstellen und das kaum unterdrückte Gelächter, das ich mir im Büro würde anhören müssen.

Zurück im Wagen verfluchte ich mich für meine eigene Dämlichkeit. Ich wünschte mir, nicht so kopflos aus dem Krankenhaus gestürmt zu sein. Ich dachte sogar darüber nach, zurückzufahren und mich zu entschuldigen. Doch ich war die vorwurfsvolle Art meiner Mutter leid. Sie verstand nicht, warum ich mir nicht einfach einen Werdegang aussuchen und daran festhalten konnte. Warum ich nach einem Master in Englischer Literatur noch einen in Musikpädagogik brauchte. Warum ich meine Ehe aufgegeben hatte und warum ich mich von meinem Vater hatte überreden lassen, eine Stelle bei Lin's anzunehmen.

Meine Mutter war der Überzeugung, ihre besten Jahre als Doktorandin in Cornell verbracht zu haben. Von Anfang an hatte sie mich in aller Entschlossenheit auf ein Leben außerhalb von Singapur vorbereitet: Sie gab mir einen Namen nach einem ihrer Lieblingslieder von Schubert, obwohl sie wusste, dass jeder hier Probleme mit der Aussprache haben würde. Sie überredete meinen Vater, mich, das einzige Kind, um die halbe Welt, in ein Internat in Kalifornien, zu schicken. Später, als ich ins College ging und meine Eltern zum ersten Mal Paul trafen, bekniete sie meinen Vater, meinen *ang mo*, meinen westlichen Freund, nicht von vornherein abzulehnen.

Nachdem sie alles getan hatte, um mir die Freiheit zu geben, war ich nun wieder dort, wo ich angefangen hatte.

Im Wagen war es heiß und stickig, und meine Oberschenkel klebten am Leder des Sitzes fest. Ich kurbelte das Fenster herunter und blieb so vor dem Lenkrad sitzen, bis die Lichter auf dem Parkplatz angingen. Dann rief ich Paul an.

Es klingelte einmal, zweimal, dreimal, bevor mir klar wurde, dass es in San Francisco mitten in der Nacht war. Ich wollte gerade auflegen, da meldete er sich.

»Na? Hallo.« Seine Stimme klang mürrischer als sonst.

Ich stammelte eine Entschuldigung und fragte mich, ob das Mädchen gerade neben ihm lag.

»Kein Problem«, sagte er und lachte dieses dunkle raue Lachen, mit dem er mich jedes Mal kriegte. »Ich bin noch im Büro. Du hast mich nicht geweckt.«

Also ackerte er immer noch die Nächte durch wie ein junger Student. Er war Postdoktorand der Informatik in Berkeley und sagte immer, es habe etwas Magisches, bis zum Sonnenaufgang zu arbeiten.

Ich versuchte, mich zu entspannen. »Wieso hast du so oft angerufen?«

Paul sagte: »Also, es war so, ich wollte dir erst eine komplizierte Mail schreiben, doch dann dachte ich, ein Anruf sei unkomplizierter. Allerdings wusste ich nicht mehr, welche Nummer von deinem Handy und welche von deinen Eltern war. Und dann hat mir deine Mutter gesagt, ich könne dich im Büro erreichen.« Seine Erklärungen waren immer etwas umständlich, wenn er müde war.

»Okay«, antwortete ich und zog die letzte Silbe in die Länge.

Er erklärte, das Paar, das als Untermieter in unser Apartment gezogen war, würde dort Gras verkaufen. Nachbarn – vermutlich Mrs O'Donley – hätten sich beschwert, und der Vermieter fordere sie auf, bis Ende des Monats auszuziehen. »Falls das für dich okay ist, könnten wir uns die ausstehende Miete teilen und hätten es hinter uns.«

Ich hatte einen Kloß im Hals. Ich wusste nicht, ob ich lachen sollte oder ob mir die Luft wegbleiben würde. Das war alles, was er besprechen musste? Das war alles, was ihn veranlasste, mir in Singapur hinterherzutelefonieren? Ich hustete und griff nach der halb vollen Wasserflasche, die auf dem Beifahrersitz lag.

In der Zwischenzeit erklärte Paul, wie viel Zeit und Ärger wir uns ersparen würden, wenn wir auf neue Untermieter verzichteten – auf ein weiteres lautes, glückliches Paar, das über den knarrenden, von der Sonne erwärmten Holzboden latschte und mit Ahs und Ohs aus dem Erkerfenster auf die Golden Gate Bridge gaffte.

Plötzlich wurde mir klar, dass das sein Problem war. Er hatte schließlich den ganzen Schlamassel verursacht. Also sollte er sich auch gefälligst überlegen, wie er damit fertigwurde.

Als er mir vorrechnete, die Hälfte der Miete betrage zweitausendsiebenhundert Dollar, erwiderte ich: »Du schuldest meinem Vater sowieso noch Geld. Verrechne es doch einfach mit meinem Anteil.« Vor fünf Jahren hatte meine Mutter darauf bestanden, dass mein Vater Pauls restlichen College-Kredit ablöste, als Teil der Mitgift.

»Ach«, sagte er.

Ich wusste, dass er gerade auf einer alten Telefonrechnung, einer Kreditkartenabrechnung oder sonst einem Stück

Schmierpapier die Buchstaben ausmalte und diese Schattierungen immer manischer und finsterer wurden, je länger er über seine Antwort nachdachte. Er war der Typ, der selbst bei strömenden Regen auf ein Taxi verzichtete und lieber im Rollkragenpullover schlief, um Heizkosten zu sparen. Er hatte es damals gehasst, das Geld anzunehmen.

»Ich werde es ihm zurückzahlen«, sagte er schließlich. »Es wird nur etwas dauern. Du weißt ja, was ich als Postdoktorand verdiene.«

»Vielleicht hättest du dir darüber vor deinem Auszug Gedanken machen sollen.« Was für eine Erleichterung, nun war es raus.

Mit fester Stimme entgegnete er: »Für dich ist es vielleicht schwer zu verstehen, aber die meisten von uns haben gerade einmal fünftausend Dollar auf der Bank.«

Seine Worte trafen mich. »Vielleicht kann dir deine Freundin aushelfen. Oh, das habe ich ja ganz vergessen, sie ist ja noch Studentin.«

»Lass sie da raus«, sagte er mit einem warnenden Unterton, den ich ihm gar nicht zugetraut hätte.

Was hatte ich denn erwartet? Dass er mir sagen würde, er sei nicht mehr glücklich mit ihr? Dass sie ihn verlassen habe? Ich schlug mit der Faust aufs Lenkrad und hupte dabei versehentlich. Es war ein kurzer klarer Laut. Am Ende des Gesprächs würde Paul sich in seinen Wagen setzen und nach Hause fahren, wo das Bett bereits von seiner schlafenden Freundin angewärmt worden war. Und wo würde ich am Ende dieses Gesprächs stehen?

Er tat einen langen Atemzug. »Wir sollten nicht so miteinander umgehen.«

Ich drückte die Stirn in meine Handfläche und versuchte, mich in den glühenden Zorn hineinzusteigern, den ich eben noch verspürt hatte. Aber ich fand nur noch kalte Asche.

»Wohin soll ich den Scheck schicken?«

Er gab mir seine neue Adresse, 62 Lowell Street, doch ich versuchte mir nicht auszumalen, wie sein neues Apartment in den Berkeley Hills aussah. Ich wollte mir nicht vorstellen, wo er den Couchtisch hingestellt hatte, den wir aus einer alten Tür vom Sperrmüll gezimmert hatten. Oder das kleine zerschlissene Zweiersofa, das ich ihm hatte ausreden wollen, weil sich der schwarze Velours bereits in ein schmuddeliges Grün verwandelt hatte. Ich wollte mir auch nicht vorstellen, was für ein Bett er sich gekauft hatte, nachdem wir uns einig geworden waren – die einzige Sache, über die wir uns einig geworden waren –, das alte Bett wegzuwerfen. Und ich wollte mir nicht vorstellen, ob beide unter einer extragroßen Decke schliefen oder ob er darauf bestanden hatte, dass jeder seine eigene haben sollte.

»War's das?«, fragte ich, nachdem ich alles notiert hatte.

»Gretch«, sagte er mit einer Stimme, die mir den Atem raubte.

Ich wartete darauf, dass er fortfuhr, doch er dankte mir nur und legte auf.

3

Während unseres letzten gemeinsamen Jahres sprachen Paul und ich ab und zu über seine wissenschaftliche Assistentin im Fachbereich Informatik. Ihr Name war Sue, doch er nannte sie »die Kleine«. Etwa: »Die Kleine hat heute für mich die Codierung übernommen, aber ununterbrochen über diese schreckliche neue Realityshow gequatscht.« Oder: »Die Kleine und ihre Freundinnen sind verrückt nach dieser Girlband. Kitty Cat? Hello Kitty? Das Schlimmste, was ich jemals gehört habe.« Egal ob Songs, YouTube-Videos oder Internetfunde, Paul wurde Spezialist für alles, was im Leben von College-Studentinnen eine Rolle spielte. Doch mir wurde klar, dass er versuchte, an seiner Jugendlichkeit festzuhalten. Aber schließlich hatte auch ich Angst davor, dreißig zu werden.

Es war fünf Monate vor diesem gefürchteten Geburtstag. Ich machte beim Schreiben meiner letzten Hausarbeit in Musiktheorie für dieses Semester gerade eine Pause. Ich weiß nicht, was mich da geritten hatte, aber ich tippte Pauls Namen in eine Suchmaschine ein und stieß auf eine Seite, auf der Studenten ihre Dozenten bewerteten. Da war er. Auf der Seite stand sein Name und der Einführungskurs, den er in Berkeley gab, und ein einziger Kommentar war dort gepostet: »Ziemlich cooler Typ, flirtet aber mit seinen Studentinnen. Vor allem mit einer ganz besonders süßen.« In der Küche piepste die Mikrowelle, doch ich kippte meine Haferflocken in den Abfallzerkleinerer. Mir war zu übel zum Essen.

Später am Abend stocherte ich in meiner Pasta herum, während Paul mir von einer Debatte zwischen ihm und seinem Büronachbarn berichtete, in der es darum ging, welche Kellerbar in San Francisco am abgefahrensten war.

»Der 500 Club«, sagte er, verdrehte die Augen und gab einen angewiderten Laut von sich.

Ich versuchte, so unbekümmert wie möglich zu klingen. »War Sue auch da?«

»Hm?«, machte er, als hätte er mich nicht gehört.

Meine Gabel fiel auf den Teller.

Ich erwähnte ihren Namen dann nicht mehr, bis wir einen Monat später seine Familie zu Silvester in Südkalifornien besuchten. Sechs Minuten vor Mitternacht ging ich ins Gästebad und erwischte ihn dabei, wie er in sein Handy flüsterte. Während sich alle anderen unten im Wohnzimmer versammelten, um mit der Menge am Times Square die letzten Sekunden des alten Jahres herunterzuzählen, waren wir oben und schrien uns an.

Zuerst behauptete er, er habe bloß seine Mailbox abgehört. Als ich ihm aber das Handy direkt vor die Nase hielt und ihn aufforderte, mir den Namen der Person vorzulesen, mit der er gerade telefoniert hatte, schnappte er sich schnell das Telefon. Er erklärte mir, er könne sprechen, mit wem und wann er wolle, er brauche meine Erlaubnis nicht und sei nicht bereit, mit mir zu reden, wenn ich so hysterisch wäre. Doch als ich ihn anschrie, sie sei doch noch ein Kind, wich plötzlich alle Farbe aus seinem Gesicht. Er taumelte zurück, bis er ans Waschbecken stieß. Das Telefon fiel ihm aus der Hand und mit einem lauten Plumps in die Toilette.

»Verdammt noch mal«, schrie er so laut, dass ich schon erwartete, meine Schwiegereltern würden jeden Augenblick anklopfen.

In jener Nacht schlief er auf dem Futon. Auf der sieben Stunden langen Rückfahrt in den Norden sprachen wir kein einziges Wort miteinander. Zurück in San Francisco bekniete er mich, ihm zu verzeihen, und schwor mir, niemals mit Sue geschlafen zu haben. Er sagte, er liebe mich und werde alles tun, um mein Vertrauen zurückzugewinnen.

Ich war unsicher, was ich tun sollte, und wandte mich an Frankie, meine alte Zimmernachbarin aus dem College. An einem verregneten Nachmittag saßen wir auf einer feuchtkalten Bank, blickten über die Bucht und hielten uns an Kaffeebechern aus Pappe fest.

»Er sagt, es tue ihm leid. Ich würde ihm gerne glauben.«

Frankie runzelte die Stirn und drückte mitfühlend meinen Arm. »Ich weiß nicht, Gretch. Ich wäre mir nicht sicher, ob ich ihm überhaupt jemals wieder vertrauen könnte.«

Diese Art von Ratschlag hatte sie mir schon unzählige Male zuvor gegeben. Doch diesmal – weil ich unbedingt glauben wollte, dass Paul und ich immer noch ein Team waren, und weil ich mich längst entschieden hatte – klammerte ich mich an der Tatsache fest, dass Frankie noch nie einen Freund gehabt hatte. Bevor ich es verhindern konnte, sagte ich: »Ach ja? Wann hattest du denn überhaupt das letzte Mal ein Date?«

Frankie erstarrte und wandte den Blick ab, doch die Bestürzung in ihrem Gesicht entging mir nicht.

»Es tut mir leid«, begann ich, wusste aber nicht, was ich dann sagen sollte.

»Vergiss es«, entgegnete sie. Sie warf ihren Becher in die Richtung eines Müllkorbs und traf auf Anhieb. »Ich schätze, du wirst das Ganze allein auf die Reihe kriegen.«

Ich schwor mir, keinem Menschen mehr von der Affäre zu erzählen.

Den Januar über gab Paul sein Bestes, damit ich ihm verzieh. Immerhin. Er stellte eine neue Hilfskraft ein. Er rief mitten am Tag an, einfach nur um Hallo zu sagen. Er überraschte mich mit einem Wochenendtrip nach Carmel. Und ich glaubte ihm, dass er es ehrlich meinte. Dieses Mädchen war Studentin. Wohin hätte das geführt? Die Anzahl der Frauen, die sich im Fach Informatik einschrieben, war verschwindend gering. Ich hatte einige von ihnen auf dem Campus gesehen – dünne Mädchen in dicken Pullis mit blassem, strähnigem Haar und runden Brillen, die sie völlig ironiefrei trugen.

Im Februar füllten sich unsere Terminkalender mit Arbeit und Unterricht, und jeder von uns war wieder in seine übliche Alltagsroutine eingespannt. Der Abgabetermin von Pauls Studie stand vor der Tür, weswegen er mehr Zeit in seinem Büro, in der Bibliothek und in Cafés verbrachte. Da er nachts am besten arbeiten konnte, schlief er noch fest, wenn ich morgens aufstand, um zum Sport und danach zur Uni zu gehen. Als es April war, verbrachten wir so wenig Zeit zusammen, dass wir kaum noch miteinander sprachen. Kam es mal vor, dass wir beide wach und in einem Zimmer waren, zankten wir uns oder stritten sogar richtig wegen irgendwelcher Nichtigkeiten: Seine schmutzige Kleidung, die er zu einem riesigen Berg am Bettende anhäufte, die Haare, die ich vergessen hatte, nach dem Duschen aus dem Abfluss zu entfernen.

Im Mai teilte er mir schließlich mit, er könne nicht mehr so weitermachen. Ich war zwar nicht sonderlich überrascht, doch das machte den Schmerz nicht erträglicher.

»Es ist Sue, oder?«, fragte ich.

Sein Gepäck stand bereits neben der Tür. Er blickte zu Boden und flüsterte, es täte ihm leid.

Ich ließ mich aufs Sofa fallen und wartete darauf, dass er sich neben mich setzen, vielleicht sogar meine Hand nehmen würde.

Er deutete achselzuckend auf seinen Rucksack. »Ich werde dir aus dem Weg gehen.«

Drei Tage nachdem er gegangen war, überredete mich meine engste Freundin am Konservatorium, die Schulpsychologin aufzusuchen.

Ich erklärte der Therapeutin, Paul hasse es, dass ich mich von einem Lebensentwurf zum anderen hangeln und einfach etwas anderes machen würde, wenn ich die Lust verlor. »Er sagte, mein zweites Masterstudium sei bloß geistige Selbstbefriedigung.«

Die Therapeutin nickte und machte sich ein paar Notizen. »Und wie sehen Sie das?«, fragte sie. »Ist Musikerziehung Ihre Leidenschaft?«

Ich musste lachen. Meinte sie das ernst? Gab es irgendeinen Menschen über achtzehn, der noch glaubte, seine Leidenschaft zu finden? »Ich mag's, und das genügt«, sagte ich.

»Mmm«, machte sie und unterdrückte ein Gähnen, wobei sich ihr Mund verzog.

Und was ist mit Ihnen, dachte ich, ist es Ihre Leidenschaft, den Leuten beim Jammern über ihr verpfuschtes Leben zuzuhören?

Ich sagte ihr, mein Vater sei der einzige mir bekannte Mensch, der seine Arbeit tatsächlich liebte. »Insgeheim hofft er immer noch, dass ich zurückziehe und in den Familienbetrieb einsteige.«

»Und Ihre Mutter?«

Ich zuckte mit den Schultern. »Sie wünscht sich, dass ich glücklich und zufrieden bis an mein Lebensende in Amerika lebe, dem Land der Freiheit.«

»Hat das jemals zu Konflikten geführt?«, fragte die Therapeutin. »Die entgegengesetzten Wünsche Ihrer Eltern?«

»Für mich?«, fragte ich. »Oder für sie?«

»Wieso hält sich Ihr Vater so zurück? Wieso fragt er Sie nicht einfach direkt, was er sich für Sie wünscht?«

Ihr Ton brachte mich auf die Palme. »Da müssen Sie ihn fragen«, sagte ich.

Sie hob eine Augenbraue und schenkte mir ein schmallippiges Lächeln. Ich verabscheute sie dafür, wie sie dort mit diesem selbstgefälligen Ausdruck saß.

»Sehen Sie, ich möchte wirklich nur über Paul reden«, sagte ich.

Doch unsere Zeit war abgelaufen. Die Therapeutin sagte mir, ich solle nächste Woche wiederkommen, dann könne man einige Fragen vertiefen. Sie schmatzte mit den Lippen, als handelte es sich bei meinen Fragen um ein großes, saftiges Steak.

Draußen ging die Sonne unter, und ein kühler Wind peitschte mir das Haar ins Gesicht. Ich vergrub die Hände in den Achselhöhlen und lief planlos die Van Ness Avenue bis zum Opernhaus hinunter, wo ich mich auf die eiskalten Treppenstufen setzte und die Stirn auf die Knie legte. Dann hatte ich auch schon mein Handy in der Hand und wählte Pauls Nummer, wieder und wieder.

»Gretch?«, sagte er unsicher, aber nicht unfreundlich. »Was gibt's?«

»Warum?«, schrie ich ins Telefon. »Warum sie?« Ich rannte die Stufen hoch und stellte mich hinter eine Säule, um mich vor dem Wind zu schützen.

»Wo bist du?«, fragte er. »Ich kann dich kaum hören.«

»Wieso sie?«, schrie ich.

Eine lange Pause folgte. Dann: »Ich kann das nicht mehr. Es tut mir leid, aber ich kann das nicht.«

Als ich nichts erwiderte, sagte er: »Ich muss los. Ich schalte jetzt das Telefon aus, okay? Ich lege jetzt auf.«

In jener Nacht lag ich schlaflos im Bett. Wir waren fünf Jahre verheiratet und insgesamt zwölf Jahre zusammen gewesen. Wir waren bereits ein Paar gewesen, als Sue noch nicht einmal die Pubertät erreicht hatte. Wie war es möglich, dass er nicht mehr dazu zu sagen hatte?

Als ich morgens erwachte, hatte ich zum Schutz vor dem schräg ins Zimmer fallenden Licht einen Arm über meine Augen gelegt. Die Sonne schien durch die Jalousien, die ich zu schließen vergessen hatte. Ich stolperte ins Wohnzimmer. Die

Golden Gate Bridge erstreckte sich über die glitzernde Bucht, als hätte sie dort jemand nur für mich allein aufgestellt. Doch ich drehte mich weg. Mein Ehemann glitt mir aus den Händen, und ich konnte bloß die Fäuste ballen und durchhalten.

Mit neuer Energie putzte ich mir die Zähne, zog mich an und fuhr mit der Bahn nach Berkeley. Es war schon fast Mittag, dennoch schleppten sich übernächtigte Studenten in Sweatshirts und karierten Pyjamahosen über den Campus. Die Sonne wärmte meinen Nacken, der Kalifornische Mohn blühte golden, und die überwältigende Pracht des Frühlings weckte in mir das Bedürfnis, einen dieser verschlafenen Studenten bei den Schultern zu packen und wach zu rütteln.

Als ich den Hügel zu Pauls Büro hinauflief, begann mein Herz zu klopfen. Auf einmal wusste ich nicht mehr, warum ich hier war. Was würde geschehen, wenn ich ihn sah? Würden wir uns umarmen? Gemeinsam weinen? Würde er mir einen Caffè Latte bei Joe's spendieren? Ich hatte keine Zeit, um über mögliche Antworten nachzugrübeln, denn vor dem glänzenden grauen Gebäude stand, den Rücken mir zugewandt und eingerahmt von üppigen Topfpalmen, Paul – der große, verstrubbelte Paul. In seinem karierten Hemd, der abgerissenen Jeans und mit einem weiteren, ungewohnten Accessoire: Den Armen eines Mädchens, die wie ein Schal um ihn drapiert waren. Armen, die zu einem asiatischen Mädchen mit zerzaustem Haar und Minirock gehörten.

Sue sah mich zuerst. Sie kniff die Augen zusammen und flüsterte Paul etwas ins Ohr. Er wirbelte herum, wandte sich dann wieder ihr zu und sagte etwas, das ich nicht hören konnte. Als sie einen Schritt nach vorn machte, griff er nach ihrem Arm, doch sie schüttelte ihn ab und kam mir mit erhobenem Kinn entgegen.

»Hi«, sagte sie und streckte mir mit einem breiten Lächeln die Hand entgegen. »Du musst Gretchen sein.« Sie war wie eine Comicfigur, fröhlich und quirlig wie ein Manga-Mädchen.

Paul schlug sich die Hände vors Gesicht. »Sue«, sagte er flehend. »Lass mich das machen.«

Doch sie hörte nicht auf ihn. »Wir sind doch erwachsene Menschen, die vernünftig miteinander umgehen können.«

Mir pochte das Blut in den Ohren. Ich war nicht in der Lage zu sprechen, warf dem Mädchen aber den kältesten und härtesten Blick zu, den ich aufsetzen konnte. Ich vergrub meine Hände tief in den Taschen und ging an ihr vorbei. Ich glaubte ernsthaft, meinem Ehemann begreifbar machen zu können, was er aufgab, wenn ich nur zu ihm durchkäme.

Doch Paul war völlig auf Sue fixiert. »Bitte«, sagte er. »Wir reden später. Zu Hause.«

Dieses Wort traf mich in die Magengrube wie ein mit voller Kraft geschleuderter Stein.

»Versprochen?«, fragte Sue zuckersüß.

Pauls Büronachbar ging an uns vorbei auf die Eingangstür zu. Er hob die Hand, doch als er erst Sue und dann mich sah, bekam er große Augen. Er senkte den Blick und eilte ins Gebäude.

Paul schloss die Augen und warf den Kopf in den Nacken. So verzweifelt hatte ich ihn nicht mehr gesehen seit dem Abend, an dem ich ihm erklärt hatte, ich sei noch nicht bereit für Kinder.

Sue stieg in einen hellroten Jetta am Straßenrand. Er wartete, bis sie fort war, erst dann wandte er sich wieder mir zu.

»Sie ist Asiatin?« Von allen Fragen, die ich hätte stellen können, kam mir diese als erste in den Sinn. Denn obwohl ich Sue gesehen hatte, direkt vor mir, konnte ich es immer noch nicht glauben. Paul trat einen Schritt auf mich zu. Ich stieß ihm mit den Handflächen gegen die Brust. »Sue ist Asiatin?«, wiederholte ich.

»Sch«, machte er und sah sich verstohlen um.

Adrenalin schoss mir ins Blut. »Wie konntest du mir das verschweigen?« Ich ballte meine Hände zu Fäusten und trommelte gegen seine Brust. Er hatte mich belogen, wieder und wieder, aber trotzdem konnte ich nicht glauben, dass er es mir verschwiegen hatte. Die Tatsache, dass Sue Asiatin war, war plötzlich wichtiger als alles andere.

»Bitte hör auf.« Paul packte meine Handgelenke. »Um Himmels willen, ich bin bei der Arbeit.«

Ich gab einen hohen kreischenden Laut von mir, irgendetwas zwischen Lachen und Heulen. »Du machst dir Sorgen, unprofessionell zu sein? Weil es ja so viel professioneller ist, deine Assistentin zu bumsen? Deine studentische Hilfskraft?« Ich erkannte meine eigene Stimme nicht wieder. Wann hatte ich mich in eine dieser Frauen aus den Realityshows verwandelt, eine die ständig Cocktails kippte und anderen die Ohren vollheulte?

Paul hob die Hände, doch für einen Rückzug war ich noch lange nicht bereit.

Ich sagte: »Diese Susan muss ja was richtig Besonderes sein. Jetzt wirst du mir bestimmt sagen, sie wäre sehr reif für ihr Alter, oder? Ihrem Alter weit voraus?«

»Sumiko«, sagte er sanft.

»Bitte?«

»Ihr richtiger Name ist Sumiko.«

Ich stieß wieder mein irres Lachen aus. »Halten ihre Freundinnen dich nicht für einen alten Sack? Mit einem Asia-Fetisch?« Als ich das sagte, wurde mir klar, dass ich Paul so noch nie gesehen hatte. Ich war das erste Mädchen aus Asien gewesen, das er jemals gedatet hatte – und das hatte ich meinen asiatischen Freundinnen auch stolz erzählt. Jede von uns kannte den Typ des weißen Mannes – oder war sogar mit einem ausgegangen –, der Japanisch oder Mandarin sprach, Ostasienwissenschaften studierte, Karate, Jiu-Jitsu oder Kendo trainierte und vor allem bereits eine ganze Reihe von asiatischen Geliebten gehabt hatte. Ein Typ mit einem Asia-Fetisch ließ alle Alarmglocken schrillen oder war gleich ein

Dealbreaker. Je nachdem, wen man fragte. Die waren ähnlich wie die, die mit vollem Mund redeten oder einen schwachen, aber unangenehmen Körpergeruch verströmten.

»Gretchen«, sagte Paul. »Wieso bist du hier?«

Mein Lachen verebbte. Ich fühlte mich, als hätte ich zu viel getrunken und müsste endlos viele Schichten meines Geistes durchforsten, um die Antwort zu finden.

»Warum ich hier bin?«, entgegnete ich schließlich und warf die Hände in die Luft. »Ich schätze, weil ich nicht genug davon kriegen kann, bestraft zu werden.«

»Es tut mir leid«, sagte er. »Ich weiß nicht, was ich sonst sagen soll.«

»Wusste sie, dass ich Asiatin bin?«, fragte ich.

Paul seufzte. »Ach komm, Gretchen.«

Ich betrachtete ihn, wie er dort mit erschöpftem Gesichtsausdruck stand, und dachte, dass ich alles dafür geben würde, um mich so zu fühlen wie er: müde und durcheinander, aber stark genug, um weiterzumachen. Im Gegensatz zu hilflos, verzweifelt und maßlos wütend. Ich trat einen Schritt auf ihn zu und stellte mir für den Bruchteil einer Sekunde vor, wie ich meine Arme um ihn legte, ihn an mich zog und seinen salzigen, männlichen Duft einatmete.

Stattdessen schubste ich ihn, so fest ich konnte.

Er fiel nach hinten gegen eine der großen Topfpalmen und schrie auf, als er sich den Schädel am Rand des Kübels anschlug, welcher daraufhin ächzend über den Betonboden rutschte.

Ich erstarrte vor Schreck und fragte mich, was ich da getan hatte.

»Gott«, stöhnte er und schnappte nach Luft. Er lehnte zusammengesackt am Kübel und sah mich wütend an. »Steh nicht rum. Hilf mir.«

Ich drehte mich um und ging. Er brauchte meine Hilfe nicht.

4

Die Frankie Shepherd, die ich seit Jahren kannte, war ein unscheinbares, gebildetes Mädchen, das die weichen Rundungen ihres Körpers unter unförmigen Sweatshirts und Schlabberhosen versteckte. Frankies bestechendstes Merkmal, ein Lächeln, das auf ihren Wangen zwei Grübchen hervorzauberte, verschwand viel zu oft hinter einem Vorhang aus blonden Haaren, die über ihr Gesicht fielen, wann immer sie den Kopf nach vorn beugte – eine Geste, die entweder Unbehagen oder Freude bedeuten konnte. Sie war zwar unbeholfen und ernst, besaß aber ein lärmendes, ja fast trötendes Lachen, das mir jedes Mal ein gutes Gefühl gab.

Am ersten Tag des ersten Semesters legte sie in unserem engen Wohnheimzimmer in Stanford ihre warme, feuchte Hand auf meine und wisperte etwas in den Kragen ihres Overalls. Wegen des Lärms aus den Nachbarzimmern, in denen Betten belegt und Möbel gerückt wurden, konnte ich sie kaum verstehen. »Was hast du gesagt?«, fragte ich mehrmals während unseres Gesprächs und versuchte, meine Ungeduld zu unterdrücken. »Wie bitte?« Ich stellte mir bereits vor, wie ich mich mit den Mädchen von nebenan bekannt machte.

Ich merkte sehr schnell, dass ich Frankie falsch eingeschätzt hatte. Nachdem wir miteinander warm geworden waren, entdeckte ich, dass sie einen ausgeprägten Sinn für schwarzen Humor besaß und hervorragend Leute imitieren konnte. Ihre

Parodien von Professoren, die sie auf unserem Flur zum Besten gab, waren ebenso legendär wie ihre klare Singstimme. In jenem Herbst hatten wir unzählige Freitagnachmittage im Musikgebäude verbracht, um uns durch Frankies beeindruckende Musiktheater-Anthologien zu arbeiten. Ich war mehr als froh, Chopin auf Eis legen zu können, um sie am Klavier zu begleiten.

Im Winter begann ich, mit Paul auszugehen, und es wurde uns zur Gewohnheit, sein extralanges Doppelbett miteinander zu teilen. Obwohl Frankie mir vorwarf, unser Zimmer als Lagerraum zu missbrauchen, blieben sie und ich auch im folgenden Jahr Zimmergenossinnen. Da wir uns seit der Anfangszeit kannten, war sie zu meiner Chefberaterin in Sachen Beziehungen geworden. Zum Beispiel half sie mir bei den Fragen, ob Paul und ich zusammenbleiben sollten, obwohl wir den Sommer getrennt verbrachten, oder wie man die Beziehung zwischen ihm und meinem Vater verbessern könnte – ungeachtet ihrer eigenen Unerfahrenheit und der Tatsache, dass sie selbst mit Paul nie richtig warm wurde.

Nach dem Abschluss zogen Frankie und ich in die Bay Area. Später wurde sie an der Haas School of Business in Berkeley zugelassen und absolvierte in dieser Zeit ein Praktikum in der Singapurer Filiale einer amerikanischen Consultingfirma.

In ihrer ersten Woche dort rief sie mich per Ferngespräch an und äußerte sich verwundert über die Art und Weise, wie die Einheimischen sprachen. Wie deren Englisch zu einem tonalen Singsang wurde, der sie mehr verwirrte, als hätten sie gleich eine völlig fremde Sprache gesprochen. Singlisch, Singapurs inoffizielle Nationalsprache, kombiniert einen ungewöhnlichen Akzent mit einer eigenwilligen Syntax und bindet fröhlich die chinesische, malaiische und tamilische Umgangssprache ein. Frankie sagte, es höre sich an, als würde eine ganze Region sich in Opernlibretti und nicht in einer normalen Sprache unterhalten. Und weil sie so gut im Imitieren war, sprach sie schon bald selbst Singlisch.

Am Wochenende ging sie auf Tioman zum Tauchen, in Nordvietnam wandern oder nahm Sonnenbäder an den weißen Stränden Balis und Phukets. Doch richtig angetan hatte es ihr Singapur mit all seinen Gegensätzen: Seine zügellose Sprache und die scharfe, bunte Küche, verbunden mit seinem zugeknöpften Konfuzianismus, die pulsierenden Nachtclubs und die endlosen, von der Regierung finanzierten Kampagnen zur Selbstoptimierung. Frankie liebte die glänzende kosmopolitische Fassade der Insel ebenso wie ihren zutiefst konservativen Kern. Als die Consultingfirma ihr am Ende des Sommers eine feste Stelle in Singapur anbot, sagte sie sofort zu. Doch wegen Personalabbaus wurde das Angebot einige Monate später wieder zurückgezogen. Als letzten Ausweg machte ich sie mit meinem Onkel bekannt, der ihr aufgrund meiner wärmsten Empfehlungen und eines einzigen Telefongesprächs eine Anstellung gab.

Nun waren wir aufgrund einer Verkettung unglücklicher Ereignisse auf meiner Seite beide in Singapur. Angesichts der andauernden Anfeindungen meiner Kollegen war ich froh, mit Frankie eine Verbündete an meiner Seite zu haben.

Einen Tag nachdem ihr Flugzeug gelandet war, rief Frankie an und fragte mich, wie wir ihren ersten Samstagabend in der Stadt feiern würden. Obwohl sie vierundzwanzig Stunden unterwegs gewesen war, klang sie fröhlich und energiegeladen und schien nicht im Geringsten unter einem Jetlag zu leiden. Meine Stimme war dagegen dünn und heiser, weil ich sie schon länger nicht mehr benutzt hatte. Ich hatte auf meiner alten rosa geblümten Tagesdecke fast eine Stunde lang wach gelegen, zu unruhig, um einzuschlafen, und zu schwach, um aufzustehen.

»Du klingst müde«, sagte Frankie. Sie wurde leiser. »Ist alles in Ordnung?«

Die Anspannung verließ mich wie Wasser, das durch ein Sieb rann. Hätte sie vor mir gestanden, hätte ich meine Arme um sie geschlungen. Ausnahmsweise gab es einmal keinen Grund, mich zu verstellen. Ich erzählte ihr, dass ich die letzte Woche, abgesehen von der Arbeit, gewissermaßen in völliger Abgeschiedenheit verbracht hatte und die E-Mails und Anrufe von Freunden, die gehört hatten, dass ich wieder da war, ignoriert hatte. Das waren Menschen, die ich schon mein ganzes Leben lang kannte, die Kinder der Freunde meiner Eltern, die genau wie ich für ihre Schulausbildung nach England und in die USA gegangen waren. Doch anders als ich waren sie zurückgekehrt, um Anwalt, Investmentbanker oder Unternehmer zu werden, ihre High-School-Liebe zu heiraten und in der City in Apartments zu wohnen, die ihnen ihre Eltern zur Hochzeit geschenkt hatten. Inzwischen wussten alle von meiner Trennung, der Nierenerkrankung meiner Mutter und dem Fehltritt meines Cousins. Wenn mich die Einsamkeit überwältigte, musste ich mir bloß ihre ernsten Gesichter und ihre vor Sorge triefenden Stimmen vorstellen, um mich daran zu erinnern, lieber Abstand von ihnen zu halten. Es fühlte sich gut an, über alles zu reden. Obwohl es sieben Monate her war, dass Frankie und ich uns gesehen hatten – ich war damit beschäftigt gewesen, meine Ehe zu retten, sie hatte versucht, einen neuen Job zu finden –, wusste ich, dass sie mich verstand.

»Jetzt bin ich ja wieder da. Du hat also keinen Grund mehr, den Kopf hängen zu lassen«, sagte sie und lachte, um mir zu zeigen, dass es freundlich gemeint war. »Wenn du wieder zur Uni zurückgehst, wirst du mich ganz schön überhaben.«

Frankie schlug vor, etwas Ruhigeres zu unternehmen. Etwas nur für uns. »Wir könnten ins Kino gehen«, bot sie an, doch die Enttäuschung war ihr anzuhören.

»Kommt nicht in Frage«, entgegnete ich. Ich sagte ihr, wir würden auf eine Party gehen, und zwar nicht auf irgendeine Party, sondern auf Kat Tans Party zu ihrem dreißigsten Geburtstag, die im zehnten Bezirk auf dem Anwesen ihrer Eltern steigen würde, obwohl sie und ihr Ehemann schon vor Längerem ausgezogen waren. Auf Kats E-Mail hatte ich nie geantwortet – seit meiner Rückkehr hatte ich kein einziges Mal mit meiner alten Freundin gesprochen –, und bis ich Frankie ebenfalls einlud, hatte ich hin und her überlegt, ob ich hingehen sollte oder nicht.

Frankie sprach so laut, dass ich das Telefon vom Ohr weghalten musste. Wie immer war ihre Energie ansteckend. Bald durchsuchte ich den Koffer, den ich bis jetzt noch nicht ausgepackt hatte, nach meiner Kosmetiktasche. Dann wühlte ich mich durch den Kleiderschrank, in dem die ungetragenen Cocktailkleider meiner Mutter hingen, um etwas Brauchbares zu finden. Ich sagte Frankie, ich würde sie abholen.

An diesem Abend nahm ich ein Taxi und fuhr zu Frankies neuem Apartment an der Coronation Road in einem halbhohen avantgardistischen Klotz mit rosafarbenen Kacheln, die aussahen wie aus einem Badezimmer der Siebzigerjahre. Das Taxi hielt am Straßenrand. Im Taschenspiegel überprüfte ich noch mal den Lippenstift, als es an der Fensterscheibe klopfte.

Der Spiegel fiel mir in den Schoß. Dann öffnete ich die Tür so kraftvoll, dass ich Frankie fast umgestoßen hätte. Frankie hatte zwar erwähnt, in den letzten Monaten ein bisschen abgenommen zu haben, aber sie war mindestens zwanzig Kilo leichter.

»Wieso hast du mir das nicht erzählt?«, fragte ich.

Frankie senkte den Kopf, lächelte aber. »Ist ja nicht von heute auf morgen passiert.«

Ich konnte nicht aufhören, sie anzustarren. Die weiten Kurven und sanften Hügel waren spitzen Winkeln und steilen Hängen gewichen. Frankies Haar war zu einem akkuraten Pferdeschwanz gebunden, der ihre hohen Wangenknochen und die Linie ihres Schlüsselbeins betonte. Aber am überraschendsten waren die schmalen, kindlichen Handgelenke, die ich in meinen Händen hielt. Bis zu diesem Moment hätte ich es nie für möglich gehalten, dass jemand, der so groß war, so schmale Knochen haben könnte.

Der Taxifahrer hupte. »Schuldigung, Miss«, rief er. »Das hier sein Ladezone, *hor*. Hier nicht stehen können.«

Frankie knuffte mich in die Seite. »Schuldigung«, flüsterte sie mir in Singlisch zu.

»Bitte nicht«, warnte ich sie, musste aber bereits lachen.

Auf dem Rücksitz des Taxis erzählte Frankie mir von ihrem Flug und ihrem neuen Untermieter. Jedes Mal wenn ich zu ihr hinüberschaute, erschütterte mich ihr Aussehen.

Das Taxi bog in eine enge Allee mit riesigen Häusern ein, die die Grundstücke, auf denen sie standen, beinahe zu sprengen schienen. In einem so dicht bewohnten Land, in dem achtzig Prozent der Einwohner in Hochhäusern des staatlichen Wohnungsbaus lebten, konnte man sich mit keinem Geld der Welt Platz kaufen, der einfach nicht vorhanden war.

Kats Haus war anders. Trotz des hohen Eisentors und der Phalanx importierter Palmen besaß es eine offensichtliche Eleganz. Die Tan-Familie hatte einen berühmten Architekten aus Beverly Hills einfliegen lassen, der den geschmackvollen, zweistöckigen und schneeweißen Kubus entworfen hatte, der schon in zwei lokalen Hochglanzmagazinen abgebildet worden war. Ich erklärte Frankie, die andere Seite des Hauses wäre noch beeindruckender. Aus Fenstern, die vom Flur bis zur Decke reichten, blickte man auf einen Infinity Pool inmitten duftender Frangipani-Bäume und Bougainvillea-Hecken.

Ich war noch dabei, meine Handtasche zu durchwühlen, als Frankie sich an mir vorbei nach vorne zum Fahrer beugte und ihm einen Zehndollarschein reichte. »Danke, Onkel. Stimmt so«, sagte sie. Als sie meinen verdutzten Blick sah, zuckte sie mit den Schultern. »Was?«, sagte sie. »Stell dir vor, ich habe hier schon mal drei Monate gelebt.«

Als wir vor dem Tor standen, betrachtete Frankie das Haus und stieß einen leisen Pfiff aus. Doch ich war zu nervös, um darauf einzugehen. Ich wusste nicht, wann ich das letzte Mal ohne Paul auf einer Party gewesen war. Während unserer Kurztrips nach Singapur hatten wir unseren Außenseiterstatus immer sehr genossen. Wir begafften meine Kindheitsfreunde wie Touristen und wunderten uns über ihr spießiges Leben, zufrieden darüber, dass wir anders waren. Frankie hingegen war bereit, in ihr neues Leben einzutauchen. Ihre Augen waren wach, ihr Körper gerade. Selbst die Luft, die sie umgab, schien zu flimmern.

Vor der Eingangstür legte ich Frankie eine Hand auf die Schulter, weil ich hoffte, etwas von ihrer positiven Ausstrahlung abzweigen zu können.

»Bereit?«, fragte sie.

Ich drehte den Türknopf, und die Tür sprang auf.

Das Haus war voll mit Leuten in verschiedenen Interpretationen des Partymottos *Die wilden Zwanziger*. So sollte dem Ende von Kats eigenen wilden Zwanzigern gedacht werden. Man sah Charleston-Kleider und Louise-Brooks-Perücken, doch die meisten Gäste hatten sich einfach nur chic gemacht: Mädchen in Pailletten, Jungs in Jeans und Blazer. Sie bevölkerten das Wohnzimmer, die Veranda und den Garten rund um den Pool; sie versammelten sich um die Gartenbar und den langen Tisch, der mit Fingerfood beladen war: Gedämpfte Dumplings in Bambuskörbchen, verschiedene Sushi-Röllchen, Hühnchen in Saté-Soße, das vor Ort von einem Koch zubereitet wurde – einem verhutzelten Malaien, der seinen eigenen Minigrill und ein Bündel Pandan-Blätter mitgebracht hatte. Die Leute um uns herum lachten, umarmten und unterhielten sich mit lauten und überdrehten Stimmen über die Ambient-Trance-Musik hinweg, die aus Surround-Lautsprechern strömte.

»Ich bin völlig underdressed«, klagte Frankie, und zum ersten Mal bekam ihr Blick etwas Ängstliches. Sie strich das schwarze Tanktop im Bund ihrer Jeans glatt und löste ihren Pferdeschwanz.

»Du siehst gut aus«, versicherte ich ihr und war froh, dass ich in letzter Minute doch noch entschieden hatte, mich hübsch zu machen und ein Seidentop mit hauchdünnen Spaghettiträgern anzuziehen.

Man musste Frankie nicht sagen, dass sie die Sandalen abstreifen und in die Reihe der anderen Schuhpaare neben der Tür stellen sollte, so wie ich es mit meinen High Heels gemacht hatte. Um Zeit zu schinden, blieb ich vor dem Spiegel im Flur stehen und prüfte, ob mein Mascara verschmiert war. Frankie gesellte sich zu mir und fuhr sich mit den Fingern durchs Haar. Der Blick auf unser Spiegelbild versetzte mir erneut einen Schock. Plötzlich fand ich meine Wangen viel zu voll, meinen Kiefer zu hervorstechend und einfach alles an mir viel zu klein und plump.

Ich wandte mich vom Spiegel ab. »Können wir?«

»Ich denke schon«, sagte sie und zupfte wieder am Saum ihres Tops herum.

Der Neid verflog. »Du siehst toll aus«, sagte ich.

Sie nickte, wirkte aber nicht sehr überzeugt.

Am hinteren Ende des Wohnzimmers stand das Geburtstagskind mit einem funkelnden Diadem und einem silbernen Fransenkleid an der Bar. Ihre Hände steckten in Opernhandschuhen. In der einen hielt sie eine lange Zigarettenspitze, in der eine Zigarette klemmte, die nicht brannte, und in der anderen einen riesigen Strauß orangefarbener Tulpen. Ich war so mit mir selbst beschäftigt gewesen, dass ich vergessen hatte, ein Geschenk zu besorgen.

»*Zar boh*«, kreischte Kat, als sie mich sah. Sie drückte ihrem Mann Ming den Tulpenstrauß in die Hand und eilte mir entgegen. »Wo zum Teufel hast du gesteckt? Warum hast du nicht auf meine Anrufe geantwortet? Ich musste erst von meiner Mutter erfahren, dass du wieder in der Stadt bist.« Sie musterte

Frankies neuen Körper von oben bis unten und wandte sich erst dann wieder mir zu. »Du kannst froh sein, dass hier so viele Leute sind. Denn sonst würde ich dir den Hals umdrehen.«

Ich versuchte, ihre Worte mit einem Lachen zu übergehen. »Ich find's schön, dich zu sehen«, sagte ich. Ich machte Kat keinen Vorwurf, weil sie sich aufregte. Sie war die einzige Freundin aus Singapur, mit der ich während meiner Zeit im Ausland weiterhin in Kontakt geblieben war, aber was das betraf, hatte ich mich in den letzten Monaten nicht besonders vorbildlich verhalten. Als Paul auszog, hatte ich ihr davon in einer E-Mail erzählt. Danach hatte ich allerdings auf keine ihrer besorgten Mails reagiert.

Kat legte Frankie ihren seidenbehandschuhten Arm um die Schultern. Sie hatten sich bereits während Frankies erstem Aufenthalt in Singapur kennengelernt. »Willkommen zurück«, sagte Kat schlicht.

Ich konnte ihr ansehen, dass sie überlegte, ob sie Frankies Gewichtsverlust erwähnen sollte oder nicht. Sie wollte gerade etwas sagen, als sie ein großer, gut gebauter Mann mit bereits geröteten Wangen mit dem Rücken anrempelte.

»Hallo? Pass doch besser auf, du Hornochse«, sagte Kat halb scherzhaft.

Der Mann mit dem roten Gesicht fing sich wieder. »Entschuldige, meine Liebe«, sagte er mit einer galanten Verbeugung.

Mit leicht missbilligendem Kopfschütteln erklärte Kat, er sei ein Freund ihres Mannes aus der Wehrdienstzeit.

Er griff bereits nach Frankies Hand. »Hallo. Ich glaube, wir kennen uns noch nicht.«

Frankie wurde rot und senkte den Kopf, und in dem Moment, in dem sie ihr neues Gesicht versteckte, war sie wieder meine Mitbewohnerin aus dem College – das Mädchen, wegen dem ich einen von Pauls Freunden beknien musste, es zum Leg-deinen-Mitbewohner-flach-Ball zu begleiten, und das er wegen der dünnen Rothaarigen, die über uns wohnte, auf der Tanzfläche stehen ließ. An jenem Abend ließ ich dann Paul und seine flegelhaften Freunde stehen. Frankie und ich radelten in unseren trägerlosen Kleidern in die Stadt, um mitten in der Nacht ein Eis zu essen.

»*Aiyah*, Seng Loong, verschwinde«, sagte Kat und schob den Mann mit dem roten Gesicht scherzhaft beiseite. Sie führte Frankie und mich zur Bar, wo sie jeder von uns ein Glas Champagner reichte. »Ming«, rief sie ihrem Ehemann zu. »Sieh mal, wer hier ist. Und du musst Frankie kennenlernen.«

Im Gegensatz zu seiner Frau, die förmlich durch den Raum schwebte und die Zigarettenspitze auf eine Weise hielt, als wäre sie die natürliche Verlängerung ihres Armes, bewegte sich Ming in einem dreiviertellangen Dinnerjacket und einer Hose mit hohem Bund, die Kat ausgesucht haben musste, eher schlurfend auf uns zu. Ein Schweißtropfen rann ihm seitlich am Gesicht herunter, und die Hälfte seines chicken kleinen Schnurrbarts, dessen Kleber sich gelöst haben musste, hing ihm schlaff über dem Mund. Ming war klein und glupschäugig und hatte hinter den dicken Gläsern seiner Brille, die er gegen Kontaktlinsen austauschte, nachdem er Kat getroffen hatte, immer etwas verdutzt ausgesehen. Als sie zusammenkamen, hatten Paul und ich Wetten abgeschlossen, wie lange das halten würde.

Jetzt umarmte ich Ming und sagte ihm, wie schön ich es fände, ihn zu sehen. Ich wollte ihm gerade Frankie vorstellen, als wir einen lauten Knall hörten. Die Lautsprecher, aus denen die Ambient-Trance-Musik kam, gingen aus, und eine Reihe von Arpeggios ertönte aus der hinteren Ecke des Zimmers. Am Flügel saß ein kleiner kahlköpfiger Mann in einem dunkelgrauen Dreiteiler. Er holte dramatisch Luft, bevor er eine sentimentale Version von *Smoke Gets In Your Eyes* voller Triller und Glissandos spielte. Das gedämpfte Licht spiegelte sich auf seiner akkurat rasierten Glatze, und ich erkannte den Klassenkameraden wieder, mit dem ich damals in der Grundschule anlässlich des Nationalfeiertags ein vierhändiges Stück vorgetragen hatte.

»Wir sollten Gretchen ans Klavier setzen«, sagte Frankie.

»Stimmt«, pflichtete Kat ihr bei.

»Richtig«, sagte Ming. »Ich habe ganz vergessen, dass du gespielt hast.«

»Vielleicht nach ein paar Drinks«, sagte ich, damit sie Ruhe gaben. Obwohl mein altes Klavier immer noch im Wohnzimmer meiner Eltern stand, hatte ich keine Tastatur mehr angerührt, seit ich mein Steinway-Klavier letzten Monat an eine Kommilitonin verkauft hatte – zu einem Sonderpreis, da ich meine Kisten mit Musikbüchern in ihrem Keller einlagern durfte. Das Einzige, was ich mit nach Hause genommen hatte, war eine klobige und altmodische Holzpyramide von einem Metronom, das ich seit dem College besaß. Doch es stand einsam und verlassen und zum Briefbeschwerer degradiert auf meinem Nachttisch.

Der Pianist spielte weiter, und jede Strophe war noch verzierter als die letzte. Der Songtext ging mir durch den Kopf: *They said someday you'll find / all who love are blind / Oh, when your heart's on fire / you must realize / Smoke gets in your eyes.*

Am Ende des Songs leitete der Pianist elegant zum nächsten über, es war irgendetwas aus *West Side Story*.

Zwei Mädchen mit mindestens einem Dutzend silberner Herzchenballons quetschten sich an uns vorbei. Sie waren nahezu identisch gekleidet und trugen verführerische Bustiers und enge schwarze Hosen.

»Herzlichen Glückwunsch, Kat!«, flöteten sie unisono und öffneten die Fäuste.

Die Ballons schossen in die Höhe, begleitet von den Ohs und Ahs der Menge. Ein begeisterter Gast begann, Happy Birthday zu singen, doch er verstummte bald, als niemand einstimmte. Der Pianist spielte unverdrossen weiter.

»Die beiden sind echt zu krass«, sagte Kat.

»Wo sind wir hier?«, flüsterte Frankie mir ins Ohr. »*Der große Gatsby*?«

Irgendwo in der Nähe schrie ein Mädchen vor Lachen.

Ich fasste Frankie beim Handgelenk und fragte mich, ob ich irgendwann aufhören würde, mich darüber zu wundern, wie dünn es war. »Gehen wir raus.«

Bevor ich durch die Verandatür gehen konnte, hielt Kat mich am Unterarm fest. »Gib uns 'ne Minute«, sagte sie zu Frankie, während sie mich in eine Ecke drängte.

»Was? Was habe ich denn getan?«, fragte ich möglichst jovial.

Sie verschränkte die Arme und musterte mich eindringlich. »Wie geht es dir?«, fragte sie und schaffte es, dass es wie eine Anschuldigung klang. Als ich den Mund öffnete, sagte sie: »Nein, wirklich, wie geht es dir?«

»Bestens.«

Kat kniff die Augen zusammen. Sie umfasste mein Gesicht mit beiden Händen und zog mich so nah an sich heran, dass sich unsere Nasen fast berührten. »Ich habe ihn nie gemocht, verstehst du? Er war nicht gut genug für dich.«

Ich zuckte zusammen, erschrocken darüber, dass ich Paul instinktiv verteidigen wollte. Ich nickte, unfähig, etwas zu sagen.

»Okay«, erlöste sie mich. »Geh und amüsier dich.«

Immer noch sprachlos, verdrückte ich mich.

Draußen an der Bar hatte der rotgesichtige Mann sich bereits an Frankie herangemacht.

»Ich hatte noch gar keine Gelegenheit, mich richtig vorzustellen«, sagte er. »Ich bin Seng Loong. Pierre geht aber auch.« Er entblößte zwei Reihen gelber Zähne.

Fast hätte ich laut losgelacht, doch Frankie schob sich eine Strähne hinters Ohr und lächelte schüchtern. »Hi, Pierre. Ich bin Francesca.«

Sie benutzte ihren vollständigen Namen sonst nie.

»Francesca. Bist du Italienerin?«

Sie nickte. »Mütterlicherseits.«

Sie bemerkten beide nicht, wie ich wegging, um mein leeres Champagnerglas zu füllen und mir einen Teller zu organisieren, auf dem ich so viele Saté-Spießchen und Sushi wie möglich auftürmte. Dann zog ich mich auf die andere Seite des Pools zurück, weg von den Lichtern und Menschen.

Von meinem neuen Aussichtspunkt aus verfolgte ich, wie Pierre Frankie eine Geschichte erzählte, bei deren Höhepunkt er sich auf alle viere niederließ und im Kreis um sie herumrutschte. Sie warf den Kopf zurück und lachte mit gestrecktem Hals, ihr Haar schimmerte golden.

Es war, als hätte Frankie ihr altes Ich abgelegt wie einen schweren Mantel. Was war mit dem kräftigen, stabilen Mädchen geschehen, das ich vor gerade einmal sieben Monaten an jenem Nachmittag getroffen hatte, an dem sie mir geraten hatte, Paul zu vergessen? Als ich wieder an meine schäbige Reaktion dachte, spürte ich Frankies Bestürzung und Demütigung aufs Neue. Wie viele Bewunderer hatte sie wohl seitdem gesammelt? Welche neuen Erkenntnisse über die Liebe hatte sie gewonnen?

Als mir jemand auf die Schulter klopfte, drehte ich mich so schnell um, dass der Champagner aus meinem Glas schwappte.

»Wie gut, dass ich Ihnen ein neues Glas mitgebracht habe.« Vor mir stand, ein Glas Champagner in der einen, eine Flasche Heineken in der anderen Hand und mit einem albernen Iro auf dem Kopf – James Santoso.

»Was macht ein so netter Mann wie Sie auf einer so liederlichen Veranstaltung?« Ich stellte mein leeres Glas auf den Boden und nahm ihm das volle ab.

Er zeigte auf den rotgesichtigen Casanova, der am Büfett ein anderes unglückliches Mädchen ins Fadenkreuz genommen hatte, und erklärte, Pierre und er hätten gemeinsam die Business School besucht. »Sie sehen also, ich bin mit dem liederlichsten Gast hier.«

74

Ich sah mich auf der Veranda nach Frankie um und kam zu dem Schluss, dass sie ins Haus gegangen sein musste. Währenddessen warf James einen Blick auf meinen Teller und zeigte auf das Schälchen mit Sojasoße in der Mitte. »Ms Lin, Sie sind die Letzte, von der ich erwartet hätte, dass sie irgendetwas in diese Brühe da tunkt, die hier als Sojasoße angeboten wird.«

Ich zuckte die Schultern. »Hatten Sie noch nie Lust auf ein Stück wirklich fettige Pizza? Oder auf Popcorn, das von dieser schrecklichen, künstlich hergestellten Butter durchtränkt ist?«

Er verzog gespielt angewidert den Mund. »Noch nie«, sagte er. »Ich weiß nicht, wie es mit Ihnen steht, aber ich esse ausschließlich natürliche Bioprodukte.«

Ich nahm ein Sushi-Röllchen und dippte es mit großer Geste in die Soße, bevor ich es mir in den Mund steckte.

James schnalzte voller Abscheu. »Horror. Der absolute Horror.«

Als ich zu Ende gekaut hatte, sagte ich: »Der Trick besteht darin, die Luft anzuhalten.«

Als er laut lachte, fiel die Anspannung von mir ab.

Auf der anderen Seite des Pools wuselten die Gäste herum wie Schwärme von bunten Fischen.

Er folgte meinem Blick. »Kennen Sie irgendwen von den Millionen von Leuten auf dieser Party?«

Klar tat ich das. Auf der anderen Seite saß Cindy Lau auf einem Liegestuhl. Die zweitbeste Freundin aus meiner Kindheit. Mit neun hatten Kat, Cindy und ich uns identische Herzanhänger aus falschem Gold mit der Inschrift BEST FRIENDS gekauft. Wir hatten uns geschworen, sie ein Leben lang zu tragen – bis ich meine Kette versehentlich unter der Dusche getragen hatte und danach nur noch ein unleserlicher schwarzer Metallklumpen aus oxidiertem Messing übrig geblieben war. Neben Cindy saß ihr Mann Terrence, der seine Zeit meistens mit Gewichtheben und Tennisspielen im Island Country Club verbrachte, während seine Frau als Firmenanwältin Überstunden machte. Das große dünne Mädchen mit der violetten Federboa war Liwen Poon, die angeblich ihren Venturecapital-Job aufgegeben hatte, um eine Platte mit Popsongs aufzunehmen. In der Tür der Veranda erschien gerade Mark de Souza, der Junge, in den damals jedes Mädchen in der dritten Klasse verknallt gewesen war. An seiner Seite, mit den Händen in den Gesäßtaschen ihrer Jeans, war seine aktuelle Freundin Lakshmi, eine ehemalige Programmiererin, die nun ein Restaurant besaß.

»Wenn Sie hier jeden kennen, wieso sitzen Sie dann alleine hier?« James sah mir mit einem schiefen Lächeln in die Augen.

Irgendetwas an ihm, vielleicht sein amerikanischer Akzent, ließ mich denken: *Ich könnte versuchen, es ihm zu erklären, vielleicht würde er es verstehen.* Als ich aus dem Augenwinkel sah, dass Frankie zu uns herüberkam, war ich plötzlich irgendwie enttäuscht.

»Ich hab dich überall gesucht«, sagte sie.

»Wie lief's mit Pierre?«, fragte ich sie.

»Dann sind Sie diejenige, über die er die ganze Zeit geredet hat«, sagte James.

Ich machte James und Frankie miteinander bekannt und erklärte, er sei Lin's neuer Kunde und sie sei Lin's neue Mitarbeiterin.

»Dann haben Sie die weite Reise gemacht, um Ihrer Liebe zu traditionell hergestellter Sojasoße zu folgen?«, fragte er.

»Nicht direkt«, antwortete Frankie. »Ich habe die weite Reise gemacht, um meiner Liebe zu Singapur zu folgen. Obwohl ich auch mehr als gewillt bin, mich mit traditioneller Sojasoße vertraut zu machen.«

Ich sah, wie sie sich anlächelten.

Kat stand gegenüber am Pool und rief meinen Namen. Sie wedelte mit den Armen und rief mir zu, dass ich mich unmöglich den ganzen Abend verstecken könne. Ich blickte James und Frankie entschuldigend an.

»Machen Sie sich um uns keine Sorgen«, sagte James. »Ich werde Frankie einen Crashkurs in der Kunst des Sojasoßenbrauens geben.«

Ich folgte Kat ins Haus.

Die Gruppe im Wohnzimmer war kleiner geworden. Mein musikalischer Partner aus Kindertagen saß immer noch am Flügel, um ihn hatte sich ein Grüppchen versammelt, das eine Ballade in Mandarin sang, die ich nicht kannte.

»Bitte keine Gläser auf den Flügel stellen«, ermahnte Kat sie, als wir uns dazustellten.

Die silbernen Ballons an der Decke sahen aus wie ein unheilvolles Tief auf der Wetterkarte. Bisweilen streiften die dünnen schwarzen Bänder die Köpfe der Gäste, die daraufhin erschrocken nach oben blickten. Kat gesellte sich zu den Gästen, die auf dem runden Sofa saßen, und ich folgte ihr.

»Also habe ich ihm gesagt, wenn ich auf Kaffee verzichte, solltest du das besser auch tun«, sagte Cindy. Sie gab Terrence ein Küsschen auf die Wange und legte ihren Kopf an seine Schulter.

»Das stimmt«, bestätigte er. »In der ersten Woche hatte sie unter dem Koffeinentzug gelitten. Ich hatte richtig Angst davor, mit ihr zu frühstücken.«

»Sei froh, dass du noch Champagner trinken darfst«, sagte Cindy.

Sie drehte sich zu mir. »Gretch! Endlich entschlossen, dich zu zeigen.«

Unter ihrem engen roten Kleid war nur eine kleine Wölbung zu sehen, aber ich hatte es bereits gehört. »Herzlichen Glückwunsch!«, sagte ich und versuchte mir angestrengt vorzustellen, wie es sich anfühlen mochte, meinen Körper, der ausschließlich mir gehörte, mit einem anderen zu teilen. Wie aus dem Nichts spürte ich plötzlich Pauls anklagenden Blick auf mir. *Du hast nicht mehr alle Zeit der Welt.*

Ich versicherte meinen Freunden, dass es mir gut gehe und ich froh sei, zu Hause zu sein. Sie waren so taktvoll, mir keine weiteren Fragen mehr zu stellen. Als Ming mit einem Tablett zu uns kam, war ich dankbar, mir einen neuen Drink nehmen zu können. Dann wandte man sich anderen Gesprächsthemen zu: Der jährliche Trip der Gruppe nach Bali, die Hochzeit, die sie einen Monat zuvor gefeiert hatten, die Bar im Hotel Robertson Quay, die ein gemeinsamer Freund eröffnet hatte. Zuerst hörte ich genau zu und versuchte, mir die Menschen und Orte vorzustellen, über die sie sprachen. Doch ich gab es bald auf. Ich kippte den Rest meines Champagners hinunter. Vermutlich war es an der Zeit, Frankie aufzusammeln und nach Hause zu fahren.

Der Pianist und sein unmusikalischer Background-Chor waren am Ende ihres Songs angelangt. Als die Gruppe sich auflöste, setzte der Pianist erneut an, diesmal mit den gebrochenen Eröffnungsakkorden einer Arie aus *Das Phantom der Oper*.

Zwei Takte später erhob sich eine glockenhelle klare Stimme in die Luft, die alle im Raum verstummen ließ.

»Denk an mich, denk an mich zärtlich, wie an einem Trahaum.« Es war Frankie, die sich auf die Klavierbank gesetzt hatte. Das Gesicht entspannt, die Lider halb geschlossen, sang sie den Text aus dem Gedächtnis mit ihrem silbernen Sopran, den ich noch gut in Erinnerung hatte.

Gläser wurden nicht mehr zum Mund geführt, Häppchen blieben auf den Tellern liegen, Witze wurden nicht zu Ende erzählt. Terrence legte einen Arm um Cindy und streichelte ihr mit der anderen Hand über den Bauch. Kat schien ausnahmsweise aufrichtig beeindruckt zu sein. Sie blickte mich an und formte mit den Lippen die Worte »O mein Gott«.

Die alte Frankie hätte sich niemals vor einen Haufen fremder Menschen gewagt, und wäre sie auch noch so beschwipst gewesen. Die neue Frankie tat, als wäre es keine große Sache. Sie sang mit einer Leichtigkeit und Unbekümmertheit – als hätte sie begriffen, dass sie ihre Gabe teilen musste. Zudem war ihre Stimme noch geschmeidiger geworden. Es lag eine prickelnde Koketterie darin, die durch die strahlenden Augen in Frankies schmalem Gesicht noch betont wurde. Ich musste an die legendäre Operndiva Maria Callas denken, deren dramatischer Gewichtsverlust für den Verfall ihrer Stimme verantwortlich gemacht worden war. Wie verzweifelt musste jemand sein, um einen Bandwurm herunterzuschlucken?

Als Frankie den Song beendete, blieb der letzte Ton in der Luft hängen. Der ganze Raum brach in Jubel aus, einige schrien nach einer Zugabe, andere riefen ihr ihre Musikwünsche zu.

Frankie senkte den Kopf, winkte ab und verschwand in der Küche.

»Deine Freundin ist zauberhaft«, sagte Cindy.

»Und wahnsinnig talentiert«, fügte Terrence hinzu.

»Und so hübsch«, sagte Lakshmi.

Um mich herum sprachen alle von dem schönen *ang-mo*-Mädchen mit der bezaubernden Stimme.

Ich war aufrichtig stolz, Frankie an meiner Seite zu haben. Ihr Gesang hatte mir endlich klargemacht, warum sie sich in meinem Heimatland so wohlfühlte. Hier in Singapur war sie etwas Besonderes, Exotisches, so etwas wie eine Kuriosität. Doch die Aufmerksamkeit, die man ihr entgegenbrachte, verschlimmerte ihre Befangenheit nicht, sie war vielmehr eine Befreiung. Indem sie gezwungen war, sich einzubringen und andere zu unterhalten, konnte sie sich ausprobieren; sie konnte vertrauensvoll, gesellig und entspannt sein – all das war sie in Amerika nie gewesen.

Nach einer Weile forderten der Pianist und die beiden identisch gekleideten Mädchen, die die Ballons gebracht hatten, die restlichen Gäste auf, zum Tanzen in einen Club zu gehen.

»Ich hab mein Auto da«, lallte eines der Mädchen ihrer Zwillingsschwester zu und lehnte sich gegen sie, um nicht umzufallen.

Ich machte mich auf die Suche nach Frankie.

Hinter der geschlossenen Küchentür war ihr dröhnendes Lachen zu hören. »Da ist er ja, der Star des Abends«, sagte ich, als ich die Tür aufstieß.

Sie saß auf der Anrichte und baumelte mit ihren langen Beinen. »Hi, Gretch«, rief sie.

»Hey, hi«, sagte James.

Ich blickte zwischen beiden hin und her und fragte mich, wie lange sie dort wohl schon herumhingen. Allein!

Der Pianist stürzte in die Küche, um uns mitzuteilen, dass alle ins Zouk weiterziehen würden und wir unbedingt mitkommen müssten. Die Taxis seien schon unterwegs.

»Was ist das Zouk?«, fragte Frankie.

»Was das Zouk ist?«, wiederholte der Pianist entgeistert. »Was das Zouk ist?« Er nahm sie am Arm und führte sie aus der Küche, während er ihr erklärte, dass das Zouk der großartigste Nachtclub in Singapur, ach was, in der ganzen Welt sei – und er habe schließlich schon so einige Nachtclubs besucht.

James lehnte immer noch mit verschränkten Armen am Küchentisch. »Gehst du mit?«, fragte er.

»Und du?«, wollte ich wissen und unterdrückte ein müdes Gähnen.

Das Lächeln auf seinem Gesicht machte sich wie in Zeitlupe breit, wie Honig auf einem Brot. »Wieso nicht?«

»Ich schätze, jemand sollte Frankie im Auge behalten.«

Keiner von uns beiden machte Anstalten zu gehen. Ich stand so nah bei ihm, dass ich den Duft seines Eau de Toilette roch – samtig und teuer.

»Gehen wir«, sagte er und streckte sich. Er legte mir eine Hand auf den Nacken und geleitete mich sanft zur Tür. Seine Handfläche war warm, die Berührung beruhigend. Als wir zu den anderen ins Foyer traten, ließ er die Hand sinken. Ich vermisste ihr Gewicht.

Um halb eins nachts hielten drei Taxis vor einer großen umgebauten Lagerhalle am Singapur River. Aus ihnen purzelten zwölf Partyhungrige in Charleston-Kleidern und Fräcken, mit Diademen und Zylindern auf den Köpfen. Es nieselte – die warmen feinen Tropfen waren so anders als der eisige Nieselregen in San Francisco, der wie kleine Nadeln in die Haut pikste. Es war Samstagabend, und die Schlange der Ausgehwilligen ging um das halbe Gebäude herum.

Frankie, James und ich folgten unseren Freunden bis zum Anfang der Schlange. Vor der Eingangstür des Clubs gaben sich der Pianist und der Türsteher ein High Five, und die identisch gekleideten Mädchen wedelten mit ihren VIP-Karten wie mit Gewinnlosen. Der Türsteher löste die Samtkordel und nickte uns durch. Ich fing den Blick dreier Mädchen auf, die vorne in der Schlange warteten. Sie waren kaum achtzehn und in ihren Miniröcken und engen Tops auf eine trotzige Art dünn. Sie blickten uns mit einem solch unverhohlenen Neid an, dass ich uns durch ihre Augen sah: Sorglos und heiter, alt genug, um das zu tun, was immer wir wollten, jung genug, um ausschließlich für uns selbst verantwortlich zu sein. Als ich mich daran erinnerte, wie es sich angefühlt hatte, unbedingt jemand anders sein zu wollen, überkam mich ein beinah mütterliches Bedürfnis, die Mädchen davor zu warnen, auf Äußerlichkeiten hereinzufallen.

Im Club strömte violettes Licht auf die Tanzfläche, auf der scharenweise Leute zu einem wummernden Bass herumwirbelten, der so laut war, dass jede Zelle meines Körpers im selben Rhythmus pulsierte. Ich widerstand dem Drang, mir die Hände auf die Ohren zu legen. Paul, der selbst ernannte Connaisseur von Kaschemmen, hätte auf dem Absatz kehrtgemacht und wäre gegangen. James hingegen blieb gelassen. Als er bemerkte, dass ich ihn beobachtete, schloss er die Augen, bewegte die Schultern zur Musik und summte mit.

Der wummernde Bass ging in den Zouk-Standardsound über, eine moderne Version eines alten Belinda-Carlisle-Songs mit jaulenden Synthesizern und einem frenetischen Beat. Auf der Tanzfläche tanzte und sang die Menge unisono mit, wie die Tanzgruppe in einem Broadway-Musical – es war das seltsame Markenzeichen des Zouk, das die Einstellung einer ganzen Nation zu verkörpern schien: Selbst im Rausch, wenn wir ganz zwanglos waren, machten wir freiwillig genau das, was alle anderen machten.

Als wir die Treppen zum VIP-Bereich hinaufgingen, schrie mir Frankie über die Schulter zu: »Woher zum Teufel weiß jeder hier, wie dieser Tanz geht?«

»Sind immer dieselben Gäste«, schrie James zurück.

»Die Macht des Konformismus«, hätte meine Mutter als postkolonial geschulte Wissenschaftlerin gesagt.

Mein Magen verknotete sich. An diesem Vormittag war Ma aus dem Krankenhaus nach Hause gekommen. Doch bis jetzt hatte ich es vermieden, Zeit mit ihr zu verbringen. Ab morgen, so versprach ich mir, würde ich mich nicht mehr verstecken. Ab morgen würde ich all die Dinge tun, die eine gute Tochter tat.

Meine Freunde und ich setzten uns an einen Tisch, der weit genug von den Lautsprechern entfernt war, um sich wenigstens schreiend verständigen zu können. Eine Kellnerin brachte uns Pitcher mit Wodka und Cranberrysaft und eine Handvoll Strohhalme anstelle von Gläsern. Ich sog das klebrige Zeug in der Hoffnung ein, der Alkohol würde irgendwie den Schmerz lindern, der sich in meinem Schädel breitmachte. War das die Art und Weise, wie meine Mutter trank? Weil sie sich lieber in die Dunkelheit stürzte, als eine Sekunde länger an derselben Stelle bleiben zu müssen?

Als ein neuer Song mit einem Salsa-Rhythmus erklang, sprangen der Pianist und die beiden Mädchen auf. Sie tanzten zur Brüstung hinüber und lehnten sich darüber, um rhythmisch die Arme in die Luft zu werfen. Mir gegenüber zog Ming Kat von ihrem Sitz hoch. Erst folgten ihnen Mark und Lakshmi, dann Cindy und Terrence. Ich griff mir den Pitcher und trank.

Der Pianist kam zurück und forderte Frankie, James und mich winkend auf, mitzukommen. Ich schüttelte den Kopf, war aber nicht besonders überrascht, als Frankie ihre Haare zurückwarf und einen schrillen Jauchzer von sich gab.

James warf mir einen Seitenblick zu.

Das Pochen hatte sich auf meine Schläfen ausgeweitet. »Du solltest mitgehen«, sagte ich.

»Wenn ich mir die ganze Nacht diesen Mist anhören muss, werde ich ein paar mehr Drinks brauchen.« Er setzte den Pitcher an, nahm einen Schluck und verzog angewidert das Gesicht. »So was Schlechtes hatte ich nicht mehr, seit ich ein vierzehnjähriges Mädchen war.«

Gegen meinen Willen kicherte ich. Er zwinkerte mir zu und ging zu den anderen.

Als ich allein am Tisch war, hängte ich mir die Tasche über den Arm, ging zur Treppe und überlegte, ob ich mich wohl unbemerkt davonstehlen könnte.

Einen Augenblick später stand Frankie neben mir und tupfte sich mit einem Papiertaschentuch die verschwitzte Stirn ab. »Wir sind doch gerade erst gekommen«, sagte sie.

»Bleib. Nimm dir ein Taxi. Kat wird dafür sorgen, dass du gut heimkommst.«

Sie machte ein besorgtes Gesicht. »Ich komme mit dir.« Als ich protestieren wollte, sagte sie: »Gretchen, in den letzten beiden Tagen habe ich insgesamt sieben Stunden geschlafen. Ich komme mit dir.«

Während Frankie in der Schlange vor der Toilette wartete, winkte ich meinen Freunden rasch zu und hoffte, ohne großes

Aufheben verschwinden zu können. Nur Kat kam noch mal, um Auf Wiedersehen zu sagen. »Lass von dir hören«, sagte sie. »Und bring Frankie wieder mit. Sie ist super.«

»Nicht wahr?«, sagte ich. Der Remix eines Hits aus den Achtzigern setzte ein – den ich zum ersten Mal in diesem Club gehört hatte. Vor über zehn Jahren. Mit einem Mal fühlte ich mich unglaublich müde, unglaublich alt.

Oben auf der Treppe beugte James sich über das Geländer und hielt lässig eine Flasche Bier in der Hand. »Schlafenszeit?«, fragte er.

»Sag mal«, hörte ich mich sagen, »wenn du noch eine Weile in der Stadt bist, sollen wir uns dann nicht mal auf einen Drink treffen?« Die Frage hallte durch meinen Kopf; es konnte doch gar nicht sein, dass ich sie gestellt hatte. Ich war froh, dass es so voll war und meine Freunde nichts von dem kleinen Austausch mitbekamen.

Sekunden verstrichen. Dann legte er mir den Daumen unter das Kinn und wartete, bis ich ihn ansah. »Okay«, sagte er. »Fände ich gut.«

Ich gab ihm meine Nummer und eilte nach unten zu Frankie, die an der Tür wartete, rhythmisch mit dem Kopf nickte und keine Ahnung hatte, was ich mich alles traute.

Der Regen hatte aufgehört, die Luft war feucht wie ein vollgesogener Schwamm. Frankie und ich stiegen in ein Taxi, einen kastenförmigen, königsblauen Toyota, in dem es unangenehm nach dem künstlichen Blumenduft eines Lufterfrischers roch. Chinesische Popmusik plärrte aus den Boxen und übertönte das Klingeln in meinen Ohren, jedoch nicht das Klopfen meines Herzens. Ich ließ mich in den Sitz fallen und versuchte, mich zu beruhigen.

Frankie streckte die Arme in die Höhe und reckte sich ausgiebig.

»Hattest du Spaß?«, fragte ich sie.

»Jede Menge.« Sie legte mir die Fingerspitzen auf den Unterarm. »Und du?«

»Jede Menge«, pflichtete ich ihr bei, spürte allerdings, wie mir der Mut sank.

Das Taxi raste los, ließ den Fluss hinter sich und bog in eine Seitenstraße ein, die von hell erleuchteten 24-Stunden-Restaurants gesäumt war, in denen ausgehungerte Clubbesucher versorgt wurden.

Ich zählte die parkenden Autos, um nicht andauernd an James zu denken.

Frankie lehnte den Kopf an die Fensterscheibe, schloss die Augen und seufzte zufrieden.

»Das wird ein aufregendes Jahr werden«, murmelte sie und war wegen der lauten Radiomusik kaum zu verstehen. Ihren Jetlag hatte sie endlich besiegt. »Ich bin wirklich sehr froh, dass wir beide am selben Ort sind.«

Offenbar erwartete sie keine Antwort. Im Mondlicht schimmerte ihre Haut gespenstisch blass, ihr Gesicht sah glatt und ruhig aus, wie die Oberfläche eines Sees. Ich stellte mir mein eigenes Gesicht im Schlaf vor, den missmutigen Zug um die Lippen, die knittrigen Augenbrauen.

Als das Taxi auf Frankies rosafarbenes Kachelhaus zufuhr, stupste ich sie an, damit sie wach wurde. Sie gähnte und bedankte sich für den Abend. Dann umarmte sie mich fest mit ihren dünnen Armen.

»Bis Montag«, sagte ich heiter, obwohl mich der Gedanke, Shuting und Fiona wiederzusehen, mit Schrecken erfüllte.

»Erster Arbeitstag«, flötete sie zurück. Sie stieg aus dem Taxi, stieß die Tür des Wohnhauses auf und verschwand im Aufzug.

Als ich mich wieder umdrehte, blickte mich der Fahrer im Rückspiegel an und wartete darauf, dass ich ihm sagte, wohin es als Nächstes gehe.

»Queen Astrid Park, bitte«, rief ich laut über die Kaugummiharmonien einer Mandopop-Girlband hinweg.

»Nette Gegend«, erwiderte der Fahrer ebenso laut. »Sie zu Besuch hier? Sie nicht aus Singapur?«

Ich wechselte zu Singlisch. »Nein, Onkel, *lah*. Ich bin Singapurerin. Ich gerade erst zurück. Aus den Staaten.«

Weil er wohl nicht ganz überzeugt war, wechselte der Fahrer vom Englischen ins Chinesische. »Können Sie denn noch Chinesisch sprechen?«

»*Hao jiu mei yong*«, antwortete ich. *Ist schon eine Weile her.*

»Gut, dass Sie es nicht verlernt haben«, sagte er. »Meine Kinder sprechen nur sehr schlecht Chinesisch.«

»Junge Leute«, sagte ich.

»Junge Leute«, stimmte er mir zu.

Ich lehnte mich zurück und ließ die Lichter hinter dem Fenster an mir vorbeirauschen, sah Touristen, die immer noch vor den Bars am Straßenrand saßen und Sangria-Pitcher leer tranken. Als ich versuchte, mir James und mich an einem dieser Tische vorzustellen, erschauderte ich. Vermutlich würde er sich sowieso nicht melden, aber falls doch, könnte ich mir irgendeine Ausrede einfallen lassen.

Das Taxi verließ die Hauptstraße, und die stattlichen Häuser im Kolonialstil, die im Viertel meiner Eltern standen, tauchten vor uns auf. Auf unserem Weg durch die Straßen hielt ich die Augen geschlossen, und diesmal sah ich Paul vor mir.

Wir saßen an dem Esstisch seiner Eltern in Irvine, Kalifornien. Sein Vater erzählte lautstark diese grauenhafte Geschichte, in der Fäuste und Mistgabeln geschwungen wurden, woraufhin seine Mutter und seine Geschwister vor Lachen brüllten. Ich saß einfach nur mit einem leeren Lächeln da und konnte mich nicht konzentrieren, da Paul mir unter dem Tisch mit dem Zeigefinger über den Handrücken strich und die Worte »Ich liebe dich« buchstabierte, immer wieder.

Das Taxi näherte sich dem Tor. Das Haus meiner Eltern mit seinem roten spanischen Ziegeldach und den geschwungenen schmiedeeisernen Balkonen thronte auf einem Hügel, und selbst im Dunkeln war mir diese Opulenz peinlich. Ich kramte in meiner Geldbörse und gab dem Fahrer ein üppiges Trinkgeld, das er mir als Wechselgeld zurückgeben wollte, weil er dachte, ich hätte mich verrechnet.

5

Nachdem ich einen Tag lang trübselig zu Hause gehockt und mir eingeredet hatte, ich würde nicht darauf warten, dass das Telefon klingelte, wachte ich am Montagmorgen mit dem Entschluss auf, einen Strich unter die Ereignisse des Samstagabends zu ziehen. Ich sagte mir, ich müsse das Beste aus meiner restlichen Zeit in Singapur machen. Anstatt mich also im Bett zu vergraben und darauf zu warten, dass Bas Wagen die Einfahrt verließ, duschte ich, zog mich an und eilte nach unten. Ich hielt inne, als ich meine Mutter am Esstisch sitzen sah.

Sie ließ die Zeitung sinken und blickte erwartungsvoll zu mir hoch. Dabei gab sie den Blick auf die Brotkrümel frei, die an ihrem Kinn klebten. Ich hatte das Bedürfnis, meine Hände auszustrecken und sie wegzuwischen. »Ich muss jetzt zur Arbeit. Aber zum Abendessen bin ich wieder zu Hause. Sehen wir uns dann?«

Sie blinzelte heftig und blickte an mir vorbei zu meinem Vater hinüber, der in der Eingangstür stand. »Natürlich, mein Schatz. Wo sollte ich sonst sein?«

Ba fummelte an seiner Ledermappe herum und tat so, als würde er mein Gespräch mit Ma gar nicht beachten.

Ich sagte ihm, er habe recht, es sei völlig unnötig, mit zwei Wagen zur Arbeit zu fahren.

Er zog den Reißverschluss der Mappe zu, knackte mit den Fingern beider Hände und sagte: »Dann lass uns mal losfahren.« Zu Ma sagte er: »Wir sehen uns heute Abend.«

Während sich der Mercedes durch den Morgenverkehr auf dem Pan Island Expressway schob, hörten Ba und ich die Morgennachrichten im Klassiksender, die von einem lokalen Nachrichtensprecher in bestem britischen Englisch vorgelesen wurden. Es ging um den Anstieg der Fahrraddiebstähle im Osten der Insel, die Verhaftung eines schwedischen Paares, das Samstagnacht zu schnell auf einer Hauptstraße gefahren war, und um die Lancierung der jährlichen Kampagne *Sprechen Sie gutes Englisch*, mit der die Regierung die Menschen dazu anhalten wollte, kein Singlisch mehr zu sprechen. Schon immer haben mich die Dinge amüsiert, die in diesem Land als Nachrichten galten. Doch diesmal war ich zu zerstreut, um Witze darüber zu machen. Draußen vor dem Fenster wichen die kastenförmigen Bauten den modernen Komplexen von Eigentumswohnungen wie dem von Frankie und schließlich den turmhohen öffentlichen Wohnungsbauten, die in fröhlichen Farbtönen wie Zitronengelb, Lavendel oder Mint gehalten waren. Ich wartete, bis die Nachrichten vorbei waren, und stellte dann das Radio leiser. »Ba, es gibt da etwas, über das ich gerne mit dir reden möchte.«

Er blickte kurz in den Rückspiegel und dann wieder auf die Straße. »Ja?«

»Da ich ja ein paar Monate bei Lin's sein werde, würde ich gerne mehr als nur Büroarbeit machen. Vielleicht kann ich ja etwas tun, das wirklich mit Sojasoße zu tun hat?«

Sein Gesicht hellte sich auf. Er schlug fröhlich aufs Lenkrad und wackelte dann mit dem Zeigefinger vor mir herum. »Ich habe Ma ja gesagt, du würdest zur Vernunft kommen.«

Ich lächelte zurück, fest entschlossen, alles zu tun, um nicht länger mit Fiona und Shuting zusammenarbeiten zu müssen. Selbst wenn das für mich hieß, mehr Verantwortung in der Firma zu übernehmen.

Ba wandte seinen Blick einen Moment lang von der Straße ab und sah mich direkt an. »Xiao Xi, ich bin stolz auf dich.«

Ich schluckte mein schlechtes Gewissen hinunter. Es belastete mich, dass eine solche Kleinigkeit ihm so viel Freude machte.

Ba hatte nichts gesagt, als ich mich auf dem College gegen Wirtschaft als Hauptfach entschieden hatte. Sein Protest, als ich aufs Konservatorium gegangen war, um Musikpädagogik zu studieren, war deutlich schwächer als der meiner Mutter. Es ist typisch für chinesische Eltern, sich in jeden Bereich des Lebens ihrer Kinder einzumischen, doch das galt nicht für Ba. Sein Schweigen war für mich immer ein Zeichen dafür gewesen, dass er dann zufrieden war, wenn ich es war, und darum war ich froh, ihn zu haben.

Nun, da ich Bas strahlenden Gesichtsausdruck sah, wurde mir klar, dass seine vermeintliche Zufriedenheit nichts anderes als Gleichgültigkeit gegenüber all meinen Entscheidungen war, die nichts mit der Arbeit bei Lin's zu tun hatten. Solange ich nicht in das Familienunternehmen einstieg, war es ihm vollkommen egal, was ich mit meiner Zeit anstellte.

Mein Vater wurde wieder ernst. »Tatsächlich-*ah* gibt es etwas, bei dem Onkel Robert und ich Hilfe bräuchten. Etwas, für das du ideal wärst.« Er machte eine Pause, als wollte er die Spannung steigern.

Ich fragte, was es sei.

»Wir brauchen jemanden, der das USA-Expansionsprojekt übernimmt.«

Das USA-Expansionsprojekt war Lin's größte Wachstumschance und Cals Herzensprojekt. Es dämmerte mir, dass Ba und Onkel Robert irgendwann am Wochenende einen Beschluss gefasst hatten.

»Was ist mit Cal?«, fragte ich.

Diesmal blickte mein Vater geradeaus auf die Straße. »Er ist weg.«

»Was meinst du damit?«, hakte ich nach. »Ist er wieder auf den Malediven? Wann kommt er zurück?«

Ba schielte zum Dach des Wagens, als würde er nach Antworten suchen. »Er arbeitet nicht länger bei Lin's.«

Ich konnte nicht glauben, was er da gerade gesagt hatte. Und in was für einem kaltblütigen Ton. Mein Cousin war der einzige unter uns Enkelkindern, der irgendein Interesse an der Firma gezeigt hatte. Und er war das älteste Enkelkind, der einzige Junge.

»Und Onkel Robert ist damit einverstanden?«, fragte ich.

»Er hat keine andere Wahl, *lah*«, sagte Ba. »Er muss.«

Seine lässige Haltung machte mich sprachlos. Ich hatte erwartet, dass Ba und Onkel Robert Cal ein weiteres Mal zurechtweisen und darauf bestehen würden, dass er zukünftig sämtliche Entscheidungen, große wie kleine, nur in Absprache mit ihnen traf. Aber ich hätte nie gedacht, dass es eine Option gewesen war, Cal zu feuern.

Als ich Ba drängte, mir seine Entscheidung zu erklären, umklammerte er das Lenkrad so fest, dass seine Knöchel weiß hervortraten. »Was Cal getan hat, ist inakzeptabel. Es ist mir egal, wer er ist. Er kann nicht bleiben.«

Sosehr ich mich auch bemühte, ich konnte mir einfach nicht vorstellen, dass Onkel Robert seinen eigenen Sohn feuerte. Ich konnte mir ja nicht einmal vorstellen, dass mein eigener besonnener Vater so etwas abzog. Ba und Cal waren sich nähergekommen, als ich ein Teenager gewesen war. Ungefähr zu der Zeit, als ich mich endgültig geweigert hatte, meinem Vater für weitere Verkostungen zur Verfügung zu stehen. Damals hatte er immer dann, wenn er mal wieder ein neues Produkt oder die Soße eines Konkurrenten testen wollte, Cal ins Haus eingeladen. Er und Cal fachsimpelten stundenlang über die Qualität von Soßen wie andere über ihre Lieblingsmannschaft. Sie hatten sich ein kompliziertes Bewertungssystem ausgedacht und ihre Ergebnisse handschriftlich in Tabellen eingetragen, die mein Vater heute noch besaß. Falls mich jemals ein Anflug von

Eifersucht überkommen hatte, hatte ich mir bloß sagen müssen, dass ich tun und lassen konnte, was ich wollte, solange Cal bei Ba war. Soweit ich wusste, hatten Cals Schwestern Rose und Lily eine ähnliche Einstellung; unlängst hatten beide das Leben als Vollzeitmutter einer Karriere vorgezogen.

Meine nächste Frage erschien mir so absurd, dass ich sie eigentlich gar nicht stellen wollte. »Wer wird Lin's leiten, wenn nicht Cal?« Mein Vater wurde sehr still. »Xiao Xi. Cal versteht nicht, warum Ahkong diese Firma gegründet hat. Ich würde lieber alles aufgeben, als Lin's ihm zu überlassen.«

Die Luft um uns herum schien immer dicker zu werden. Ich fummelte an der Klimaanlage herum.

Auf der Spur neben uns drückte ein Mädchen mit Pferdeschwanz sein Gesicht ans Fenster und streckte mir die Zunge heraus. Ich versuchte festzustellen, ob Ba es ebenfalls bemerkt hatte, doch er starrte stur geradeaus. Er nahm die nächste Ausfahrt, kurvte auf den Firmenparkplatz und schaltete den Motor aus. Er schwieg für eine Weile. Als wir die Treppen hinaufstiegen, sagte er schließlich: »Mach dir keine Sorgen, *lah*. Ich werde mich darum kümmern. Du solltest dich nur auf zwei Sachen konzentrieren: Verbringe Zeit mit Ma und lerne so viel, wie du kannst, während du hier bei Lin's bist.«

Als mir die enorme Tragweite des USA-Expansionsprojekts klar wurde, fand ich meine größere Verantwortlichkeit plötzlich gar nicht mehr so reizvoll. Ich folgte Ba in sein Büro. »Moment«, sagte ich und schloss die Tür. »Ich bin mir nicht sicher, ob ich das kann. Ich bin alles andere als qualifiziert dafür.«

Ein kleines Lächeln erschien um Bas Mundwinkel. »Du weißt mehr, als du glaubst. Du hattest dein Leben lang mit Sojasoße zu tun.«

Als ich weitere Einwände vorbrachte, verlor er langsam die Geduld. »*Aiyah*, ich bin doch hier, und Onkel Robert ist hier.« Er dachte einen Augenblick lang nach. »Und wenn Frankie so fleißig ist wie im College, dann wird sie dich ebenfalls unterstützen.«

»Wieso gibst du ihr nicht die Verantwortung?«, schlug ich vor. »Dann könnte ich als ihre Assistentin arbeiten.« Ich hob nachdrücklich hervor, Frankie habe einen chicken akademischen Abschluss in Betriebswirtschaft in der Tasche. Sie wisse alles über Marktforschung, Marktentwicklung und Produktplatzierung. Ich stockte und versuchte, neue Fachbegriffe zu finden. »Du weißt, dass sie als Unternehmensberaterin gearbeitet hat, oder?«

Er machte eine Faust, die er mit der anderen Hand umschloss, und knackte absichtlich laut mit den Fingern. Ich zuckte zusammen. »Aber was weiß sie über Sojasoße?«

Ich öffnete den Mund, weil ich mich nicht geschlagen geben wollte, doch als nichts herauskam, schlug Ba triumphierend auf die Schreibtischplatte. »*Han-ah*. Mach dich an die Arbeit.«

Als ich mich auf den Weg machte, hielt er mich zurück. »Dein Onkel wird es offiziell machen. Aber bis dahin, bitte – *ah*, kein Wort darüber.«

Ich versicherte ihm, ich könne ein Geheimnis für mich behalten.

Bevor ich die Tür schloss, drehte ich mich noch einmal um. »Was wirst du tun, wenn Cal nicht gehen will?«

Er blickte mich verdutzt an. »Das ist ein Familienunternehmen, nicht der WWF.«

Ich lachte zwar über seinen Witz, war mir da aber nicht so sicher.

Ich verließ Bas Büro genau in dem Moment, in dem Frankie aus dem Treppenhaus kam, um sich in ihren ersten Arbeitstag zu stürzen. Sie trug ein knielanges Etuikleid und hohe lederne Peeptoes, und ihr noch feuchtes Haar war zu einem Knoten gebunden. Frankie glänzte wie ein Wagen in einem Autosalon.

Der Betrieb auf dem Flur kam kurz zum Erliegen. Shuting hörte auf, den Schredder mit Papier zu füttern, obwohl das Gerät hungrig aufjaulte. Fiona verstummte mitten in einem Gespräch mit Jason, der sich ruckartig umdrehte, um zu sehen, was er verpasste. In ihren High Heels überragte Frankie alle Frauen und die meisten Männer.

»Gretch, hi«, begrüßte sie mich, ohne den Aufruhr zu bemerken, den sie verursachte.

Ich zeigte Frankie ihr Büro, ein Zimmer, das bis vor Kurzem als Aufbewahrungsraum gedient hatte. Um es beziehbar zu machen, hatten ein paar Kollegen und ich die Dokumentenkisten in einer Ecke aufgestapelt. Doch die Schränke und Regale quollen immer noch über von Stapeln von Druckerpapier, vereinzelten Tackern und sechs verschiedenen Sorten Kulis.

Frankie erklärte beharrlich, ihr mache das nichts aus. »Interessante Farbwahl«, sagte sie, während sie die pistaziengrünen Wände betrachtete. »Wirkt beruhigend.«

»Entschuldige bitte die Gafferei. Man könnte meinen, sie hätten noch nie eine Weiße gesehen.«

»Ist doch nicht so schlimm«, sagte Frankie.

Nachdem ich ihr die Kollegen auf diesem Flur kurz beschrieben hatte – »Hüte dich vor den Dramageiern der Marketingabteilung, sei nett zu Fiona, sie hat mehr Einfluss, als du denkst« –, hockten Frankie und ich uns hin, um uns einen Überblick über die Arbeit zu verschaffen, die Cal bereits in das USA-Expansionsprojekt gesteckt hatte. Angesichts der knappen Ansagen meines Cousins, seiner Vorliebe dafür, wichtige Informationen für sich zu behalten, und seiner fragwürdigen Vorstellung von Lin's Zukunft waren wir skeptisch, ob wir seinen Vorschlägen vertrauen konnten.

Gleich zu Beginn sagte ich Frankie, dass sie die Federführende sei, und diese Abmachung schien ihr zu gefallen. Sie machte sich sofort an die Arbeit, ging systematisch Cals

Dokumente durch und quetschte die Mitarbeiter der Vertriebs- und Marketingabteilung und sogar meinen Vater aus, wenn ich ihr nicht weiterhelfen konnte. Falls sie bemerkte, dass über ihre amerikanische Resolutheit getuschelt wurde, ließ sie sich davon nicht beeindrucken.

Im Gegensatz dazu erledigte ich meine Arbeit wie eine College-Schülerin, die nur das Allernötigste erledigte. Ich versuchte, Frankie dazu zu bewegen, Pausen einzulegen, indem ich ihr lustige Fotos im Internet zeigte und ihren Computer mit albernen Mitteilungen bombardierte. Sie ließ sich von mir ein, zwei Minuten ablenken, bevor sie sich wieder der Arbeit widmete. Doch als ich ihr das dritte Katzenfoto per E-Mail schickte, drehte sie sich um, sah mir in die Augen und sagte: »Ich weiß ja, dass dein Onkel mich hauptsächlich eingestellt hat, um dir einen Gefallen zu tun. Aber ich glaube wirklich, dass ich hier etwas erreichen kann.«

Ordentlich zusammengefaltet begann ich, die Dokumente zu lesen, die sie als relevant einstufte. Und ich musste zugeben: Je mehr ich erfuhr, desto interessanter wurde einiges von dem Zeug. Wer wusste schon, dass Spezialitätenhersteller an uramerikanischen Orten wie Gainesville, Florida, und Louisville, Kentucky, begonnen hatten, mit traditionell hergestellter Sojasoße zu experimentieren? Einem bekannten Food-Magazin zufolge ließen die Produzenten in Kentucky ihre Soße sogar in alten Bourbonfässern reifen, damit sie einen Hauch Raucharoma und eine regionale Färbung annahm. Spitzenköche in ganz Amerika waren verrückt nach der Note, die diese rauchige Soße einem gut abgehangenen Filet Mignon oder einem in Butter gebratenen Kohlenfisch verlieh. Ein experimentierfreudiger Koch aus Chicago hatte Butter in Sojasoße eingelegt. Die entstehende Paste wurde auf eine mundgerechte Brioche gestrichen, mit Tobiko-Kaviar garniert und als Amuse-Bouche zu seinem 17-Gänge-Menü serviert.

Man musste diese Dokumente nicht lange studieren, um eine wachsende Begeisterung für alles Handgemachte und Natürliche zu entwickeln – schließlich waren Frankie und ich aus San Francisco hergekommen, dem Epizentrum der bewussten Food-Bewegung. Und ausgerechnet jetzt begann Lin's sich von den traditionellen Braumethoden abzuwenden.

Ich klärte Frankie auf: Einige Monate zuvor hatte Onkel Roberts erste Amtshandlung als Direktor in der Anschaffung industrieller Fiberglastanks bestanden. Mein Vater war gegen diese Entscheidung gewesen. Um Ba nicht noch mehr zu verärgern, waren diese Tanks in einem Schuppen untergebracht worden, fernab von Ahkongs Fässern und außer Sicht. Es waren graugrüne Fässer, die mit unseren alten ungefähr so viel gemein hatten wie eine Yamaha-Violine mit einer Stradivari. Doch Onkel Robert führte das Argument an, dass ein Tank ein fünffach größeres Fassungsvermögen als eines unserer Steinfässer hatte. Außerdem mussten die Arbeiter die Sojabohnen während des Gärungsprozesses nicht mehr von Hand umrühren. Es genügte, einen Schalter zu drehen, um den Inhalt der Fässer in Bewegung zu versetzen. So wurde der gesamte Gärungsprozess von sechs auf vier Monate reduziert, was den Produktionsprozess verkürzte und Kosten sparte.

Frankie klopfte mit dem Stift auf den Tisch. »Das klingt sinnvoll. Vor allem, wenn der Geschmack derselbe bleibt, oder?«

Ich versuchte nicht, meine Skepsis zu verbergen. »Ich denke, wir sollten nicht weitermachen, bevor du die Soßen probiert hast.« Ich streckte die Hand aus, klappte Frankies Laptop zu und forderte sie auf, ihre Dokumente zur Seite zu legen.

Und so organisierte ich eine spontane Sojasoßenverkostung in meinem Büro, genauso wie ich es Dutzende Male bei Ba gesehen hatte. Ohne auf die neugierigen Blicke der vorbeilaufenden Kollegen zu achten, ließ ich Frankie ein Schlückchen nach dem anderen von unseren Premiumsoßen probieren, bis ich mir sicher sein konnte, dass sie die Vorzüge unserer Steingutfässer verstand – der Fässer, die alle sechs Monate mit lauwarmem Wasser ausgewaschen und zum Trocknen in die Sonne gestellt wurden. Durch dieses spezielle Verfahren wurden die goldenen Rückstände der letzten fünfzig Jahre an den Innenwänden der Fässer bewahrt, die unseren Soßen den besonderen, erdigen Geschmack gaben.

»Wahnsinn«, sagte Frankie mit einem leichten Schmatzer. »Ich habe ja schon viele Sojasoßen in meinem Leben probiert, aber die hier spielt in einer völlig anderen Liga.«

Ich versprach ihr, sie in den Keller mitzunehmen, wenn die aktuelle Produktion ausgereift war und gefiltert wurde, damit sie den dunkelgelben Saft selbst inspizieren konnte.

Als die Verkostung vorbei war, mixte ich zwei Sprite-Cocktails und hielt Frankie einen hin. Sie verzog das Gesicht, doch als ich sie streng anschaute, griff sie zu und nippte vorsichtig daran, bis sie – wie jeder andere auch – zugeben musste, dass der Drink überraschend schmackhaft sei. Ich erklärte ihr, dass Ahkong, wenn er Gäste wirklich beeindrucken wollte, noch ein paar Tropfen Tabasco und eine Zitronenspalte hinzugefügt habe – als Verbeugung vor einer klassischen Bloody Mary. »Beim nächsten Mal«, sagte ich zu Frankie, die ihr Glas leerte.

Am Ende des Arbeitstages hatten wir genug herausgefunden, um zu dem Schluss zu kommen, dass die heutigen Konsumenten kritischer denn je waren. Entgegen der Überzeugung meines Onkels und meines Cousins, die Kunden würden ein preiswerteres Produkt bevorzugen, schien es uns, als ob die Nachfrage nach traditionell hergestellter Sojasoße noch gewaltig steigen würde. Lin's bewegte sich in die falsche Richtung. Wenn wir weitermachen würden wie geplant, würde irgendeine andere Firma vorstoßen, um den Platz einzunehmen, den wir frei gemacht hatten.

An diesem Abend fuhr ich zusammen mit meinem Vater nach Hause und nahm zum ersten Mal seit Tagen gemeinsam mit meinen Eltern das Abendessen ein. Am nächsten Morgen machten Frankie und ich uns wieder an die Arbeit und verfassten auf der Grundlage unserer Ergebnisse einen Report, den wir meinem Vater und meinem Onkel präsentieren wollten. Als wir damit fertig waren, sprachen die Kollegen, die sich vorher über Frankies hartnäckige Fragen lustig gemacht hatten, ehrfürchtig über ihr Arbeitsethos. Auf mich achteten sie gar nicht mehr.

Frankie und ich waren so in unsere Arbeit vertieft, dass ich gar keine Gelegenheit hatte, die Sache mit James weiterzuverfolgen. Oder ich erlaubte mir diese Möglichkeit erst gar nicht. Abgesehen davon, dass ein Anruf von ihm mit jedem weiteren Tag weniger wahrscheinlich wurde, befahl ich mir selbst zu vergessen, ihn überhaupt nach einer Verabredung gefragt zu haben. Ich konnte nur hoffen, ihm nicht irgendwann über den Weg zu laufen.

Am Ende von Frankies erster Woche bei Lin's rief Kat an, um mir zu sagen, dass die üblichen Verdächtigen sich auf einen Drink treffen würden und Frankie und ich unbedingt kommen müssten. Wenn das vorangegangene Wochenende überhaupt zu etwas gut gewesen war, dann hatte es mir gezeigt, wie wenig ich mit meinen alten Freunden gemein hatte. Trotzdem sagte ich zu, da es leichter war, als sich mit Kat auseinanderzusetzen.

Frankie und ich verließen das Büro, als mein Handy zum zweiten Mal klingelte. Ich überlegte, die Mailbox anspringen zu lassen, wandte mich dann aber von meiner Freundin ab, um den Anruf entgegenzunehmen. Ich wünschte mir gleichzeitig, er wäre es und er wäre es nicht.

Mit Frankies bohrendem Blick im Nacken versuchte ich, das Gespräch so kurz und neutral wie möglich zu halten.

»Heute Abend?«, sagte ich. »So in zwei Stunden? Schon mal überlegt, ob ich vielleicht etwas anderes vorhabe?« Eigentlich hätte ich empört sein sollen, dass er auf den letzten Drücker anrief, doch ich war hingerissen, James' Stimme zu hören.

»Und? Hast du was anderes vor?«

Ich antwortete nicht sofort. Ich blickte über meine Schulter zu Frankie, die mir einen argwöhnischen Blick zuwarf, die Hände in die Hüften gestemmt. Im Geiste ging ich meine Möglichkeiten durch und antwortete schließlich: »Dann sehen wir uns um sieben.«

»Wer war das?«, fragte Frankie mit einem verschlagenen Grinsen.

Ich erklärte ihr hastig, wie James an meine Nummer gekommen sei. Frankie hörte amüsiert zu. »Wenn das keine große Sache ist, warum machst du dann ein Geheimnis daraus?«

Ich ignorierte ihre Frage. »Es tut mir leid, dass ich dich heute Abend sitzen lassen muss.« Wenn ich wegen meines Dates nicht so aufgeregt gewesen wäre, hätte ich ein furchtbar schlechtes Gewissen gehabt, weil ich Frankie den Abend verdarb.

Zu meiner Überraschung versicherte sie mir, es wäre total okay für sie, sich auch ohne mich mit meinen Freunden zu treffen. Sie schrieb sich die Wegbeschreibung auf, speicherte Kats Nummer in ihrem Telefon ab und versprach, ihr Bestes zu geben, um meine Abwesenheit herunterzuspielen. »Viel Spaß«, wünschte sie mir in einem Tonfall, der ausdrückte, ich solle es nicht übertreiben.

Zwei Stunden später saß ich gestriegelt und gebügelt, gepudert und geschminkt in einem Taxi, das mich zum Restaurant brachte. Meine Gefühle wurden mit jedem aufgeregten Pulsschlag stärker und gemischter. Die Gedanken, die ich bereits durchgekaut und wieder verworfen hatte, kamen plötzlich wieder hoch: Erwartete er tatsächlich von mir, dass ich alles stehen und liegen ließ, um mich mit ihm zu treffen? Und das, nachdem er sich fünf Tage Zeit gelassen hatte, um anzurufen? Wieso tat ich das überhaupt?

»Onkel, könnten wir die Klimaanlage etwas höher drehen?«, fragte ich den Taxifahrer und erinnerte mich daran, zu atmen.

James und ich trafen uns am Clarke Quay, einer Gegend voller Restaurants und Bars am Ufer des Singapur River – dem beliebtesten Fluss unserer Insel, der so mickrig war, dass er von Touristen häufig mit einem Kanal verwechselt wurde. Im neunzehnten Jahrhundert war Clarke Quay der größte Hafen gewesen, und die Regierung hatte alles versucht, um den historischen Charme zu bewahren, wenngleich auf eine sterile Art und Weise. Lagerhäuser, deren Fassaden abbröckelten, waren entkernt und in frischen Bonbonfarben angepinselt worden. Glatte, betonierte Gehwege waren in gleichmäßigen Abständen ordentlich von Palmen gesäumt. Eine Armee grün gekleideter Arbeiter war jederzeit zur Stelle, um Abfälle aufzuheben und in die zahlreichen Mülleimer zu entsorgen, die man hier überall fand und die so glatt und glänzend waren, dass man sie fälschlicherweise für Skulpturen hätte halten können. Hier am Clarke Quay waren die Tische stets von Yuppies aus der Gegend, von den hier lebenden Weißen und von australischen und japanischen Touristen besetzt, und trotzdem wechselten die Bars und Restaurants jedes Jahr.

James hatte eine Tapasbar ausgewählt, die praktischerweise *Tapasbar* hieß. Vorher war dort eine heruntergekommene Lounge mit dem etwas mysteriösen Namen *China Black* gewesen. In meinen Zwanzigern war ich dort ein- oder zweimal gewesen – das genügte, um etwas zu haben, das wir erwähnen konnten, wenn wir ein Beispiel dafür brauchten, wo wir den Samstagabend *nicht* verbringen wollten.

James stand bereits vor der Tür des Restaurants, makellos bekleidet mit einem lavendelblauen Hemd mit weichem Kragen und einer Jeans, die so steif war, dass man sie gebügelt haben musste. Aus seinem Pseudoirokesen war eine kunstvolle Strubbelfrisur geworden. Gerade als ich ihm zuwinken wollte, nahm er sein Handy aus der Tasche und tippte auf dem Display herum. Ich nahm die Hand herunter, ging langsamer und hoffte, niemand habe die Peinlichkeit bemerkt.

Einen Augenblick später sah er mich. Bevor ich zögern konnte, kam er auf mich zu und umarmte mich. »Schön, dass du's geschafft hast.«

Ich trat einen Schritt zurück und wartete auf eine Erklärung dafür, warum er erst so spät angerufen hatte. Doch als nichts dergleichen kam, sagte ich: »War gar nicht einfach, all meine Termine abzusagen, aber ich hab's doch noch hingekriegt.«

Er lachte, als wäre das der beste Witz, den er jemals gehört hatte. Dann wurde seine Stimme ganz sanft. »Übrigens, du siehst toll aus.«

»Na, vielen Dank«, sagte ich exaltiert, um zu überspielen, dass ich mich freute.

»Sollen wir?« Er hielt mir die Tür auf und ließ mich mit der Eleganz eines Toreros eintreten. Das war etwas, was Paul nie tat – aus Prinzip, wie er behauptete.

Als ich den coolen Eingangsbereich betrat, blieb ich mit der Spitze meines Pumps an der Teppichkante hängen und stolperte nach vorn. Ich schrie auf und hielt mich mit beiden Händen an James fest.

»Ich hab dich«, sagte er mit leiser Stimme.

Ich konnte die harten und geschmeidigen Muskeln seiner Arme unter meinen Fingern spüren. Erschrocken darüber, wie sehr mir seine Berührung behagte, ließ ich die Hände sinken.

»Alles in Ordnung?«, fragte er mich und sah mir in die Augen.

Ich schob mir das Haar aus dem Gesicht und keuchte, alles sei bestens.

Ein Kellner, der meinen Ausrutscher gesehen hatte, eilte herbei.

»Sie ist bloß aufgeregt, weil sie sich so auf ihr Essen freut«, sagte James.

Die Besitzer der Tapasbar hatten den Laden aufwendig renoviert, seit ich das letzte Mal dort gewesen war. Die niedrig hängenden Lampions, die Sofas im Leopardenlook und die Teppiche aus Schaffellimitat waren verschwunden. Der Raum war von den Betonböden bis zu den Deckenbalken entkernt worden. Die einzige Dekoration im Restaurant war eine riesige, mit Farbklecksen wild besprenkelte Leinwand, die sich über eine ganze Wand spannte.

Der Kellner führte uns zu einem großen Tisch in einer Ecke. Wir waren gerade dabei, uns zu setzen, als ein schlanker Mann vor uns auftauchte, dessen gepflegte Erscheinung noch durch einen eng geschnittenen Nadelstreifenanzug und eine schwarze Krawatte betont wurde. »Ich dachte, ich hätte Ihren Name auf der Gästeliste gesehen«, sagte er und drückte überschwänglich James' Hand. »Wie wunderbar, Sie bei uns zu haben.«

Als James sich nach dem Geschäft erkundigte, deutete der schlanke Mann mit einer weiten Geste über den vollen Raum und sagte: »Kann nicht klagen.« Er sagte, wir könnten ihn jederzeit heranwinken, wenn wir etwas benötigten. Dann schwebte er durch die Gasse zwischen den Tischen davon, unterwegs hier und da ein paar Stammgästen zunickend.

Ich zog eine Augenbraue hoch und blickte James fragend an. Doch er zuckte nur mit den Schultern und sagte: »Gastronomie. Eine kleine Welt.« Dann öffnete er die Speisekarte und sagte nichts mehr.

Auch ich tat so, als würde ich lesen, während ich ihn über den Tisch hinweg beobachtete. Er war ein Typ, der sich in seiner Haut wohlfühlte und es gewohnt war, höflich behandelt zu werden. Er war das völlige Gegenteil von Paul, der, schlampig und abweisend, wie er war, Benimmregeln und Etikette als elitär ablehnte und in Gegenwart von Stoffservietten und Silberbesteck stocksteif wurde. Paul hätte an diesem hellen, lebendigen Raum und diesem ungemein gepflegten Mann eine Menge auszusetzen gehabt. Ich legte mir meine Serviette auf den Schoß und beschloss, mich an diesem Abend zu amüsieren.

James studierte immer noch die Speisekarte. Als er die Seite umblätterte, blitzte ein kleiner saphirblauer Stein an seinem Manschettenknopf auf.

»Die werden dir später keine Quizfragen zur Speisekarte stellen«, sagte ich.

Er fuhr sich lachend mit der Handfläche über das glatte Kinn. »Speisekarten sind wie Gedichte«, entgegnete er.

Ich neigte den Kopf zur Seite und hätte nicht sagen können, ob der Zug in seinen Mundwinkeln zu einem Grinsen oder einem Lächeln werden würde.

Er breitete die Karte auf dem Tisch aus. »Die Art, wie sie in kleinere Einheiten untergliedert ist, wie jede Zeile auf die nächste vorbereitet. Jede gute Speisekarte erzählt eine Geschichte: Die des Kochs, seiner Inspiration und seiner Hoffnungen.« Er blickte mich erwartungsvoll an.

»Wann hast du zum letzten Mal ein Gedicht gelesen?«, fragte ich.

James legte die Karte beiseite und lachte.

Der Kellner erschien mit einer seltsamen Karaffe, an der ein extralanger, trichterförmiger Ausguss war. »Der Aperitif geht aufs Haus«, sagte er. »Dies ist ein Cava aus der spanischen Region Penedès. Ein *brut nature.*«

James warf mir einen fragenden Blick zu, um zu sehen, ob ich verstand, worum es ging. Vor lauter Empörung nahm ich eine steife Haltung an. »Den trinke ich am liebsten«, sagte ich, obwohl seine Rücksicht eigentlich etwas Reizendes hatte.

»Supertrocken, superfrisch. Passt wunderbar zum Essen«, sagte der Kellner, bevor er die Karaffe sehr hoch hob und mit dem Ausguss in mein Glas zielte. Der prickelnde Schaumwein floss in einem Bogen ins Glas, bei dem mir das Wasser im Mund zusammenlief.

»Diese Karaffe nennt man *Porron*«, erklärte James und rollte die *r* mit Wonne. »Ein traditioneller katalanischer Weinbehälter.«

Ich konnte fast die Schuhspitze von James' Schuh spüren, der mich unter dem Tisch anstupste. Er sah mich mit einem Blick an, der sagte: »Was für ein Schaumschläger!« Das hätte ich sofort unterschrieben.

Der Kellner erklärte, dass *Porrons* vor allem bei Geburtstagen, Hochzeiten und anderen typischen Festen auf den Tisch gestellt werden würden. Der trichterförmige Ausguss sei so geformt, dass man den Wein direkt in den Mund gießen könne.

»Sehr praktisch«, sagte ich.

»Um nicht zu sagen umweltfreundlich«, sagte James.

Der Kellner wartete, bis wir mit unserem Geplänkel fertig waren, und fragte dann, ob er die Bestellung entgegennehmen könne.

»Du zuerst«, sagte ich und überflog zum ersten Mal die endlose Speiseliste.

James betrachtete mich. »Wie hungrig bist du?«

Es war, als wollte er mich mit dieser Frage testen. »Völlig ausgehungert.«

»Gut, ich auch.« Er klappte die Speisekarte zu und sagte zum Kellner: »Wir nehmen eins von jedem.«

Das sollte wohl ein Witz sein. Das Restaurant hatte mindestens dreißig Gerichte im Angebot. Doch James gab dem Kellner die Karte und wartete darauf, dass ich es ebenfalls tat.

»Moment mal, Cowboy«, sagte ich. »Ich dachte, wir essen nur zu zweit.«

James legte eine Hand auf meine und sagte, ich solle mir keine Sorgen machen. Die Portionen seien überschaubar. »Siehst du?«, sagte er und zeigte auf meine Speisekarte. »*Kleine* Teller.« Seine Handfläche fühlte sich so warm und weich an wie in meiner Erinnerung. Ich spürte immer noch ihren verblassenden Abdruck auf meinem Nacken. Widerwillig gab ich die Speisekarte zurück.

Kurze Zeit später war der Tisch mit Essen vollgestellt. In einem Tonschälchen badeten himmlisch rosafarbene Garnelen in Knoblauchbutter. Auf einem Teller waren hauchdünne, fast durchsichtige Schinkenscheiben aufgefächert. Es gab Tortilla española mit Kartoffelstückchen und süßen Zwiebeln, gestreifte Rote Bete mit einer Ziegenkäsehaube und Mandelblättchen, geschmorte Short Ribs, die so zart waren, dass sie fast seidig glänzten, und einen sämigen Chorizo-Eintopf.

James aß sehr konzentriert. Sein Kopf war geneigt, die Augen auf den Teller gerichtet und das Gesicht gerötet. Ab und zu blickte er auf und sagte, dass die Rote Bete mit einem Hauch Fleur de sel noch besser gewesen wäre oder dass die Short Ribs nicht von dieser Welt seien. Ich bewunderte seine Selbstsicherheit, seine unerschrockene Leidenschaft. Wenn wir nicht über das Essen redeten, erzählten wir uns, was wir von Amerika vermissen würden: Die kleinen, schmuddeligen Diner-Restaurants, rote Plastiktassen, Großeinkäufe.

»Gute Bagels«, sagte ich.

Er schloss die Augen und nickte zustimmend. »In New York gab es neben der Uni einen Bagel-Laden, in den ich mindestens dreimal pro Woche gegangen bin. Von diesen Bagels träume ich heute noch.« Er öffnete die Augen wieder. »Aber da du aus Kalifornien bist, bin ich mir nicht sicher, ob du überhaupt weißt, wie ein guter Bagel schmeckt.«

»Hey«, warnte ich ihn. Doch als er lachte, musste ich auch lachen.

Gegen Ende des Essens, nachdem ich Messer und Gabel beiseitegelegt, James endlich seinen Teller weggeschoben hatte und wir Espresso bestellten, fragte ich: »Warum hast du dich entschieden, nach dem Studium nach Hause zu kommen?«

James schaufelte einen Haufen Rohrzucker in seine winzige Tasse und rührte darin herum. »Ich habe mich nicht entschieden, die Entscheidung war bereits getroffen.« Er hatte einen sachlichen Gesichtsausdruck. Er hob die Tasse an die Lippen und trank sie in zwei großen Schlucken leer.

Ich wartete darauf, dass er fortfuhr, doch er tupfte sich den Mund mit der Serviette ab, als wolle er damit deutlich machen, es gäbe nichts mehr dazu zu sagen.

»Ich schätze, das macht es einfacher«, sagte ich. »Meine Eltern haben mir alle Entscheidungen überlassen, sich zurückgehalten und mich machen lassen, was immer ich wollte. Und wo stehe ich jetzt?« Als unsere Blicke sich trafen, senkte ich, plötzlich ganz verlegen, die Augen. Das hier war eine kleine Stadt, und wir hatten viele gemeinsame Freunde. Mir war klar, dass ich nicht noch ausführlicher werden musste.

Er schmunzelte und sagte: »Aber du scheinst ganz gut zurechtzukommen.«

Als er den Kellner heranwinkte, spürte ich einen Stich der Enttäuschung, weil der Abend nun zu Ende gehen würde. Wie dumm von mir, die Aufmerksamkeit auf meine gescheiterte Ehe zu lenken. Mein letztes Date lag so lange zurück, dass ich offenbar die Fähigkeit verloren hatte, ein Gespräch zu führen.

Doch anstatt nach der Rechnung zu fragen, zwinkerte James mir zu und sagte: »Lass uns das Essen mit einem krönenden Abschluss beenden.« Zu dem Kellner sagte er: »Die Dame ist jetzt bereit für den *Porron*.«

»Nein, ich glaube nicht«, lehnte ich ab. »Ganz sicher nicht.« Doch der Kellner war schon auf dem Weg zur Bar.

Als er mit der Karaffe zurückkam, schienen sich alle Augen im Raum auf mich zu richten. Also warf ich resigniert die Hände in die Luft, hob das Kinn und riss den Mund weit auf.

Als der kalte herbe Strahl hinten in meinem Hals auftraf, brandete Jubel im Saal auf. Zwei Tische weiter stimmte eine Gruppe spanischer Geschäftsleute ein Lied an. »Cumpleaños feliz, cumpleaños feliz« – »Happy Birthday to You« sangen sie, weil es für sie die einzige plausible Erklärung zu sein schien.

106

Ich hielt bis zur Hälfte des Songs durch, dann musste ich die Hand heben, um den Kellner zu bitten aufzuhören. Mittlerweile sangen die Gäste an den anderen Tischen und das Personal auf Englisch mit, so wie auch James, der einen erstaunlich soliden Bariton besaß und etwas lauter und begeisterter sang als die anderen.

Als schließlich die Rechnung kam, bestand ich pflichtbewusst darauf, meinen Anteil zu übernehmen, obwohl mir klar war, dass ein Mann wie er das niemals zulassen würde. Dann erhoben wir uns. Als wir das Restaurant verließen, berührte er mit den Fingerspitzen meinen unteren Rücken, und ein Schauer durchlief mich.

Der Abend war windig und relativ kühl. James und ich gingen im selben Rhythmus nebeneinander her auf die Uferpromenade zu. Er zeigte mir, wo er wohnte – ganz in der Nähe in einem von drei großen grauen Gebäuden, die den Dschungel aus luxuriösen Apartmentkomplexen überragten. Es war fast zehn, und die Feierabend-Meute, die draußen an den Tischen saß, lief zur Hochform auf: Große Gruppen von Männern, die die Ärmel ihrer Hemden bis zu den Ellbogen hochgerollt hatten und riesige Krüge Bier in sich hinein kippten; vereinzelte Dreiergrüppchen von Frauen, die sich an den Handtaschen in ihren Schößen festklammerten und die Männer ebenso interessiert wie angewidert beäugten.

James und ich ließen die lauten Gruppen, das Gelächter, die Wichtigtuer und Angeber, den penetranten Essensgeruch, die bunte Weihnachtsbeleuchtung an den Dächern, Balkonen und Laternenmasten und vieles mehr hinter uns. Auf dem schwach beleuchteten Weg am Fluss, mit dem Wind in meinem Haar, schob ich meine Hand über James' Unterarm, bis sie geschickt in seiner landete. Ich hoffte, dass es für ihn zu dunkel war, um mich erröten zu sehen. Ich setzte einen Fuß vor den anderen, doch James blieb zurück. Überrascht drehte ich mich um. Unsere Arme waren ausgestreckt, als wären wir mitten in einem durchchoreografierten Tanz. Er zog mich sanft zu sich, fuhr mir mit den Fingern durchs Haar und beugte sein Gesicht zu mir herunter. Sein Mund war warm und feucht, seine Zunge geschmeidig und routiniert und viel lebendiger als irgendein Teil von Paul. Als wir alle Lücken zwischen unseren Körpern geschlossen hatten, verschwand Paul aus meinen Gedanken, und dann konnte ich überhaupt gar nichts mehr denken.

Kurz darauf standen wir vor James' Apartmenthaus. Durch die Glastüren hindurch bewunderte ich den glänzenden Marmorboden und die Art-déco-Kronleuchter. Natürlich hatte er ein makelloses Zuhause. Oben hatte er bestimmt dänische Designermöbel und einen atemberaubenden Ausblick auf die Stadt.

»Danke für das Abendessen«, sagte ich.

»Mehr als gern geschehen.« Er streckte eine Hand aus und strich mir eine Haarsträhne hinters Ohr. »Ich kann den Concierge bitten, dir ein Taxi zu rufen.«

»Prima«, sagte ich genau in dem Moment, in dem er »Es sei denn …« sagte.

Ich sah ihm in die Augen. »Es sei denn was?«

James trat von einem Fuß auf den anderen. »Es sei denn, du willst noch mit raufkommen?« Er stellte die Frage mit derselben Leichtigkeit, mit der er mich vermutlich fragen würde, ob ich Milch zum Tee nähme.

Ich ließ mir die Frage durch den Kopf gehen.

Das war mein erstes Date seit über zehn Jahren. Ich hatte in meinem Leben ohnehin noch nicht genug Dates gehabt, um es mit Sicherheit sagen zu können. Aber ich hatte das Gefühl, mit raufzukommen wäre nichts, was ich normalerweise tun würde.

Doch dann stellte ich mir vor, wie ich auf Zehenspitzen durchs Haus meiner Eltern nach oben in mein altes Jugendzimmer schlich. Ich sah mich selbst, wie ich auf dem Bett saß, durch die Nummern in meinem Handy scrollte und mir wünschte, jemanden zu haben, den ich anrufen könnte. Jemanden, der verstehen konnte, in welch absurde Lage ich geraten war. Das hastige Gespräch mit Frankie war trotzdem lang genug für sie gewesen, um mir zu zeigen, dass sie nicht viel davon hielt. Kats Reaktion wäre nicht so überlegt. Ich hätte auch Marie oder Jenny in San Francisco anrufen können, doch die beiden kannten mich nur zusammen mit Paul. Da ich gegangen war, ohne sie richtig über den Stand meiner Ehe aufzuklären, schien der Sprung zu meiner derzeitigen Lebenssituation viel zu weit zu sein.

Also hakte ich mich bei James unter und sagte, ich würde sehr gerne mit raufkommen. Gemeinsam gingen wir am Pult des Concierge vorbei auf die verspiegelten Aufzüge am Ende der Lobby zu. Unser Spiegelbild überraschte mich. Wie symmetrisch unser Anblick doch war. Wir hatten beide schwarzes Haar, schlanke Figuren und trugen beide unaufdringliche, maßgeschneiderte Kleidung. Wir waren wie ein Paar aus einer Werbung für Sub-Zero-Kühlschränke und Flachbildschirme. Paul überragte mich mit seiner Größe von einem Meter neunzig, selbst das Händchenhalten war umständlich.

Die Aufzugtüren öffneten sich, wir traten ein, die Türen schlossen sich. Als wir hochfuhren, zählte ich die Stockwerke – sechs, sieben, acht, neun – und wünschte mir gleichzeitig, die Zeit anhalten, aber auch bis zum Ende vorspulen zu können.

6

Vor dem Haus meiner Eltern ordnete ich mir mit den Fingern das Haar und strich meine zerknitterte Bluse glatt, um mich innerlich darauf einzustellen, dass ich erklären müsste, wo ich gewesen war.

Für mich war das unbekanntes Terrain. Als Teenager hatte ich mich ein- oder zweimal davongeschlichen, um einen Jungen zu treffen, oder ich hatte behauptet, bei einer Freundin zu übernachten. Doch noch nie war ich eine Nacht lang fort gewesen, ohne meine Eltern informiert zu haben.

In der Fensterscheibe neben der Eingangstür spiegelte sich das ganze Ausmaß meiner lächerlichen Lage. Da stand ich nun, eine zerzauste dreißigjährige Frau in der Kleidung vom Vortag, die kurz davor war, Ma und Ba beim Frühstück zu überraschen. Mir blieb nichts anderes übrig, als es hinter mich zu bringen.

Als ich die Eingangstür aufstieß, durchdrang ein Schrei durch die Luft – es war meine Mutter –, gefolgt von einer scharfen Erwiderung meines Vaters, die zu leise war, um sie zu verstehen.

Im Esszimmer hockte Cora, das Hausmädchen meiner Eltern, mit einem Handfeger auf dem Boden. Als sie mich sah, setzte sie sich auf ihren Allerwertesten und schüttelte mit zusammengekniffenen Lippen den Kopf. Um sie herum glitzerten Glassplitter auf dem Marmorboden. Der scharfkantige untere Teil eines Longdrinkglases lag auf der Kehrschaufel.

Ich nahm zwei Stufen auf einmal und fand die Tür des Schlafzimmers meiner Eltern halb geöffnet. Ma saß mit ausgestreckten Beinen in ihrem Baumwollnachthemd auf dem Boden, die Arme eng um den Körper geschlungen.

»Das werde ich nicht«, sagte sie und schüttelte so heftig ihren Kopf, dass ihr das strähnige, ungekämmte Haar über die Augen flog. »Nein, nein, nein.« Mit jeder Wiederholung wurde ihre Stimme kräftiger.

Mein Vater saß auf der Bettkante, das Gesicht in den Händen vergraben. Als er mich bemerkte, drehte er sich abrupt zur Tür. Sein Gesicht sah schlaff aus. »Xiao Xi«, sagte er.

Ich trat ins Zimmer. »Was ist hier los?«

Er zeigte auf meine Mutter. »Deine Ma«, sagte er mit brüchiger Stimme. Er setzte noch einmal an. »Deine Ma fühlt sich nicht so gut. Sie will zu Hause bleiben, aber ich werde sie zur Dialyse fahren.«

Mühsam versuchte meine Mutter, wieder auf die Beine zu kommen. Ich ging zu ihr, um ihr zu helfen, doch sie schlug meine Hand aus. »Sie ist kein Kind mehr. Wieso sagst du ihr nicht einfach die Wahrheit?« Als ich ihren fauligen, säuerlichen Atem roch, wich ich etwas zurück.

»Die Wahrheit?«, sagte Ba. »Schön. Dann sag du es ihr. Erzähl deiner Tochter, was du mir gerade gesagt hast.«

Ma kräuselte die Lippen, als sie sprach. »Versuch nicht, sie gegen mich zu benutzen. Manipulier mich nicht.«

»Würde mir bitte jemand sagen, was hier los ist?«

Ba wandte sich wieder zu mir. »Sie wollte nicht gehen«, begann er.

»Will nicht«, korrigierte meine Mutter ihn in einem knurrenden Ton, den ich noch nie bei ihr gehört hatte. »Sie will nicht gehen. Präsens. *W-I-L-L N-I-C-H-T.*«

Ba verzog keine Miene. »Deine Mutter sagt, sie ist durch mit dem Thema Dialyse.«

Mein Blick wanderte von dem beängstigend ruhigen Gesichtsausdruck meines Vaters zu dem meiner Mutter hinüber, der in heftigem Zorn erstarrt war. Vor drei Monaten hatten ihre Nieren versagt. Drei Monate, seit sie das Arbeiten und Reisen hatte aufgeben müssen. Drei Monate, in denen sie an drei Tagen in der Woche jeweils drei Stunden lang an diese elende Maschine angeschlossen war.

Ba fuhr fort. »Deine Ma möchte, dass wir sie in Ruhe lassen und zuschauen, wie sie sich zu Tode trinkt.«

Es war das erste Mal, dass ich hörte, wie er das Alkoholproblem meiner Mutter ansprach. Ich war wirklich erleichtert. Selbst Ma war so sprachlos, dass sie darüber offenbar vergaß, wie zornig sie war.

Doch als die Worte meines Vaters in meinem Kopf nachhallten, keimte auch Panik in mir auf. Ich trat vor und nahm meine Mutter bei ihrem dürren Vogelärmchen. Ihre Haut war kalt und trocken und hing zu locker über ihren spröden Knochen. »Komm schon, Ma«, sagte ich. »Du musst gehen.«

»Ihr beide denkt, es wäre so einfach«, sagte sie erschöpft.

Ich brachte es nicht fertig, sie anzusehen. Ich bedeutete Ba, ihren anderen Arm zu nehmen. »Hilf mir«, sagte ich, als würde es sich um eine schwere Kiste, ein sperriges Möbelstück handeln.

»Vorsicht«, schrie sie auf, als er die Fistel berührte, die sich durch die Infusionsnadel gebildet hatte, die dreimal pro Woche in ihren Arm gestochen wurde. Doch sie gestattete uns, sie die Treppe hinunterzuführen.

»Ich kann doch nicht so den Rest meines Lebens verbringen«, sagte sie.

Und: »Was würdet ihr denn an meiner Stelle tun?«

Und: »Hört ihr überhaupt zu? Warum sagt ihr denn nichts?«

Genau wie Ba starrte ich stur geradeaus. Zum ersten Mal verstand ich seine Verschlossenheit. Ma brauchte keinen von uns, um ihr zu sagen, dass es keine Alternative zur Dialyse gebe.

Draußen setzte Ba sich ins Auto, während ich meine Mutter auf die Beifahrerseite geleitete. Nachdem ich ihr den

Sicherheitsgurt umgelegt hatte, ließ ich zögernd eine Hand auf dem Türgriff liegen. Meine Eltern würden die meiste Zeit des Tages im Krankenhaus verbringen. Ohne Termin war es nicht sicher, ob wir überhaupt mit Mas Arzt sprechen konnten. War es wirklich notwendig, dass ich mitfuhr?

Ba blickte mich erwartungsvoll an, Ma sah geradeaus.

»Moment noch«, sagte ich, »ich bin gleich wieder da.«

Er warf ungeduldig ein, wir würden zu spät kommen, doch ich sprintete schon ins Haus und die Treppen hoch, an einer besorgten Cora vorbei, die immer mal wieder mit gesenktem Blick auf die neue Flasche in der Recyclingtonne hingewiesen hatte.

Im Schlafzimmer meiner Eltern nahm ich eilig eine der vielen Seidenblusen aus dem Schrank, schnappte mir die dünne Wollhose, die über einem Stuhl hing, und raste wieder nach draußen.

Hinter der Windschutzscheibe sahen meine Eltern klein, verletzlich – vor allem aber alt aus.

Ich legte die Kleidung auf den Rücksitz und sagte nach Luft ringend zu meiner Mutter: »Fürs Krankenhaus.«

Sie strich das Nachthemd über ihren Schenkeln glatt und tat so, als wäre es ihr gleichgültig.

»Okay«, sagte Ba. »Wir müssen wirklich los.«

Ich eilte auf die andere Seite des Wagens und sprang hinein. Ich hatte keine Möglichkeit gehabt zu duschen, doch wenigstens hatte James noch eine zusätzliche Zahnbürste gehabt, mit der ich mir die Zähne geputzt hatte, bevor er mich mit einem schüchternen Kuss, bei dem ich mich fragte, ob ich irgendetwas falsch gemacht hatte, verabschiedet hatte.

Falls meine Eltern überrascht darüber waren, dass ich sie begleitete, ließen sie es sich nicht anmerken. Eine Hand an Mas Nackenstütze gelegt, fuhr Ba aus der Einfahrt. Er schaute über seine linke Schulter auf den Verkehr, und als sich dabei unsere Blicke trafen, lächelte er.

Nachdem wir meine Mutter im Dialysezentrum abgeliefert hatten, zog ich meinen Vater auf den Flur. »Wann können wir mit Dr. Yeoh sprechen?«

Er trat einen Schritt zurück. »Das ist nicht nötig. Ihr geht es jetzt gut.« Er drehte sich um und wollte wieder ins Zimmer zurückgehen.

»Ihr geht's alles andere als gut.«

Drei Krankenschwestern, die gerade vorbeigingen, starrten mich wütend an. »Würden Sie bitte leiser sprechen, um die Patienten nicht zu stören?«, sagte eine von ihnen.

»Es tut ihr leid«, sagte Ba scharf.

Am Ende des Flurs schwang eine Tür auf, durch die eine junge Frau im OP-Kittel trat. Hinter ihr lief Mas Arzt, ein hochgewachsener Mann in weißem Kittel mit dünnem Haar und schlaffen Wangen.

Ich eilte den beiden entgegen und rief den Arzt beim Namen.

Zuerst sah er überrascht aus, doch dann lächelte er. »Gretchen, Xiong. Schön, Sie zu sehen. Wie geht's?«

Ich sagte: »Ich weiß, Sie sind sehr beschäftigt. Aber meine Mutter hatte einen sehr anstrengenden Morgen. Könnten Sie uns nicht sagen, was man tun kann?«

Der Arzt sagte seiner Kollegin, er werde gleich nachkommen. »Was ist passiert?«, fragte er.

Bevor mein Vater eingreifen konnte, schilderte ich ihm die Ereignisse dieses Morgens so knapp wie möglich.

Als ich schließlich endete, um Luft zu holen, fühlte ich Bas Hand auf meiner Schulter. »Meine Tochter ist gerade erst nach Hause zurückgekehrt. Sie macht sich Sorgen und ist ein bisschen zu leicht erregbar, *lah*.« Ich schüttelte seine Hand ab und warf ihm einen scharfen Blick zu.

Die Augen des Arztes wanderten zwischen mir und Ba hin und her. Dann schaute er auf seine Armbanduhr und sagte: »Ich habe noch ein bisschen Zeit für ein Gespräch.« Er führte uns in ein leeres Besprechungszimmer und erklärte uns, er sei gleich wieder da.

»Was glaubst du eigentlich, was du da tust?«, sagte Ba.

»Wieso traust du dich nicht, um Hilfe zu bitten?«

Wütend blickten wir uns über den schmalen Tisch hinweg an. Dann kam der Arzt zurück. »Bitte setzen Sie sich doch.« Er legte eine zerknitterte Broschüre auf den Tisch. »Ich hatte es ja bereits erwähnt«, sagte er zu Ba – in einem Gespräch, bei dem ich nicht dabei gewesen war.

Die Broschüre war von Light on Life, einer Entzugsklinik, die aussah wie ein sonnenverwöhntes tropisches Urlaubsresort. Hochglanzfotos stellten das idyllische Anwesen des Zentrums vor. Doch auf der Rückseite der Broschüre schauten zwei traurige Augen aus einem grauen, faltigen Gesicht. Wieso hatten sie das Foto eines Mannes verwendet, der unglaublich müde und deprimiert aussah?

Ich betrachtete immer noch die Augen des alten Mannes, als Ba die Broschüre nahm. Ohne genauer hinzusehen, faltete er sie zweimal und steckte sie in seine Brusttasche. »Wir werden darüber nachdenken.«

»Na gut«, sagte der Arzt und trommelte auf eine Weise mit den Fingern auf der Tischplatte herum, die für den Anlass viel zu fröhlich war. Dann schaute er auf seine Uhr. »Und bitte, denken Sie diesmal wirklich ernsthaft darüber nach.«

Ich wollte den Arzt packen und ihn schütteln, bis er uns sagte, was wir tun sollten. Ba und ich brauchten klare Ansagen, keine netten Streicheleinheiten. »Das werden wir«, sagte ich. »Vor allem, wenn das der einzige Weg sein sollte, um ihr zu helfen.«

Der Arzt war anscheinend zufrieden, seine Arbeit erledigt zu haben. Er erklärte uns, was wir vorläufig zu Hause versuchen könnten: Strenge Überwachung, Beschäftigung, konkrete lang- und kurzfristige Ziele. Er ratterte die Punkte herunter, als würde er eine Einkaufsliste vorlesen. Zweifellos hatte er ständig mit

Patienten wie Ma und Familien wie unserer zu tun: Die Augen vor der Wahrheit verschlossen und zu ängstlich, um zu handeln.

Wir dankten dem Arzt und sahen, wie sich seine Erscheinung im Flur verflüchtigte.

Sobald er außer Hörweite war, sagte Ba: »Kommt nicht in Frage.« Er war schon losgelaufen.

Ich ergriff ihn am Arm, doch er riss sich los. »Wir sind hier nicht in Amerika. Wir laden unsere Familienmitglieder nicht bei anderen Leuten ab, damit die sich um sie kümmern.«

»Das ist wohl kaum der richtige Zeitpunkt, um über einen Gesichtsverlust nachzudenken«, sagte ich.

Er bekam große Augen, seine Nasenlöcher blähten sich auf. Er beugte sich vor und packte mich am Handgelenk. »Ich bin immer noch das Familienoberhaupt. Ich habe das letzte Wort.«

Erst als er wieder losließ, spürte ich, wie hart der Griff und wie fest der Druck seiner fünf Finger gewesen waren. Ich wusste, es wäre ihm lieber gewesen, ich wäre nicht ins Krankenhaus mitgekommen. Er und Ma waren sehr lange eine unabhängige Einheit gewesen. Xiong und Ling gegen den Rest der Welt. So beständig, dass ich mich in den Glauben eingelullt hatte, sie bräuchten mich nicht, ihr einziges Kind. Denn sie hätten ja stets einander.

Er stapfte zum Wartezimmer. Ich folgte ihm, blieb aber im Türrahmen stehen, um auf die Wanduhr zu schauen. Es dauerte noch mindestens eine Stunde, bis Mas Dialysesitzung beendet sein würde.

Ba setzte sich in einen blauen Polstersessel, nahm seine Brille ab und rieb sich die Stelle zwischen den Augenbrauen. Ich setzte mich auf den Stuhl neben ihn. »Mit der richtigen Behandlung wird es ihr sicher besser gehen.«

Er setzte sich die Brille wieder auf die Nase. »Wenn man den Menschen den Respekt entgegenbringt, den sie verdienen, werden sie sich der Situation gewachsen zeigen.«

116

Ich kämpfte gegen meine aufsteigende Frustration an. »Alkoholismus ist eine Krankheit, Ba.«

Seine Stimme wurde lauter. »Wir können uns besser um sie kümmern. Ja, das können wir.«

Daraufhin sagte keiner von uns mehr ein Wort. Wir starrten schweigend auf die Behandlungsräume und warteten darauf, dass Ma herauskam, sicher und gesund. Zumindest für einen weiteren Tag.

An diesem Wochenende rief Frankie an und fragte mich, ob ich Lust hätte, mit ihr, Kat und unseren anderen Freunden zum Strand zu fahren. »Die übliche Truppe«, wie sie sie nannte.

Mir lagen mindestens ein halbes Dutzend spitzer Bemerkungen auf der Zunge, bevor ich den eigentlichen Grund für meine Verwirrung ausmachte: Ich war tatsächlich eifersüchtig, weil Kat und Frankie Pläne geschmiedet hatten, ohne mich vorher zu fragen.

»Danke für die Einladung, aber ich werde das Wochenende mit meiner Mum verbringen«, sagte ich.

Einige Stunden später rief Kat ebenfalls an. Doch als ich ihr die gleiche Erklärung gab, insistierte sie ausnahmsweise einmal nicht. »Ich denke, das ist ein berechtigter Grund«, sagte sie. »Ich lass dich in Ruhe. Grüß Tantchen von mir.«

Im Laufe der Jahre hatte ich mit Frankie und Kat freimütig über die Trinkerei meiner Mutter gesprochen. Doch keine von beiden wusste, wie ernst es mittlerweile geworden war. Ba und ich begannen gerade erst, uns darüber klar zu werden, wie wir mit Mas derzeitigem Zustand fertigwerden sollten. Deshalb versorgte ich meine Freundinnen nicht mit neuen Informationen, und sie fragten auch nicht. Sie quetschten mich nicht einmal aus, um Details über mein Date mit James zu erfahren, was ich enttäuschender fand, als ich zugeben wollte. Ich lechzte danach, die Einzelheiten des Dates durchzusprechen und zu analysieren: Wie ich in einem seiner alten, abgenutzten, aber weichen T-Shirts geschlafen hatte bis hin zu der Art, wie er mich am Morgen auf den Kopf geküsst hatte, als wir uns verabschiedeten. In der Nacht hatte er die Arme um mich gelegt und meinen Kopf sanft an seine Brust gedrückt. In dieser Haltung waren wir schließlich eingeschlafen. Was bedeutete es, dass ich in jenem Moment, kurz bevor ich einschlief, dalag, seinem starken regelmäßigen Herzschlag lauschte und vor lauter Dankbarkeit hätte weinen können? Was bedeutete es, dass er, nachdem ich ihm am darauffolgenden Tag eine SMS geschickt hatte, sechs Stunden brauchte, um darauf zu antworten? Was bedeutete es, dass ich seitdem nichts mehr von ihm gehört hatte? Ich hörte Kat sagen: »*Aiyah*, Mädchen! Was erwartest du denn, wenn er volle fünf Tage braucht, um dich überhaupt anzurufen?«

Selbst wenn James angerufen hätte, um mir zu sagen, was für einen schönen Abend er gehabt hatte, und selbst wenn er mich an jenem Tag hätte wiedersehen wollen, so hätte ich abgelehnt. Ich hatte bereits etwas vor – etwas, das ich nicht verschieben konnte. Meine Mutter hätte mich nie darum gebeten, doch ich wusste, dass sie mich diesmal brauchte.

An dem Samstagnachmittag, an dem meine Freunde faul am Strand herumlagen, setzte ich mich auf die Bank des kleinen Steinway-Flügels, den ich zu meinem vierzehnten Geburtstag bekommen hatte. Es war Zeit für Mas erste richtige Klavierstunde.

Zwanzig Jahre waren vergangen, seit wir zusammen auf dieser Bank gesessen hatten. Damals war Ma meine Begleiterin und meine Antreiberin gewesen: Sie hatte die Aufgaben meiner Klavierlehrerin wiederholt, mich gerügt oder ermutigt, wenn ich mich wieder mal über meine schmerzenden Handgelenke oder Müdigkeit beklagte, mir ein Glas Wasser gereicht, das wie ihr Longdrinkglas aussah.

Während meines Studiums hatte ich nur Grundschulkinder unterrichtet, deshalb war ich nicht ganz sicher, wie ich vorgehen sollte. »Eingestrichenes C«, sagte ich schließlich, drückte die Taste und beschloss, ganz am Anfang zu beginnen.

Ma blickte finster drein. »Das ist nicht dein Ernst.«

Ich wusste, dass sie die Grundlagen aus meinem eigenen Klavierunterricht kannte, den ich mit vier Jahren begonnen hatte. Zu Beginn, als sie nur Teilzeit gearbeitet hatte, blieb sie im Esszimmer, sortierte Papiere und war nah genug, um jedes Wort meiner Klavierlehrerin zu hören. Gemeinsam lernten wir, Noten zu lesen, und arbeiteten uns durch die ersten beiden Bände der Suzuki-Methode hindurch. Manchmal legte sie ihre Arbeit beiseite und begleitete mich am Klavier. Eine von uns spielte die linke, die andere die rechte Hand, um danach die Seiten zu tauschen und die Stücke zu wiederholen. Doch als ich älter wurde, unterrichtete sie Vollzeit an der Universität, und meine Stücke wurden allmählich zu schwer für ihre ungeübten Finger. Ab und zu fand ich sie, nachdem ich aus der Schule gekommen war, am Klavier, wo sie angestrengt auf die Noten schaute und sich durch ein Stück stümperte, das ich Monate oder sogar Jahre zuvor gemeistert hatte. Da mir ihre Ungeschicktheit peinlich war, entschuldigte ich mich und ging aus dem Zimmer.

Am Wochenende war Ma mit mir in die Victoria Concert Hall gegangen, auch wenn das Symphonieorchester von Singapur nur ein Haufen von Amateuren war – nicht vergleichbar mit den Konzerten, die sie in New York oder sogar in Ithaca besucht hatte. Ba spielte den Chauffeur, brachte uns hin und holte uns wieder ab. Manchmal fand er einen Parkplatz ganz in der Nähe und schlief im Wagen – Hauptsache, er musste uns nicht begleiten. Ich hatte trotzdem damit gerechnet, dass er meinen Platz einnehmen würde, als ich nach Kalifornien ging. Stattdessen besuchte meine Mutter ab und zu allein ein Konzert, was sie allerdings schon lange nicht mehr tat.

Ich dachte darüber nach, uns Karten zu besorgen, während ich hier war.

Ma beklagte sich immer noch darüber, wie wenig Vertrauen ich in ihre Fähigkeiten hatte, doch ich war entschlossen, den Unterricht auf meine Art zu gestalten. Ich machte weiter mit Tonleitern, betonte, wie wichtig der richtige Fingersatz sei, und forderte sie auf, die Tasten anzuschlagen, anstatt halbherzig mit den manikürten, viel zu langen Fingernägeln darauf herumzutippen.

Sie hielt sieben Minuten durch, bevor sie sich über Langeweile beschwerte. Als ich verzweifelt seufzte, sagte sie: »Komm schon. Ich bin achtundfünfzig Jahre alt. Ich habe keine Zeit mehr für Grundlagen.«

Ich raufte mir die Haare. »Dann sag mir doch einfach, was genau du lernen möchtest.«

Ma klopfte mir kichernd auf den Rücken, direkt unter dem Nackenansatz. Genau so, wie sie es getan hatte, als ich noch ein Kind gewesen war, das beruhigt werden musste. »Ich dachte schon, du fragst nie«, sagte sie. »Es gibt nur ein Stück, das ich lernen möchte, ein wunderschönes Stück. Es muss nicht mal perfekt sein – glaub mir, ich kenne meine Grenzen –, aber gut genug, um es ganz durchspielen zu können, ohne jemandem in den Ohren wehzutun.«

Ich reagierte nicht sofort. Ich spürte, wie mir die Tränen durch den Hals bis hinter die Augen stiegen. Es war eine so schlichte Bitte von einer Frau, die gerade so viel verloren hatte.

»Welches Stück?«, fragte ich und wappnete mich für ihre Antwort.

Mas Lächeln teilte ihr Gesicht in zwei Hälften. Es war schon sehr lange her, dass ich die beiden Reihen ihrer kleinen, auf charmante Weise krummen Zähne gesehen hatte.

Ohne zu zögern, sagte sie: »*Gradus Ad Parnassum.*« Bevor ich etwas einwenden konnte, fuhr sie fort: »Und sag mir nicht, es sei zu schwer. Ich werde so viel wie möglich üben. Wenn jemand Zeit hat, dann ich.«

Ihre Wahl hätte mich eigentlich nicht überraschen sollen. Sie liebte Debussy und sagte mir, dass sie, als sie während meiner High-School-Zeit einmal gehört hatte, wie ich das Stück spielte, zu Tränen gerührt gewesen sei – ein für mich zutiefst beschämendes Geständnis. Jedenfalls begriff ich jetzt, zwölf Jahre später, dass sie es ernst meinte. Ich gab Ma einen kleinen Schubs, damit sie aufstand, und suchte in dem Kasten unter der Sitzfläche der Klavierbank nach den Fotokopien der Noten, die dort seit jenem Vorspiel lagen, in der korrekten Reihenfolge aneinandergeklebt, um häufiges Umblättern zu vermeiden.

Offen gesagt war es keine schlechte Entscheidung. Genauso gut hätte sie sich auch etwas wirklich Unmögliches aussuchen können. Obwohl es ein anspruchsvolles Stück mit einigen Überkreuzpassagen und Tonartwechseln war, könnten wir damit beginnen, ganz langsam.

»Spiel es für mich«, bat Ma.

Ich sah zwar nicht, wie mein Spiel sie näher an ihr Ziel bringen sollte, doch plötzlich juckte es mich in den Fingern, die Tasten anzuschlagen. Es war dumm gewesen, mein Klavier in San Francisco zu verkaufen. Ich hatte es nicht nur aus Frust über die hohen Preise von Lagerräumen getan, sondern auch aus Wut auf die Welt wegen all der schrecklichen, ungerechten Dinge, die im Laufe dieses Monats über mich gekommen waren. Ich fragte mich, ob Marie jemals Mitleid mit mir haben und mir das Klavier zurückverkaufen würde.

Ich spielte *Gradus Ad Parnassum* in einem durch, langsamer, als es mir gefiel, um ein gleichmäßiges Tempo bemüht und ein wenig holprig bei den Tonartwechseln.

»Uff«, machte ich, als ich das Stück zu Ende gespielt hatte und die Hände ausschüttelte.

Ma sah mich liebevoll an und murmelte: »Das war wunderbar, Schatz.«

Ich bat sie, ihre Lesebrille zu holen. Sie stand auf und suchte im Wohnzimmer, bis sie erklärte, sie liege offenbar auf dem Nachttisch. Ich ging mit ihr nach oben, holte das Metronom aus meinem Zimmer, das ich fest in beiden Händen hielt.

Zurück auf der Klavierbank blinzelte mich Ma über den Rand ihrer Brille hinweg an. »Dieses alte Ding hast du noch? Heutzutage gibt es doch bestimmt schon handlichere.«

Ich strich über das rostbraune, feinporige Holz des Metronoms. »Ich mag aber nur das hier«, sagte ich. Ich stellte das Metronom auf Sechsundsechzig, weniger als die Hälfte des in den Noten angegebenen Tempos. Das langsame, gleichmäßige Ticken entspannte mich augenblicklich. Für mich war ein Metronom die Verkörperung der Einfachheit: Alles, was man tun musste, wenn der Zeiger loslegte, war, im Rhythmus zu bleiben.

»Und jetzt du«, sagte ich.

Ma arbeitete sich im halben Tempo durch die erste Seite. Immer wenn sie hängen blieb oder die Töne nicht traf, blickte sie finster auf das Metronom, als wäre es seine Schuld. »Dieses Ding macht mich verrückt. Welcher Mensch kann sich bei dem Geticke konzentrieren?«

Da es ihre allererste Stunde war, machte ich das Metronom aus und ließ sie von vorn beginnen. Ich begann, über mein Verhalten im Krankenhaus nachzudenken. Vielleicht hatte Ba recht, vielleicht war es noch zu früh, um über eine Entziehungskur nachzudenken. Vielleicht würde es ja tatsächlich etwas bringen, wenn Ma und ich uns fürs Erste jeden Tag ein paar Minuten ans Klavier setzten.

Als die Stunde vorbei war, machte Ma ein Nickerchen, während ich mich im Hobbyraum vor den Fernseher setzte, wo schon wieder diese überdrehte blonde Moderatorin, Melody, munter vor sich hin plapperte.

In dieser Folge war Melodys Studiogast eine mollige Frau mit weichem Kinn und einer schulterlangen Dauerwelle. Mit Mitte dreißig sah sie bereits aus wie jemand, der früher einmal hübsch gewesen war. Die Frau, eine bekennende Kaufsüchtige, beschrieb gerade, wie sie ihr College-Stipendium verpulvert und ihre Familie in die Schuldenfalle getrieben hatte. Trotz ihres schrecklichen Benehmens war an der Frau etwas Naives und Reizendes – die Art, wie sie all das im Fernsehen ausbreitete und darauf vertraute, dass Melody alles wieder zurechtrücken würde. Kein Singapurer käme auch nur auf die Idee, seine Probleme vor den Augen der ganzen Welt darzulegen. Doch der Häufigkeit nach zu urteilen, mit der die Melodys Sendungen im Lokalfernsehen gezeigt wurden, machte es uns offenbar große Freude, dabei zuzusehen, wie andere Menschen es taten.

Mit stockender Stimme erzählte die Kaufsüchtige, wie sie mit ihren unkontrollierten Ausgaben ihren Mann dazu gebracht hatte, sich von ihr scheiden zu lassen. Das Studiopublikum hielt jedes Mal den Atem an, vor Mitgefühl oder Entsetzen, Melody kniff die Augen eng zusammen und schloss sie zum Zeichen dafür, dass sie jedes Wort davon aufnahm. Als die Kaufsüchtige eine Pause machte, um sich die Tränen abzuwischen, nahm Melody sie fest in die Arme. »Sie sind so tapfer«, sagte sie zu der schluchzenden Frau. »Es wird Ihnen bald besser gehen, denn jetzt sind Sie ja hier.« Das Studiopublikum applaudierte aus Leibeskräften.

Obwohl ich die Show widerwärtig fand, ließ ich mich von Melodys plüschiger, sonorer Stimme, ihren strahlend blauen w einnehmen. Ich wollte ebenfalls glauben, dass die Kaufsüchtige, die irrational gehandelt und viele ihrer Lieben verletzt hatte, geheilt werden konnte. Ich war so versunken in diese Show, dass ich gar nicht erst in Betracht zog, den Sender zu wechseln, als meine Mutter ins Zimmer trat.

»Oh«, sagte sie. »Melody.« Sie stieß mich mit dem Ellbogen an, damit ich auf dem Sofa etwas zur Seite rutschte, und setzte sich zu mir.

7

Meine Mutter sagte immer, als Doktorandin an der Cornell habe sie ihre beste Zeit gehabt.

»Damals war so viel los«, hatte sie gesagt, die Augen geschlossen und den Kopf zur Seite geneigt, als würde sie einer fernen, berückenden Melodie lauschen. »Vorlesungen, Seminare, Dinnerpartys, Bälle. Trotzdem habe ich hart gearbeitet. Ich musste ja meine Dissertation abschließen.«

Der vergessene Diskurs – Versuch einer Definition der postkolonialistischen deutschen Literatur, ein schweres, umfangreiches Werk in marineblauer Bindung, das am Ende des Bücherregals stand, gleich neben einem ledernen Album mit Fotos meiner Mutter aus derselben Zeit.

Ma war damals jünger als ich heute, hatte hüftlanges, dickes, schwarzes Haar, das sie in der Mitte gescheitelt hatte. Sie trug Rollkragenpullis aus Kaschmir, knielange Tweedröcke und polierte, hohe braune Stiefel.

Sie war ziemlich hübsch.

Doch selbst heute, da ihr das Alter und die Krankheit die strahlende Haut und das glänzende Haar genommen hatte, sind die schrägen Wangenknochen und die langen Katzenaugen meiner Mutter unverändert geblieben. Tatsächlich waren ihre Züge ohne die Ablenkungen der Jugendlichkeit noch ausgeprägter. Wie ein Stück Lindenholz, das man bis zu seinem perfekten, wesentlichen Kern herunterschnitzte.

Stur und pragmatisch, wie sie war, erwies sich meine Mutter als talentierte Schülerin. Diese Eigenschaften hatte sie auch in ihre Erziehung einfließen lassen, und sie hatte früh beschlossen, dass man Kindern immer die Wahrheit sagen sollte. Zum Beispiel hatte sie mir nie vorgemacht, es gäbe Santa Clause oder die Zahnfee oder die Gestalten, von denen ich in den Büchern von Russell Hoban und den Berenstains gelesen hatte. Trotzdem kramte sie jedes Mal in ihrem Portemonnaie nach einem Golddollar, wenn ich einen Zahn verloren hatte.

Als ich im Alter von fünf oder sechs Jahren fragte, woher die Babys kämen, dachte sie einen Moment lang nach und sagte: »Na ja, Babas haben einen Penis, Mamas eine Vagina. Genau da, wo dein Pipi rauskommt.« Sie machte eine Pause, um sicherzugehen, dass ich es verstanden hätte. Dann fuhr sie fort. »Der Baba steckt seinen Penis in die Vagina der Mama« – an dieser Stelle formte sie ein O mit dem Daumen, dem zweiten und dritten Finger der einen Hand, in das sie den Zeigefinger der anderen Hand schob – »und dann spritzt der Baba sein Sperma in die Mama. Dadurch wird eine Eizelle in ihr befruchtet, aus der dann ein Baby entsteht.«

»Aber warum tut er das?«

Sie starrte einen Augenblick lang in die Ferne und dachte nach. »Weil es sich gut anfühlt.«

Ich war kein sonderlich neugieriges Kind, also war ich wohl zu dem Ergebnis gekommen, dass dies eine von diesen Situationen war, in denen die Antwort erheblich weniger interessant war als die Frage an sich. Ich beließ es dabei.

In der dritten Klasse war ich, wie alle anderen Mädchen, in Mark de Souza verknallt. Bereits im Alter von neun Jahren hatte er welliges, braunes Haar und ein Grübchen im Kinn, das ihm als Erwachsenem im Hochglanzmagazin *Ihre Welt* einen Platz auf der Liste der fünfzig begehrtesten Junggesellen einbringen würde.

Überwältigt von den Gefühlen für diesen Jungen und neuerdings besessen von der Idee der Liebe, fragte ich meine Mutter, ob sie sich auf den ersten Blick in Ba verliebt habe. Sie antwortete aufrichtig: »Nein.« Sie erzählte, sie und Ba hätten sich am Ende des Junior College ein paar Mal getroffen. Doch während er geplant hatte, die hiesige Universität zu besuchen, hätte sie es sich nicht zweimal überlegt, die Zusage von der Cornell anzunehmen.

Nach dem College ging sie für das weitere Studium nach Ithaca. Gegen Ende ihrer Promotionsphase begann Ma, sich im ganzen Land um eine Dozentenstelle zu bewerben. Doch als ihre Eltern erfuhren, dass sie vorhatte, in Amerika zu bleiben, flehten sie sie an, es sich anders zu überlegen. Ihre Mutter hinterließ ihr kummervolle Nachrichten auf dem Anrufbeantworter, ihr Vater setzte sich mit dem Dekan der University of Singapore in Verbindung, damit er telefonisch ein Bewerbungsgespräch mit Ma führte. Ihr Aktionismus bestärkte bloß Mas feste Absicht, sich ein Leben außerhalb Singapurs aufzubauen.

Zu jenem Zeitpunkt lag die erste Verabredung meines Vaters und meiner Mutter bereits acht Jahre zurück. Dennoch kaufte sich Ba, von seinen zukünftigen Schwiegereltern ermutigt, ein Flugticket von Singapur nach New York City, mietete ein Auto und fuhr vier Stunden in Richtung Norden nach Ithaca – gegen den Willen seiner Eltern, die nicht begreifen konnten, warum ihr Sohn dieses seltsame, eigensinnige Mädchen nicht vergessen wollte.

Ba stand genau an dem Tag vor Mas Tür, an dem die Ablehnung ihrer achten und letzten Bewerbung in der Post war. Der Gedanke, ein weiteres Jahr zu warten und das ganze Prozedere noch mal durchzumachen, war zu viel für sie. Vor allem, weil sie weiterhin von ihren Eltern unter Druck gesetzt wurde – und von Ba. Am Ende der Woche hatte er sie überzeugt, ein

Flugticket nach Singapur zu kaufen. Sie nahm einen Job an der National University of Singapore an. Außer ihr hatte kein anderes Mitglied der geisteswissenschaftlichen Fakultät einen amerikanischen Doktortitel, geschweige denn von einer Eliteuniversität. Meine Eltern heirateten, und zehn Monate später wurde ich geboren.

Die Geschichte, wie Ma und Ba schließlich zusammenkamen, bezauberte mein neun Jahre altes Ich. Ich stellte mir vor, wie mein Vater in einem brandneuen Wollmantel zitternd dem Februarschnee trotzte, um meine Mutter zu retten und sie nach Hause zu bringen. Erst später, als der amerikanische Gastprofessor gekommen und gegangen war, hielt ich inne, um Mas Entscheidung zu hinterfragen. Wenn sie Ba nie geliebt hatte, wieso war sie dann nach Singapur zurückgekehrt? Hatte sie ihn mit der Zeit lieben gelernt? Liebte sie ihn immer noch?

Im Laufe der Zeit beantwortete sich einiges davon selbst. Doch die eigentliche Frage brachte weitere Fragen hervor, eine drängender als die andere; eine nicht enden wollende Kette größer werdender Fragezeichen.

Der amerikanische Gastprofessor hieß Colin Clarke. Er war von der University of Chicago angereist, um ein Seminar an der Universität meiner Mutter zu geben. Um ihn und seine Frau willkommen zu heißen, hatte der geisteswissenschaftliche Lehrstuhl ein Abendessen in einem für seine Chilikrabben bekannten Fischrestaurant an der Ostküste der Insel gegeben.

Zuerst versuchte mein Vater, sich vor der Teilnahme an diesem Essen zu drücken. Es war kein Geheimnis, dass Mas Kollegen ihm auf die Nerven gingen. Sie saßen herum, sprachen über Bücher, die er nicht gelesen hatte, und wenn er versuchte, über etwas zu reden, das er im Fernsehen gesehen oder in der Zeitung gelesen hatte, hörten sie ihm eine Minute lang freundlich zu, um sich dann wieder ihrem eigentlichen Thema zu widmen.

Doch Ma bestand darauf, nicht alleine hinzugehen. Alle anderen Ehepartner würden da sein. Schließlich wurde Ba weich, verkündete aber am Abend des Essens, ich würde ebenfalls mitkommen. Ma war nicht erfreut.

Ich war gerade zehn geworden und teilte die Ansicht meines Vaters über solche Versammlungen. Hätte es nicht diese Chilikrabben gegeben – große, fleischige Schlammkrabben in einer köstlichen sämigen Tomaten-Chili-Soße –, hätte ich mich geweigert, mitzukommen. Zwischen den Vorträgen der Fakultätsmitarbeiter über die Geschichte der Küche Singapurs diskutierten Ma und ihre Kollegen über ihre Forschung und ihre Seminare. Ba und die anderen Ehepartner konnten nach kurzer Zeit nicht mehr viel zur Unterhaltung beisteuern und verbrachten den Rest des Abends damit, höflich zu lächeln und zu nicken. Hin und wieder fragte mich einer der Erwachsenen, was mein Lieblingsfach in der Schule sei oder ob mir das Essen schmecke, doch abgesehen davon ließ man mich in Ruhe.

An das Gesicht von Colin Clarke kann ich mich nicht mehr erinnern, aber seine Frau sehe ich noch vor mir: Eine beängstigend dünne Frau mit aufgebauschten, granatapfelroten Haaren, die sich über die hohe Luftfeuchtigkeit und das scharfe Essen beklagte. Schließlich war sie bereit, einen Bissen Krabbe zu probieren, um dann demonstrativ ihre soßenverschmierten Finger mit einem Erfrischungstuch zu säubern.

Sonst war nur eine Sache hängen geblieben. Gegen Ende des Essens fiel mir auf, dass Ma und Colin Clarke über einen Schriftsteller oder Philosophen sprachen, den sie beide verehrten. Etwas an der Haltung ihrer Schultern oder der Neigung ihrer Köpfe erregte meine Aufmerksamkeit. Als ich eine Weile später wieder zu ihnen schaute, erkannte ich an ihrem Desinteresse an dem Sago-Pudding mit Honigmelone, dass ihr Gespräch noch lange nicht vorbei war. Bevor ich die Schwere, die sich in meinen Gliedern breitmachte, richtig bemerkte, trank Ba sein

Bier aus und räusperte sich. Er beugte sich vor, legte Ma einen Arm um die Schulter und erkundigte sich streitlustig nach diesem tollen Philosophen. Dabei machte mir weder sein aggressives Verhalten noch seine Frage selbst zu schaffen, sondern die Art und Weise, wie er redete. Indem er seine Sprechweise mit Ausdrücken wie »kein Witz«, »klare Sache« und »was Sie nicht sagen« pfefferte, ahmte mein Vater den amerikanischen Akzent nach. Seine Augen glänzten fiebrig, sein Gesicht und sein Nacken waren feuerrot. Ein anderer Kollege versuchte, ihn in ein anderes Gespräch einzubeziehen, doch seine Aufmerksamkeit galt ganz allein Ma und dem Amerikaner.

Danach orderte jemand – vermutlich ein Mitarbeiter vom Lehrstuhl – die Rechnung. Die Akademiker und ihre Ehepartner griffen nach ihren Brieftaschen und erhoben sich vom Tisch.

Auf dem Parkplatz ging Ma schnurstracks zum Wagen, ohne auf Bas Kommentare über diesen Abend einzugehen. Während des gesamten Heimwegs redete Ba weiterhin in diesem merkwürdigen Tonfall, und als Ma ihn aufforderte, es sein zu lassen, machte er große Augen und sagte, er wisse gar nicht, was sie meine.

Eines Abends, etwa einen Monat nach der Ankunft von Colin Clarke, kam Ba zum Abendessen nicht nach Hause. Auch am darauffolgenden Abend blieb er fern. Als er Stunden später endlich nach Hause kam, eilte Ma die Treppe hinunter. Die Tür zum Arbeitszimmer wurde zugeschlagen, und der Streit begann. Ich lag hellwach im Bett und lauschte. Ich war alt genug, um zu wissen, dass irgendetwas nicht stimmte.

Zuerst waren die Stimmen meiner Eltern so leise, dass ich sie nicht verstehen konnte. Doch dann hörte ich, wie Ba den Namen des Amerikaners mit diesem grauenhaften Akzent aussprach und die Stimme meiner Mutter immer schriller wurde.

In mir kamen wieder Bilder jenes Abends hoch: Wie Ma lauthals über die Witze von Colin Clarke gelacht hatte, wie seine Frau am Ende des Abends darauf verzichtet hatte, Ma die Hand zu schütteln, und stattdessen nur halbherzig gewinkt hatte. Die Stimmen meiner Eltern wurden immer lauter. Als ich es nicht mehr mit anhören konnte, sprang ich aus dem Bett und drehte den Wasserhahn der Badewanne bis zum Anschlag auf. Dort, im warmen Wasser, betrachtete ich meine Finger und Zehen, wie sie verschrumpelten, als wären sie uralt.

Der Streit meiner Eltern erstreckte sich über die gesamte Woche. An Tag vier spähte Ba nach Mitternacht in mein Zimmer, ging durch die halb offene Tür des angrenzenden Badezimmers, wo er mich schlafend im lauwarmen Wasser vorfand. Er hüllte mich in ein großes, weiches Badehandtuch und trug mich ins Bett.

Am nächsten Morgen brachte er mich zu Onkel Robert und Tantchen Tina, wo ich bleiben sollte, während er und Ma sich um »Erwachsenenangelegenheiten« kümmerten. Ich wies ihn nicht darauf hin, dass ich schon zu alt für eine solche Form von Erklärungen war.

Auf der Fahrt zu Onkel Robert waren wir zum ersten Mal seit Tagen wieder unter uns. Einerseits war ich wütend auf ihn, andererseits tröstete mich seine Anwesenheit. Unfähig, meine widersprüchlichen Gefühle in Worte zu packen, fragte ich bloß: »Wann kann ich wieder nach Hause?«

»Bald«, sagte mein Vater. »In ein paar Tagen kommen deine Ma oder ich dich abholen.«

In Singapur waren Scheidungen immer noch eine Seltenheit – ich hatte davon in Büchern gelesen, so wie von Santa Clause –, aber ich hatte trotzdem Angst. Was müsste geschehen, damit meine Mutter wieder in ihr geliebtes Amerika verschwand?

Vor dem Haus meines Onkels verzog Ba die Lippen zu einem müden Lächeln. Ich versuchte, sein Lächeln zu erwidern.

Mir lagen ganz viele Fragen auf der Zunge, doch ich spürte, dass dies nicht der richtige Zeitpunkt war und er vielleicht keine Antworten hatte.

Rückblickend ist schwer zu sagen, wie viel oder wenig ich von dem Konflikt meiner Eltern mitbekommen hatte. Kurz nach meinem viertägigen Aufenthalt bei Onkel Robert schaltete sich jedenfalls meine liebe Freundin Kat ein.

Kat war drei Monate jünger als ich, hatte aber immer schon reifer und älter gewirkt, vor allem, als wir Kinder waren. Dank des Einflusses ihrer älteren Schwester war Kat die Erste, die Lidschatten benutzte und eine Geburtstagsparty für Jungs und Mädchen gemeinsam gab. Sie war auch die Erste, die mich mit dem ausgesprochen singapurischen, postkolonialen Phänomen der *Sarong-Partygirls*, auch *SPGs*, bekannt machte.

An jenem Nachmittag lagen Kat, unsere andere beste Freundin Cindy und ich bäuchlings auf Kats Bett und sahen uns *Pretty Woman* an. Es waren die frühen Neunziger, und Filme mit der Altersbeschränkung ab 16 Jahren wurden zensiert, bevor sie bei uns zugelassen wurden. Und trotzdem zwang uns Kats Mutter noch, die ersten Minuten zu überspringen und vorzuspulen, da sie fand, der Anfang des Films sei für Mädchen unseres Alters unangemessen. Aber auch ohne die fehlenden Szenen erkannte ich an der Art, wie die chicken jungen Verkäuferinnen an ihren hohen, dünnen Nasen entlangschauten, dass die Hauptdarstellerin etwas Verruchtes an sich haben musste. Auch wenn ich noch nicht ganz begriff, dass sie eine Prostituierte war.

Schweigend sahen wir zu, fasziniert von den mit Palmen gesäumten Boulevards, den Luxuskarossen, flatternden Kleidern und passenden Hüten – nichts davon war wie das Amerika, das meine Mutter beschrieben hatte. Als das Bild nach der letzten Szene schwarz wurde, rollte Kat sich auf die Seite und stützte sich auf den Ellbogen. »Wisst ihr«, sagte sie beiläufig, »solche Frauen gibt es in Singapur auch.«

Irgendetwas in ihrem Ton signalisierte Gefahr. Ich wagte mich behutsam vor. »Was meinst du?«

»Ladys aus Singapur, die sich mit *ang mos* treffen«, erklärte sie, wobei sie den chinesischen Slangausdruck für »Weiße« benutzte. Sie beschrieb, wie ihre Eltern mit der ganzen Familie auf die Insel Sentosa gefahren waren und ihre Schwester ihr dort die SPGs gezeigt hatte – Frauen aus der Region in Bikinioberteilen mit Raubtiermuster und knappen Shorts, die falsche *ang-mo*-Strähnchen trugen, mit einem falschen *ang-mo*-Akzent sprachen und mit den reichen *ang-mo*-Männern flirteten.

SPG ist eine abwertende Bezeichnung und in etwa antonym zu Männern mit einem Asia-Fetisch. Dabei ist eine SPG aber auf keinen Fall eine Prostituierte. Doch angesichts der Tatsache, dass wir zehn Jahre alt waren und sowohl unter staatlicher als auch elterlicher Zensur standen, war Kats Vergleich mit einer Prostituierten nachvollziehbar.

Da ich nicht wusste, in welche Richtung dieses Gespräch laufen würde, blickte ich Cindy an, um zu sehen, ob sie ebenfalls so viele Fragen hatte wie ich. Doch sie senkte den Blick, völlig fasziniert von den Troddeln, die an der Bettdecke baumelten. Ich vermutete, dass sie das alles schon mal gehört hatte.

Kat beobachtete mich aufmerksam, während sie redete. »Meine Schwester hat mich gefragt, ob deine Mum ein Sarong-Partygirl war, aber natürlich habe ich Nein gesagt, *lah*. Diese Ladys ziehen sich an wie Nutten. Und sie sind jung.«

Diese Bemerkung irritierte mich noch mehr. Wieder blickte ich zu Cindy hinüber, um von ihr eine Bestätigung dafür zu bekommen, dass Kats Behauptung lächerlich war. Sie wich meinem Blick aus und verzog das Gesicht, als hätte sie ein supersaures Zitronenbonbon gegessen. Ich dachte an den

Streit meiner Eltern zurück: Etwas war passiert zwischen Ma und dem Amerikaner; etwas, das viel zu grotesk war, um es zu enthüllen.

Ich fragte mich, wer es noch wusste. Als Kats Mum uns zuvor von der Schule abgeholt hatte, hatte sie sich nach meinen Eltern erkundigt. Bis dahin hatte ich mir darüber nicht viele Gedanken gemacht, doch nun fragte ich mich, ob sie nicht etwas übertrieben besorgt gewirkt hatte, so als habe sie nicht nur aus Höflichkeit gefragt. Wie hatte sie vom Streit meiner Eltern wissen können? Und was war mit meinen Schulfreunden? Wem hatte Kat noch davon erzählt?

Die Tränen herunterschluckend, bat ich darum, das Telefon im Nebenzimmer benutzen zu dürfen. Als meine Mutter abnahm, bat ich sie mit erstickter Stimme, mich auf der Stelle abzuholen.

Eine Viertelstunde später hielt sie vor dem Tor und winkte mir vom Fahrersitz aus lässig zu.

Selbst jetzt kann ich mich noch an das Grinsen auf Kats Gesicht erinnern – an die zusammengekniffenen Augen und das halbe Lächeln, das eher zu jemandem gehören zu schien, der doppelt so alt war wie sie.

Als ich später aufs Internat ging und aufhörte, das Haus meiner Eltern als mein Zuhause zu betrachten, nahm ich meinen Mut zusammen, um meine Mutter zu fragen, und natürlich gab sie mir eine ehrliche Antwort.

In den darauffolgenden Jahren hatte ich mir ihre Worte immer wieder durch den Kopf gehen lassen, Lücken ausgefüllt und Details hinzugefügt – bis die Szenen in meinem Gedächtnis wie ein Film abgespult wurden, wie etwas, das ich mit eigenen Augen gesehen hatte:

Am Abend nach dem katastrophalen Abendessen findet sich die temperamentvolle Dozentin vor der Bürotür des bedeutenden Gastes wieder. Dort zögert sie, bebt, ringt bereits mit dem

Vorwand, dass sie gekommen sei, um sich zu entschuldigen. Doch dann atmet sie tief durch und klopft an die Tür. Er sagt, sie möge eintreten. Er ist groß, schlank, beeindruckend und für einen Mann seines Alters sehr fit. Er bietet ihr einen Stuhl an und wischt ihre Entschuldigung mit einem herzhaften amerikanischen Lachen beiseite. Sie führen die Diskussion des gestrigen Abends fort, dann erkundigt er sich nach ihrer Forschungsarbeit über Dualla Misipo oder Kum'a Ndumbe III., beides Schriftsteller aus dem Kamerun, die in Deutsch geschrieben hatten.

Bald darauf ist die erste halbe Stunde verflogen, dann eine zweite, bis einer von den beiden den Vorschlag macht, den Campus zu verlassen und das Gespräch bei einem Drink fortzusetzen. Einer von beiden wirft einen Blick auf die Armbanduhr, vielleicht sehen auch beide auf die Uhr, doch keiner weist darauf hin, dass es gerade einmal drei Uhr nachmittags ist.

Der feuchtfröhliche Nachmittag zieht sich bis in die späten Abendstunden – es folgen weitere Abende an Ecktischen in ruhigen, schummrigen Restaurants oder im Konzerthaus und Treffen in einem ihrer Büros, wo sie bei halb geöffneter Tür über Bücher sprechen.

Auch wenn ich es versuche, kann ich mich nicht daran erinnern, meine Mutter damals betrunken erlebt zu haben. Vielleicht war sie so umsichtig, erst nüchtern zu werden. Vielleicht wusste ich auch nicht, woran ich es hätte erkennen können. Oder vielleicht kam sie erst nach Hause, nachdem mein Vater mich ins Bett gebracht hatte.

Das scheint keine Rolle zu spielen – denn egal, wie lange sie fort war, sie kam immer wieder nach Hause. Obwohl der Amerikaner ihr sagte, sie sei viel zu brillant für diese zweitklassige Institution, und obwohl er sie bekniete, nach Chicago zu kommen, wo er für sie eine Stelle finden würde, und obwohl er ihr hoch und heilig versprach, seine Frau mit den aufgebauschten Haaren zu verlassen, hatten sie eine rein platonische

Beziehung. Auf unserer kleinen Insel war es allerdings schon ein Skandal, dass man Ma und den Amerikaner überhaupt miteinander sah.

Meine Mutter hatte sich von ihren eigenen Eltern distanziert, seit sie von ihnen unter Druck gesetzt worden war, wieder nach Hause zu kommen. Deshalb konnte ich nur ahnen, wie groß deren Kummer war. Im Gegensatz dazu machten Ahkong und Amah keinen Hehl aus ihrer Wut. Sie waren nie überzeugt gewesen von der Heirat meiner Eltern, und nun pflanzten sie sich vor unserem Esstisch auf und drängten ihren Sohn, der Sache ein Ende zu machen und neu anzufangen, während ich oben saß und bestürzt zuhörte. In jenem Moment begriff ich, dass meine Eltern und ich eine eigene, labile Einheit waren. Jeder, ganz gleich, wie gut seine Absichten waren, würde jederzeit eine potenzielle Bedrohung darstellen.

Gott sei Dank bot Ba seinen Eltern ein weiteres Mal die Stirn. Mein Vater und meine Mutter blieben zusammen, und mit der Zeit, zumindest habe ich es so gesehen, kehrte das Leben wieder zur Normalität zurück.

In den Monaten, die auf ihre Versöhnung folgten, verpasste Ba kaum ein Abendessen zu Hause. Ma wies das Hausmädchen an, Bœuf Bourguignon, Schweinelendchen mit Äpfeln und Lammkarree zuzubereiten – alles Gerichte, die mein Vater liebte, meiner Mutter aber für den Alltag zu mächtig waren. Auf der Straße gingen meine Eltern Hand in Hand, die Finger leicht ineinander verschränkt. An Mas vierzigstem Geburtstag flogen sie nach San Sebastian und kehrten gebräunt und mit handgeschriebenen Speisekarten von mit Michelin-Sternen ausgezeichneten Restaurants zurück. Ma hörte sogar auf, in den Erinnerungen an ihre Jahre in Amerika zu schwelgen. Nach über zehn Jahren Ehe schien sie endlich bereit zu sein, ihr Leben in Singapur zu umarmen.

So begeistert ich auch war, meine Eltern glücklich zu sehen, begriff ich, dass die beiden, sogar in unserer kleinen Dreipersonenfamilie, eine selbstständige Einheit waren. Wie erklärte es sich sonst, dass mein Vater seine ganze Energie darauf verwendete, es vor mir geheim zu halten, als Mutter begann, immer mehr zu trinken und sich zum Abendessen eine Flasche Wein öffnete, um bis tief in die Nacht hinein ein Glas nach dem anderen zu trinken?

Dennoch gab es seit meiner Rückkehr Momente, in denen es nicht schwer war, den Stress zu übersehen, den die Krankheit und der Alkoholismus meiner Mutter in ihrer Ehe verursachte. In den letzten paar Wochen war ich öfter hineingeplatzt, als meine Eltern auf dem Zweiersofa vor dem Fernseher saßen, ihre Unterarme ineinander verschlungen – als wäre ihnen diese Haltung gar nicht bewusst. In solchen Momenten wollte ich glauben, dass Ba einen Weg gefunden hatte, ihr zu vergeben, ganz gleich, wie tief ihn Mas Betrug verletzt hatte. Und dass Ma trotz allem, was sie aufgegeben hatte, Zufriedenheit gefunden hatte.

8

Nun, da sich die Situation mit Cal geklärt und Onkel Robert meinem Vater versichert hatte, alles unter Kontrolle zu haben, lehnte mein Vater sich entspannt zurück und sah seinem Ruhestand entgegen. Er nahm sich vor, nur noch an zwei Tagen in der Woche bei Lin's zu arbeiten, also fuhr ich am Montag ohne ihn ins Büro.

Ich hatte mir einen Tag freigenommen, um meine Eltern ins Krankenhaus zu begleiten, doch als ich wieder zur Arbeit kam, hatte ich das Gefühl, wochenlang weg gewesen zu sein. Obwohl es noch nicht einmal halb acht war, herrschte auf dem Flur rege Betriebsamkeit. Die Leute aus der Abteilung Vertrieb und Marketing hatten sich mit Ordnern so dick wie Großwörterbücher im Konferenzraum verkrochen. Die zwei Jungs aus der Finanzabteilung eilten zwischen ihren Zellen hin und her. Selbst Shuting war zu beschäftigt, um aufzublicken, als ich vorbeiging.

Ich legte meine Tasche auf den Schreibtisch und ging direkt in Frankies Büro, wo sie mit Jason aus dem Vertrieb saß.

»Danke, dass Sie mir die Zahlen so kurzfristig zusammengestellt haben«, sagte sie mit einem umwerfendem Lächeln.

Jason schob die Hände in die Hosentaschen und zog die Schultern bis zu den Ohren hoch. »Jederzeit. Lassen Sie es mich wissen, wenn Sie noch etwas brauchen.« Er nickte mir zu, als er ging, blieb aber noch einmal stehen, um sich eine Handvoll Kugelschreiber von einem Regal zu nehmen, auf dem immer noch Büromaterial herumlag.

»Warum sind denn heute alle schon so früh im Büro?«, fragte ich.

Frankie sah sonnengebräunt aus und schien während des Strandtags mit ihren Freunden noch blonder geworden zu sein. Als sie den Kopf drehte, sah ich einen rosigen Sonnenbrand auf der Spitze ihres Ohrs. »Hast du's noch gar nicht gehört? Die Leute von Mama Poon statten uns einen Besuch ab.«

Ich kannte Mama Poon, die angesagte Lebensmittelkette aus Kalifornien, von der die Experten sagten, sie würde den Lebensmittelsektor revolutionieren. Kurz bevor ich nach Singapur aufgebrochen war, hatte am Ende meiner Straße eine ihrer Filialen eröffnet. Ich hatte eine Stunde damit verbracht, durch die Gänge zu schlendern und japanische Cracker in Reispapier mit Kirschblütenmuster und Marzipan mit Schokoladenüberzug in roter Metallfolie zu den Grundnahrungsmitteln in den Wagen zu legen. Wie alle Filialen der Kette sah der Markt wie eine Bretterbude am Meer aus, inklusive des fröhlichen Personals in bunten Hawaiihemden.

Ich versuchte mir vorzustellen, wie ebendiese Angestellten durch unser Büro zogen. »Was wollen die hier?«

Frankie bedeutete mir, mich zu setzen. Dann erklärte sie, dass die Lebensmittelkette ihre hauseigene Produktlinie erweitern wolle – Produkte von Fabriken aus der ganzen Welt, die unter Mama Poons Namen verkauft werden sollten, unter anderem auch Sojasoße. Benjamin Rosenthal, der legendäre Gründer von Mama Poon, hatte höchstpersönlich drei konkurrierende Firmen ausgewählt, die in Frage kamen; eine in Kuala Lumpur, eine in Tainan und unsere.

»Er wird morgen herkommen. Um Proben von unserer Fiberglas-Soße mitzunehmen«, sagte Frankie.

Als ich unbeeindruckt dreinsah, versuchte sie es noch mal: »Benji Rosenthal besucht Lin's. *Der* Benji Rosenthal.«

Benji Rosenthal war ein alternder Hippie mit einem hüftlangen, grauen Zopf, dessen Weg zum kapitalistischen Erfolg in

sämtlichen Wirtschaftshochschulen Amerikas als Fallstudie mytho-
logisiert wurde. In den Achtzigern war er als Surfer und Kiffer in
ganz Südostasien unterwegs gewesen und hatte sich irgendwann
mit Mama Pun, einer älteren thailändischen Dame, angefreundet.
Als Gegenleistung für die Arbeiten, die er in und an ihrem Haus
erledigte, überließ ihm Mama Pun das winzige Zimmer, das ihrem
unlängst verstorbenen Sohn gehört hatte. Als ihre Arthritis sie beinahe völlig lähmte, übernahm Benji Rosenthal in ihrem Zweiper-
sonenhaushalt das Kochen. Unter ihrer strengen Aufsicht lernte er,
Currys mit Kokosnussmilch, würzig-scharfe Salate und herzhafte,
mit Fleisch oder Fisch gefüllte Omelettes herzustellen, die grund-
legenden Gerichte der zentralthailändischen Küche. Er kümmerte
sich um die alte Dame bis zu dem Tag, an dem sie starb.

Als er nach Kalifornien zurückkehrte, fiel Benji Rosenthal
auf, wie schwer es war, seine Lieblingsgerichte ohne Kardamom,
Thai-Koriander oder Galgantwurzel nachzukochen. In einem
Anflug von sentimentalem Frust eröffnete er in Santa Barbara
einen kleinen Laden, den er zum Gedenken an seine alte Freundin
Mama Poon nannte. Ihren Namen hatte er aus Marketinggrün-
den anglisiert. In den darauffolgenden Jahren war dieser kleine
Laden zu einer Kette ernstzunehmender Lebensmittelgeschäfte
herangewachsen, die exotische Produkte in hervorragender Qualität anbot. Achtzehn Filialen waren in Kalifornien, Oregon und
Washington wie Pilze aus dem Boden geschossen; im kommenden Jahr würden drei weitere an der Ostküste eröffnen.

»Schon kapiert«, sagte ich. »Er ist eine große Nummer. Aber
wir haben gerade erst angefangen, mit den Fiberglastanks zu
experimentieren. Wir wissen doch noch gar nicht, ob die neue
Soße überhaupt was taugt.« Nach dem Debakel mit Cals Fertig-
soßen hatte ich eigentlich damit gerechnet, dass mein Onkel
vorsichtiger vorgehen würde. Ich selbst hatte das neue Produkt
noch nicht probiert, doch Ba hatte mir versichert, die Soße
habe einen Geschmack wie *gao sei* – eine Beschreibung, die ich

auf Englisch sicher noch ekliger und weniger lustig gefunden hätte als auf Chinesisch: Hundescheiße.

Frankie zuckte mit den Schultern. »Das muss Benji Rosenthal entscheiden. Was sollen wir denn deiner Meinung nach tun? Ihm absagen?«

»Auch wieder wahr«, sagte ich.

Sie nickte kurz und kratzte sich die sonnenverbrannte Spitze des Ohrs.

»Wie war's am Strand?«

»Es war einfach super«, antwortete sie.

»Mein Wochenende war auch gut.« Ich erwartete, dass Frankie sich nach meiner Mutter erkundigen und mir sagen würde, man habe mich vermisst.

»Schön, das freut mich«, sagte sie und machte sich daran, die ganzen Aufgaben zu notieren, die wir heute zu erledigen hatten.

Ich musste nicht lange warten, bis ich in den Genuss einer Kostprobe von Lin's Fiberglas-Soße bekam. Ich saß an meinem Schreibtisch und starrte auf mein Handy, um mit Willenskraft einen Anruf von James zu erzwingen, als Onkel Robert Frankie und mich in sein Büro rief.

Mein Onkel stand mit dem Rücken zu uns vor dem Fenster und hielt eine kleine Flasche gegen das Licht. Als er uns hörte, drehte er sich um. »Willkommen in der Zukunft«, begrüßte er uns. »Lin's Sojasoße 2.0.« Mr Liu, Lin's Laborleiter, hatte eine Probe der neuen Soße vorbeigebracht, die wir dem gesamten Team von Mama Poon präsentieren würden.

Ich nahm meinem Onkel die Flasche ab, die er mir hinhielt und die von seiner Hand noch ganz warm war. Ich hielt die Flasche auf Augenhöhe und sah, dass es eine dunkle, trübe, fast undurchsichtige Soße war – ganz anders als die gelbbraune, lichtdurchlässige, die wir in unseren Steinfässern brauten.

»Also, Gretchen, du kannst dir ja sicher vorstellen, dass sie nicht wie unsere Premiumsoße schmeckt«, warnte mich Onkel Robert vor, als er ein weißes Porzellanschälchen über den Tisch schob. Er wandte sich Frankie zu. »Sie hat einen Gaumen wie ihr Vater.«

»Sei froh, dass ich aus der Übung bin«, sagte ich. Ich goss Soße in das Schälchen und schnupperte ein paarmal kurz daran. Ich erwartete die zitronigen Kopfnoten und die runde karamellartige Basis, die die Markenzeichen unseres Gebräus waren.

Doch diese Soße roch dick und fleischig, so flach und dumpf wie eine alte Münze. Ich tippte die Spitze meines kleinen Fingers hinein und tupfte die Soße auf meine Zunge. Ein salzig-süßer Stoß griff meinen Gaumen an, verflog aber fast sofort wieder und hinterließ einen wässrig-metallischen Nachgeschmack.

Plötzlich war ich erleichtert, dass die Soße meine Erwartungen nicht übertroffen hatte. »Besser kriegt Mr Liu es nicht hin?«, fragte ich.

Mein Onkel seufzte. Er tunkte die Spitze seines kleinen Fingers in das Soßenschälchen, nahm den Finger in den Mund und sog hörbar daran. Dann schloss er einen Moment lang die Augen und sagte: »Sie ist nicht ideal.«

»Das kannst du laut sagen«, sagte ich lachend. Ich hatte mir noch nicht ernsthaft klargemacht, wie stark eine Partnerschaft mit Mama Poon unsere Firma in Zukunft prägen würde.

Ohne auf meine Bemerkung zu reagieren, schob mein Onkel das Schälchen über den Tisch zu Frankie hinüber. Sie tunkte den Finger hinein, so wie mein Onkel und ich es getan hatten, und probierte die Soße. Für jemanden, der gerade einmal eine einzige Sojasoßenverkostung hinter sich hatte, wirkte sie erstaunlich zuversichtlich.

Onkel Robert sagte: »Vergessen Sie nicht – *ah*, diese Soße ist preiswerter und wird in größeren Mengen hergestellt als unsere Premiumsoße. Sie ist genau das, wonach Mama Poon sucht.«

Frankie fuhr sich mit der Zunge über die Vorderzähne und sagte: »Ganz ehrlich, ich finde, sie schmeckt gut.«

Mein Kopf fuhr zu ihr herum, und sie sagte: »Ich meine, unter diesen Umständen.«

»Ganz genau«, sagte mein Onkel. »Wir müssen realistisch sein.«

»Robert hat recht«, sagte sie und sah mich direkt an, als ob ich widersprochen hätte. Offenbar war es ihr entgangen, dass hier jeder meinen Onkel »Mr Lin« nannte. Sie fuhr fort: »Diese Fiberglas-Soße richtet sich an eine andere Konsumentengruppe. Würden die Kunden von Mama Poon wirklich den Unterschied schmecken?«

Ich verkniff es mir, darauf hinzuweisen, dass Ahkong sich vor fünfzig Jahren exakt das Gleiche hatte anhören müssen. Onkel Robert hatte mich gebeten, die Soße zu probieren, und ich hatte ihm gesagt, wie sie mir schmeckte. Alles andere – die Fiberglastanks, der Mama-Poon-Deal, das USA-Expansionsprojekt – war ihre Angelegenheit. Sie mussten sich nicht vor mir rechtfertigen.

Doch obwohl ich versuchte, mir einzureden, dass das alles mich wenig kümmerte, fragte ich mich, was Ahkong wohl über Mama Poon gedacht hätte. Vor allem, weil es gerade einmal eine Woche her war, dass Frankie und ich übereingekommen waren, Lin's solle sich auf seine traditionelle Herstellungstechnik besinnen und lieber die Reichweite der Premiumsoße vergrößern, als rein unternehmerische Ziele zu verfolgen.

»Hat mein Vater die schon probiert?«, fragte ich.

Mein Onkel pflanzte die Ellbogen auf die Schreibtischplatte und stützte das Kinn in die Hände. Seine Finger bedeckten die vollen Wangen, und einen Augenblick erhaschte ich einen Blick auf den Jungen, der er früher gewesen sein musste, Ah Xiongs jüngerer Bruder. »Sagen wir so, er hätte damit lieber nichts zu tun gehabt«, sagte er. Er setzte sich wieder gerade hin und dehnte die Arme wie ein Opernsänger, der kurz davor war, eine Arie zu schmettern. »Aber das ist die Sache beim Geschäftemachen, *lah*. Du kannst nicht einfach einen Weg einschlagen und ihm blindlings folgen.«

»Das sehe ich genauso«, schaltete Frankie sich ein. »Erfolg beruht allein darauf, flexibel zu sein. Auf der Bereitschaft, sich zu verändern.«

Die beiden tauschten ein zufriedenes Lächeln aus, und ich beschloss, für den Rest des Treffens meinen Mund zu halten.

Durch das Fenster sah man unten auf dem Innenhof einen Arbeiter mit einem breitkrempigen Strohhut und einem langen Holzpaddel in der Hand durch die Reihen der Steinfässer gehen. Er hob den Deckel jedes Fasses an und rührte die Mischung darin kräftig um.

Als Kind hatte ich es geliebt, dem damit beschäftigten Arbeiter in meinem knielangen Poloshirt hinterherzuschlurfen und auf Zehenspitzen über den Rand der Fässer zu lugen. Ich war völlig verrückt danach gewesen, mitzuhelfen. Quengelte ich lange genug und hatte der Arbeiter noch etwas Zeit, durfte ich meine Fäuste um das Holzpaddel schließen. Dann biss ich die Zähne zusammen, blinzelte durch die Schweißtropfen hindurch und rührte, so gut ich konnte. Selbst hier oben, in Onkel Roberts klimatisiertem Büro, konnte ich den scharfen, salzigen Geruch der gegorenen Bohnen heraufbeschwören; ich konnte fühlen, wie sich der Inhalt des Fasses wie ein lebendiges Ding um mein Paddel herumbewegte, während ich fleißig rührte.

Mein Onkel erklärte uns, dass Frankie und ich uns an diesem Nachmittag ausschließlich um die Folien für die morgige Präsentation kümmern müssten. »Wir haben nicht viel Zeit, ich weiß eure Flexibilität sehr zu schätzen.«

Unten auf dem Innenhof zog der Arbeiter das Paddel gerade aus dem letzten Fass. Er wischte sich mit dem Ärmel seines gelben Poloshirts den Schweiß von der Stirn und hängte das Paddel an einen Haken an der Wand.

Gegen sechs am Abend waren Frankie und ich immer noch Stunden davon entfernt, unsere Aufgabe erfüllt zu haben. Mir machte es nichts aus, länger zu bleiben, ich musste ja sowieso nirgendwohin.

Auf seinem Weg nach draußen klopfte mein Onkel an meine Tür. Er hielt einen Essensbehälter aus Styropor in der Hand. »Ich habe Mr Liu gesagt, er solle weiter an der Soße arbeiten«, sagte er. »Denn besser geht natürlich immer, *lah*. Das vergessen wir manchmal.« Er klang zwar fröhlich, sah aber abgespannt aus. Seine Haut war grau und stumpf, die Wangen waren unter ihrem Eigengewicht eingefallen. Zum ersten Mal dachte ich darüber nach, was für eine Herausforderung es für ihn sein musste, das Projekt seines Sohnes zu übernehmen.

Ich sagte: »Es tut mir leid, wenn ich gerade etwas schwierig war. Ab sofort überlasse ich dir und Frankie die strategische Arbeit.«

Er lächelte mich traurig an. »Du machst deine Arbeit wirklich gut. Ich weiß, dein Vater ist stolz auf dich.«

Ich fragte mich, wie es sich anfühlte, das Vertrauen in das eigene Kind zu verlieren. Gab Onkel Robert sich selbst die Schuld an Cals Fehlern?

Seit ich mich erinnern konnte, hatte mein Cousin vor nichts Angst gehabt. Er hatte eine Art, jeden um sich herum einzuschüchtern, selbst seine eigene Mutter. In der Grundschule hatte ich bei ihnen oft Brettspiele mit Lily und Rose gespielt. Cal machte nie mit. Er war vier Jahre älter und zu jener Zeit ein launischer Teenager. Doch sobald unsere Monopoly-Runde wilder und unser Geschrei lauter wurde, stürmte er aus seiner dunklen Höhle von einem Zimmer heraus zu uns und fegte mit dem Arm über das Spielbrett. Winzige rote, blaue und grüne Häuser purzelten mir in den Schoß, aber ich war viel zu ängstlich, um etwas zu sagen. Wenn mein Onkel zu Hause gewesen wäre, hätte er Cal einen Rüffel erteilt, den dieser mit geneigtem

Kopf, aber stahlhartem Blick entgegengenommen hätte. Selbst wenn man ihm die Leviten las, zeigte mein Cousin keine Furcht.

»Onkel Robert«, fragte ich. »Wie nimmt Cal das alles eigentlich auf?«

Mein Onkel schrak zusammen. »Ihm geht's gut«, antwortete er etwas zu laut. Er sah auf den Boden, dann schien er verdutzt darüber zu sein, einen Styroporbehälter in seiner Hand zu halten. »Hier, das ist der Rest vom Mittagessen«, sagte er, ohne mich anzusehen. »Bleib nicht zu lange, okay? Frankie, Sie auch nicht.« Und dann war er weg.

Bald waren Frankie und ich die Einzigen im Gebäude.

Als wir zu ausgehungert waren, um weiterzuarbeiten, gingen wir in den Aufenthaltsraum. Wir setzten uns auf die Anrichte neben der Spüle und reichten uns abwechselnd die Reste des Mittagessens meines Onkels. Zunächst versuchten wir, die kalten Nudeln mit einer Plastikgabel zu essen, die wir in einer Tasse auf einem Regal fanden, doch dann gaben wir auf und benutzten unsere Finger.

Ohne preiszugeben, dass Cal gefeuert worden war, versuchte ich Frankie zu erklären, warum mich der kleine Austausch mit meinem Onkel so berührt hatte. »Er tut mir leid«, sagte ich. »Er mag der Direktor der Firma sein, aber er kann keine Entscheidung fällen, ohne alle anderen mit einzubeziehen.« Ich musste lächeln, als ich mich an die Reaktion meiner Mutter auf den neuen, pistaziengrünen Anstrich der Büros erinnerte: Sie hatte damit gedroht, ihr eigenes Malerteam herzuschicken. Mitten in der Nacht.

»Er hat gesehen, wie dein Vater dieselbe Sache durchgestanden hat«, sagte Frankie. »Ihm war sicher klar, worauf er sich einlässt.«

Ihr Mangel an Mitgefühl überraschte mich. »Vielleicht. Trotzdem ist es hart. Aber das bedeutet nicht, dass ich die neue Soße gutheiße. Kein Mensch hätte es gewagt, vor meinem Großvater das Wort ›Fiberglas‹ in den Mund zu nehmen.«

Frankie wischte sich die Hände mit einem Papiertuch ab, klopfte sich auf die Stelle, an der einmal ihr Bauch gewesen war, und sagte, sie sei satt. Obwohl ich immer noch Hunger hatte, sah ich mich genötigt, ebenfalls aufzuhören.

Sie sagte: »Soweit ich gehört habe, war dein Großvater jemand, der Risiken einging. Wer weiß, vielleicht hätte er dieses Risiko unterstützt.«

Den ganzen Tag lang hatte sie allem widersprochen, was ich gesagt hatte. Nach elf langen Stunden dieses Arbeitstags hatte ich genug. Ich sagte: »Lin's stellt Sojasoße her. Handgefertigte Sojasoße, bei der einem das Wasser im Mund zusammenläuft. Dieser Fiberglas-Mist kommt nicht mal annähernd an sie heran.«

Sie hob verteidigend die Hände, was mich noch mehr ärgerte. Sie sagte: »Okay, du hast recht, was weiß ich schon?« Sie ließ Wasser aus dem Hahn in ein Glas laufen, trank und füllte es erneut. »Willst du auch?«, fragte sie und hielt mir das Glas hin.

Ich schüttelte den Kopf. Um die Wogen wieder zu glätten, sagte ich: »Erzähl mir vom Wochenende.«

Ihr Gesicht begann zu strahlen. »Du glaubst nicht, in was mich deine verrückte Freundin Kat reingequatscht hat.«

»Was?«, fragte ich liebenswürdig.

»Ich hab mir einen Bikini gekauft. Meinen allerersten.«

»Du warst mit Kat einkaufen?« Ich versuchte so neutral wie möglich zu klingen.

»Ja, Freitag nach der Arbeit«, sagte sie und erzählte mir dann von dem Strandausflug und dem spontanen Beachvolleyball-Turnier, in das sie hineingeraten waren. »Gemischte Teams«, sagte sie. »Gott sei Dank sind Pierre und James noch aufgetaucht.«

Mein Körper wurde eiskalt. »James?«

»Ja, er kam mit Pierre«, sagte sie und hielt inne, als sie mein Gesicht sah. »Ich dachte, du wüsstest das.«

Ich sagte nichts.

146

»Aber du warst ja auch schon verplant«, fuhr sie fort. »Du wolltest mit deiner Mutter zu Hause bleiben.«

»Da war ich auch.«

»Wie geht's ihr?«

»Schon besser, danke der Nachfrage«, entgegnete ich.

Frankie beugte sich vor. »Und was läuft da zwischen dir und James?«

Ich wollte alles teilen, wirklich, das wollte ich. Würde Frankie denken, ich hätte einen fatalen Fehler gemacht, weil ich gleich nach dem ersten Date mit James mit zu ihm gegangen war?

Ich verabscheute mich selbst dafür, dass mir dieser Gedanke in den Sinn kam. Und dann verabscheute ich mich dafür, dass ich mich in die Sache mit diesem Mann hineinsteigerte, der ganz offensichtlich kein Interesse an mir hatte. Ich sagte: »Es war bloß ein Date. Ich glaube nicht mal, dass ich ihn noch einmal sehen werde.«

Sie ließ nicht locker. »Sicher, dass alles in Ordnung ist?«

Ich blickte auf die Uhr der Mikrowelle. Es war halb neun. »Wir sollten wieder an die Arbeit gehen.«

Sie betrachtete mich noch ein, zwei Takte lang prüfend, dann gähnte sie und reckte die Arme.

»Wie lange, glauben die wohl, können wir ohne Cal weiterarbeiten?«, fragte sie.

Es war eine rhetorische Frage, doch ich ergriff diese Möglichkeit, um wieder die Oberhand zu gewinnen. Onkel Robert würde schon sehr bald die Neuigkeit verkünden, daher hatte ich keine Bedenken, ihr die Wahrheit zu sagen.

»Frankie, sagte ich. »Cal ist raus.«

Ich wiederholte das, was mein Vater mir gesagt hatte; ihr fassungsloser Gesichtsausdruck tröstete mich nur schwach.

Um neun Uhr vereinbarten wir, am nächsten Morgen früh anzufangen. Dann fuhr ich sie nach Hause.

Zurück im Haus meiner Eltern fand ich einen offiziell ausse-
henden Umschlag, den mir jemand auf meinen Schreibtisch
gelegt hatte, vermutlich Cora. Die Adresse des Absenders war
in San Francisco, und ich wusste sofort, der Brief musste von
einem Rechtsanwalt kommen, den Paul beauftragt hatte. Eine
vertraute Panik packte mich, gegen die ich nichts ausrichten
konnte: Das Gefühl, jeden Moment zu ersticken, egal, wie sehr
ich auch nach Luft schnappen würde.

Irgendwie gelang es mir, meine Hände zu beruhigen und
den Umschlag zu öffnen, nur um mich dabei wiederzufinden,
wie ich auf ein Schreiben des Konservatoriums starrte, in dem
um eine Anzahlung für das nächste Semester gebeten wurde.

Ich schloss die Augen. Mein Atem wurde langsamer. Und
dann stand ich an der Ecke von Franklin Street und Oak Street.
Die Klänge einer einzelnen Trompete wehten aus dem geöffneten Fenster eines Übungsraums, der leichte Windstoß wirbelte
ein paar gelbe Blätter um meine Füße, das Sonnenlicht war so
hell, dass ich kaum meine Augen öffnen konnte.

Ich unterschrieb das Formular, ohne es zu lesen, fand eine
Briefmarke, die ich auf den Umschlag klebte, und legte ihn
genau in die Mitte meines Schreibtisches, als ob ich ohne diese
Erinnerung vergessen würde, meinen Vater um einen Scheck
zu bitten.

9

Frankie und ich hatten gerade die letzten Änderungen an den Folien für die Präsentation meines Onkels vorgenommen, als die Tür des Konferenzraums aufschwang. Jemand betätigte den Lichtschalter, und die Deckenleuchten gingen eine nach der anderen an.

Mein Onkel kam als Erster rein. Er hatte sich dem Anlass entsprechend gekleidet und trug ein langärmliges Button-down-Hemd statt eines seiner abgenutzten Kurzarmhemden, die er so liebte. Ich lächelte ihm aufmunternd zu, doch er schien keine Notiz davon zu nehmen.

Dicht hinter ihm war der legendäre Benji Rosenthal: Im mittleren Alter, groß, schmal und kräftig wie ein Tänzer, gekleidet in ein Hawaiihemd, sein Markenzeichen. Offenbar hatte er sich für niemanden chic gemacht. Begleitet wurde er von seinem Assistenten, einem schlaksigen Jungen in einem ähnlichen Hemd, der kaum alt genug aussah, um das College beendet zu haben.

Nachdem sich alle miteinander bekannt gemacht hatten, nahmen wir unsere Plätze am Tisch ein – wir in unserem adretten Businessoutfit, sie in ihrem Strandoutfit. Frankie dimmte das Licht.

Doch anstatt mir zu bedeuten, mit der Präsentation zu beginnen, schob Onkel Robert den Hemdsärmel hoch und schaute auf seine Armbanduhr. Er runzelte die Stirn und rutschte auf seinem Stuhl hin und her. So nervös hatte ich ihn noch nie gesehen. Dann straffte er die Schultern, lehnte sich zurück und erkundigte sich bei Benji Rosenthal, ob dieser einen guten Flug gehabt habe und während seines Aufenthalts Gelegenheit zum Sightseeing hätte.

Frankie und ich blickten uns an.

»Leider müssen wir nach dem Termin sofort wieder zum Flughafen«, sagte Benji Rosenthal. Er hatte eine dröhnende, volle Stimme und ein Funkeln in den Augen, als würde er jeden Moment einen Witz machen.

Der Assistent, der offenbar kein Interesse an dem Gespräch hatte, widmete sich dem mobilen Gerät in seiner Hand.

»Natürlich«, sagte Onkel Robert. »Wie schade, dass Sie den ganzen Weg hergekommen sind und keine Zeit haben, sich etwas anzusehen.« Er schaute ein weiteres Mal auf seine Uhr und fing an, die verschiedenen Touristenattraktionen aufzuzählen, die die Amerikaner verpassen würden: Den Vogelpark Jurong, den Nachtzoo und natürlich Chinatown, wo gerade die Vorbereitungen für das bevorstehende Fest der hungrigen Geister in vollem Gange waren.

Gegenüber am Tisch wies Frankie mit dem Kopf in Richtung Lichtschalter an der Rückwand, um zu fragen, ob sie das Licht wieder einschalten solle oder wir das Gespräch im halbdunklen Licht des Overheadprojektors fortführen wollten. Ich schüttelte fast unmerklich den Kopf.

In diesem Moment schwang die Tür auf.

»Sicher, sicher«, sagte jemand zu einem unbekannten Zuhörer. »Bis später dann, ja?«

Ich erkannte die Stimme sofort.

Ein blank polierter brauner Slipper trat durch die Tür, gefolgt von einem Bein, das in einer grauen Hose steckte, und einem pinkfarbenen Hemdsärmel. »Es tut mir wahnsinnig leid, dass ich so spät bin«, sagte Cal. Sein breites Lächeln versicherte uns, dass er einen absolut guten Grund für seine Verspätung hatte – so absolut gut, dass es gar nicht notwendig war, ihn zu erklären.

Frankie saß mit offenem Mund da. Als ich ihren Blick auffing, presste sie die Lippen zusammen und blickte zur Seite. Ich hätte nicht sagen können, ob sie wütend auf mich war oder einfach nur fassungslos. Ich wollte klarstellen, dass ich sie nicht angelogen hatte und genauso erstaunt war wie sie.

Onkel Robert schüttelte zwar missbilligend den Kopf, konnte seine Freude aber nicht verbergen. »Darf ich Sie mit meinen Sohn bekannt machen?«, sagte er zu Benji Rosenthal. »Mein Ältester. Haben Sie Kinder?«

»Nicht, dass ich wüsste«, sagte der Amerikaner augenzwinkernd und fügte dann etwas sachlicher hinzu: »Nur meine Firma.«

Nur der Assistent lachte kurz auf.

»Calvin Lin«, sagte Cal und streckte Benji Rosenthal die Hand entgegen. »Ist mir eine große Freude und Ehre, Sie kennenzulernen.« Die großen, glatten Zähne meines Cousins strahlten weiß in seinem breiten Gesicht. Seine Haut war sonnengebräunt von seinem Aufenthalt auf den Malediven, wo er auf Neuigkeiten über seine Zukunft bei Lin's gewartet hatte. Er stellte sich dem Assistenten vor und danach Frankie, der er den Handrücken tätschelte und sagte, er habe nur Gutes gehört. Sie errötete und senkte den Kopf.

Als er um den Tisch herum auf meine Seite kam, klopfte er mir unsanft zwischen die Schulterblätter und sagte: »Willkommen zurück, Gretch.«

»Gleichfalls«, sagte ich und blickte geradewegs meinen Onkel an.

Onkel Robert ließ seinen Blick über die Leinwand, über die Decke und über seine Hände wandern, nur mich sah er nicht an. »Dann können wir ja anfangen, oder?«

Während mein Zeigefinger über der Tastatur meines Laptops schwebte, stellte ich mir vor, wie ich den Stuhl nach hinten stieß und den Flur hinuntereilte, um Ba anzurufen.

An diesem Morgen war mein Vater beim Frühstück hinter seiner Zeitung unsichtbar geblieben, während ich mir Frühstücksflocken in den Mund schaufelte und versuchte, den Kaffee hinunterzustürzen, ohne mir die Zunge zu verbrennen. Ich lief schon mit einer halb aufgegessenen Scheibe Toast in der Hand zur Tür, als mir einfiel, ihn zu fragen, ob er heute im Büro vorbeischauen wolle. »Willst du dem berühmten Benji Rosenthal nicht wenigstens die Hand schütteln?«

Ba legte die Zeitung nieder, sodass wir uns von Angesicht zu Angesicht ansahen. Die Haut unter seinen Augen hing schlapp und faltig herunter. Seit dem Treffen mit Mas Arzt hatte er Schlafstörungen. Er sagte: »Dein Onkel braucht meine Hilfe nicht. Hat er klar zu verstehen gegeben.«

Da ich es so eilig hatte, zur Arbeit zu kommen, war mir gar nicht aufgefallen, dass Onkel Robert das Gegenteil behauptet hatte, nämlich dass Ba derjenige sei, der nichts mit dem Mama-Poon-Deal zu tun haben wolle.

Mein Vater wusste garantiert nicht, dass Cal wieder da war.

Onkel Robert räusperte sich. Diesmal blickte er mich direkt an.

Ich drückte die Returntaste. Die fröhliche, rote Texttafel der ersten Folie »Wie alles begann« erschien auf der Leinwand.

Mein Onkel begann mit der Geschichte von Lin's Sojasoße, und ich richtete meine Aufmerksamkeit auf Cal. Wie konnte er es wagen, hier einfach hereinzuspazieren; als gäbe es nichts, für das er sich entschuldigen müsste, als hätte er sich nicht mit seinem Vater verkracht, mit meinem, mit der ganzen Familie.

Ich ging zur nächsten Folie über. Onkel Robert, jetzt ganz in seinem Element, wich von seinen Notizen ab, um die Anekdote von Ahkongs fehlgeschlagenen Versuchen zu erzählen, seine geliebte Soße zu verkaufen. Zu Beginn, erzählte er, seien die Ladenbesitzer dem neuen Produkt gegenüber höchst skeptisch gewesen, vor allem, da es viel teurer war als die Marken, die sie bereits verkauften. Entschlossen, ihnen zu beweisen, seine Soße sei das zusätzliche Geld wert, habe Ahkong sich geweigert, Rabatte zu gewähren. In der ersten Woche habe er über zwanzig kleine Lebensmittelläden auf der Insel abgeklappert, und jedes Mal sei er wieder weggeschickt worden. Seine Verzweiflung habe ihn auf die Idee gebracht, mit einem seiner sehr schweren Steinfässer auf dem Karren von Laden zu Laden zu ziehen, um den speziellen Gärungsprozess zu veranschaulichen. Der erste Ladeninhaber, dem er sein Fass gezeigt habe, sei vermutlich aus Mitleid bereit gewesen, von der Soße zu probieren. Das habe zu Ahkongs allererstem Verkauf geführt.

Benji Rosenthal fragte: »Wie viel wiegt denn überhaupt eins von diesen Dingern?«

»Fast fünfundzwanzig Kilo«, sagte Onkel Robert. »Sie sehen, er war wirklich verzweifelt.«

Benji Rosenthal schlug laut lachend auf den Tisch, und mein Onkel strahlte.

Ich schüttelte mich, als ich mir vorstellte, wie mein Großvater auf diese Szene reagiert hätte: Geschichten über seine harte Arbeit wurden benutzt, um Lin's neue Soße aus dem Fiberglastank an den Mann zu bringen. Wie Ahkong mit Cals Untaten umgegangen wäre, hätte ich nicht sicher sagen können. Aber ich weiß, mein Onkel hätte es niemals gewagt, seinen Sohn hinter dem Rücken seines eigenen Vaters erneut einzustellen.

Obwohl ich seit gerade mal einem Monat wieder hier war, nahm ich Onkel Roberts Verrat genauso persönlich wie Pauls Lügen über Sue.

Siebzehn Jahre zuvor, während meines ersten Arbeitseinsatzes bei Lin's, verbrachte ich die Schulferien an Cals Seite. Er stand in jenem Jahr zum dritten Mal in Folge am Band der Abfüllstation. Mein Cousin machte sich nicht die Mühe, mich vorzuwarnen, wie zermürbend diese Arbeit war. Trotz der Ventilatoren, die auf höchster Stufe liefen, war die Fabriketage furchtbar heiß. Nach drei Stunden meiner ersten Acht-Stunden-Schicht begannen meine Beine zu schmerzen – der Schmerz sollte erst zwei Tage nachdem ich die Fabrik verlassen hatte wieder abklingen. Während ich versuchte, Mitleid für meine schmerzenden Beine und durchgeschwitzten Klamotten zu heischen, arbeitete Cal unermüdlich weiter. Er beschwerte sich nicht und durchbrach die Stille nur, um mir mit der Geduld eines Zenbuddhisten zu erklären, meine ständigen Beschwerden würden alles nur schlimmer machen.

Nach diesen ersten Tagen in der Fabrik gab ich den Versuch auf, einen Draht zu Cal zu bekommen. Stattdessen lernte ich die anderen Arbeiterinnen kennen, die am Fließband standen – Frauen mittleren Alters, die nett und freundlich waren und mich nie dazu verdonnerten, den Flur zu fegen. Sie erzählten mir von den alten Zeiten bei Lin's und von ihren Kindern, einige davon so alt wie ich. Um halb zwölf, wenn wir uns alle zum Mittagessen versammelten, tätschelten mir die Arbeiterinnen den Kopf und sagten meinem Vater, ich mache einen guten Job.

Als Cal und ich an einem ganz besonders schwülen Tag kurz vor dem Ende meiner einmonatigen Anstellung gerade den Speisesaal betraten, winkte Ahkong mich zu sich an den Tisch, damit ich mich zwischen ihn und Ba setzte. Er füllte Wachskürbissuppe in meine Schüssel und träufelte etwas Sojasoße hinein. »*Jiak*«, forderte er mich auf.

Die Suppe war sehr heiß, und ich pustete über meinen Suppenlöffel, bevor ich vorsichtig probierte. »Schräg« war das einzige Wort, das aus meinem Mund kam. Ich aß weiter.

»Wie, schräg?« Ba setzte seinen Löffel ab.

Ahkong beugte sich vor.

Ich wusste nicht, warum sie sich so merkwürdig verhielten. »Einfach nur schräg«, sagte ich zwischen zwei Löffeln. Mein Großvater hatte weniger als einen Teelöffel voll Sojasoße in meine Schüssel gegossen, doch durch diese winzige Menge war die Suppe zu salzig geworden. Ich zeigte auf den Soßenspender aus Plastik. »Das ist nicht unsere Soße.«

Ahkong warf den Kopf zurück und lachte. Der Rest am Tisch applaudierte, und ich war ebenso erfreut wie verlegen. Denn schließlich war es Ba gewesen, der mir schon Jahre zuvor beigebracht hatte, die unterschiedlichen Geschmacksnoten unserer eigenen, hellen Sojasoße herauszuschmecken.

Ahkong zog einen knallroten Zehndollarschein hervor und gab ihn mir. Dann wandte er sich Ba zu und sagte auf Chinesisch: »Dieser kleine Kürbis wird Erfolg haben.«

»Sie hat bloß gut geraten«, sagte Ba, aber sein Lächeln war voll und warm.

Später verließen Cal und ich gemeinsam den Speisesaal. Als sich die Glastür hinter uns schloss, ergriff er mein Handgelenk und zog mich beiseite. Ohne auf die anderen Arbeiter um uns herum zu achten, beugte er sich so weit vor, dass ich den Ingwer in seinem Atem roch. Ich drückte mich flach an die Wand.

»Hör auf, dich bei jedem einzuschleimen, hörst du?«, sagte er. Ich nickte automatisch.

»Du bist bloß ein Kind. Du weißt gar nichts.«

Wieder nickte ich.

»Gut. Gehen wir.« Er drehte sich um und marschierte über den Innenhof. Ich eilte ihm hinterher, froh, dass der Monat fast vorbei war.

Im darauffolgenden Jahr, als ich vierzehn war, bettelte ich darum, wie meine Cousinen von der Arbeit in der Fabrik freigestellt zu werden – Lily wegen ihres schweren Asthmas, Rose, weil sie ihre Ferien in der Ballettschule verbrachte. Doch anders als die beiden hatte ich keine gute Entschuldigung. Ba gab schließlich nach, als ich eine Allianz mit meiner Mutter schloss, indem ich zusagte, meine Übungsstunden am Klavier zu verdoppeln. Schließlich akzeptierte mein Vater mein mangelndes Interesse an Sojasoße und widmete sich fortan Cal.

Mein Onkel war gerade dabei, die Auszeichnungen aufzuzählen, die unsere Soße erhalten hatte: Tasty Brand Ambassador, Asia Star Award, Golden Excellency Award, Singapore Heritage Award. Benji Rosenthal legte die Fingerspitzen aneinander und schloss die Augen. Entweder hörte er aufmerksam zu, oder er war völlig abwesend. Mein Onkel fuhr fort.

Ich fragte mich, wo er an jenem Nachmittag vor siebzehn Jahren gewesen war, als mein Großvater mich auf die Probe gestellt hatte. Ich konnte mich nicht daran erinnern, Onkel Robert am Tisch gesehen zu haben. Allerdings konnte ich ihn mir vorstellen, wie er irgendwo im Speisesaal saß, mich schweigsam beobachtete und schon damals Pläne schmiedete, um seinen Sohn voranzubringen. Wie konnte ich dieses Bild von Onkel Robert mit dem Menschen, den ich kannte, vereinbaren? Von all meinen Angehörigen war er derjenige, der mir am nächsten stand und dem ich am meisten vertraute.

Die Lichter des Konferenzraums gingen wieder an, und Benji Rosenthal öffnete die Augen. Der Assistent legte zum ersten Mal sein Smartphone beiseite. Mein Onkel grinste die Amerikaner an, und Cal rollte träge den Kopf, als hätte er gerade ein kleines Nickerchen gemacht.

»Schön, hören Sie«, sagte Benji Rosenthal und blickte jeden von uns im Raum an. »Das ist sehr beeindruckend. Wirklich beeindruckend.«

»Warten Sie, bis Sie unsere Soße probiert haben«, sagte Cal und nahm das Tablett, das ich auf dem Tisch vorbereitet hatte.

Mit geübter Leichtigkeit servierte er den Amerikanern die Soße. Ich lehnte mich zurück und beobachtete, wie er sie aufforderte, sich nach vorn zu beugen und das Bukett aufzunehmen. »Als würden Sie an einem Glas Ihres Lieblingsweins schnuppern.«

So wie niemand erwähnt hatte, dass Lin's sich seine Auszeichnungen und Preise mit seinen Premiumsoßen verdient hatte, so erwähnte nun auch niemand, dass der dominierende Geschmack dieser neuen Soße ein scharfer, metallischer Ton war.

Wir beobachteten, wie Benji Rosenthal seinen Reiscracker in das Schälchen tunkte und ihn sich in den Mund schob. In diesem Moment wünschte ich mir, er möge angewidert das Gesicht verziehen, aufstehen und brüllen, er habe das Gefühl, einen rostigen Nagel verschluckt zu haben.

»Großartig«, sagte der Amerikaner, noch während er kaute. »Perfekt. Das ist genau das, was wir für unsere Filialen suchen.«

»Großartig. Einfach nur großartig«, klinkte sich nun auch der Assistent ein.

Der Kiefer meines Onkels entspannte sich wieder. Er hatte die ganze Zeit über recht behalten. Benji Rosenthal schmeckte den Unterschied nicht heraus, und die Käufer bei Mama Poon würden es ebenso wenig tun. Die Soße war gut genug. Jeder am Tisch erhob sich, ich tat es auch. Benji Rosenthal versprach, sich sofort nach seinem letzten Fabrikbesuch zu melden. Mit einem Zwinkern sagte er Onkel Robert: »Aber ich denke, zwischen uns beiden ist die Sache klar.«

Wir schüttelten uns alle die Hand und versicherten uns, wie schön es sei, sich endlich kennengelernt zu haben.

»Hervorragende Arbeit«, sagte Onkel Robert zu Frankie. »Hervorragende Arbeit«, wiederholte er in meine Richtung.

Ich warf ihm einen kalten, prüfenden Blick zu, doch er klopfte mir abwesend auf die Schulter und blickte an meinem Ohr vorbei.

Cal und Onkel Robert begleiteten die Amerikaner den Flur hinunter, gaben Frankie und mir aber kein Zeichen, sie zu begleiten. Während die Männer die Treppe hinunter verschwanden, übertönte die Stimme von Benji Rosenthal alle anderen. »Wissen Sie«, sagte er, »Mama Poon ist ein echtes Familienunternehmen. Deshalb ist es so famos, einen Betrieb gefunden zu haben, der mit unseren Werten und Idealen übereinstimmt.«

Cals Antwort: »Ich bin hier in dieser Fabrik groß geworden und hätte es auch gar nicht anders gewollt. Das ist ein echtes Zuhause.«

Im Konferenzraum klappte Frankie ihren Laptop zu und ließ sich auf ihren Stuhl fallen. Ich stützte den Kopf in die Hände, plötzlich überkam mich Müdigkeit.

Nach einer Weile fragte Frankie: »Was machen wir jetzt?«

Dann hörten wir laute Stimmen, die aus dem Treppenhaus zu uns hochdrangen – die von Onkel Robert, die von Cal und eine dritte, die von Ba.

Ich hastete zur Tür, Frankie war dicht hinter mir. Als wir aus dem Konferenzraum spähten, sahen wir, dass all unsere Kollegen sich ähnlich positioniert hatten.

»Nein«, hörten wir meinen Vater sagen. Seine Stimme hallte durchs Treppenhaus. »Du und ich, wir klären das jetzt.«

Ich sah auf die Uhr. Er musste Ma im Krankenhaus zurückgelassen haben und hergeeilt sein. Wer hatte ihn angerufen und ihm von Cal erzählt? Vielleicht Mr Liu. Als Mitarbeiter, der bereits seit fünfzig Jahren für Lin's arbeitete, nahm er bestimmt Anteil an der Art und Weise, wie die Firma geführt wurde. Vielleicht hatte auch Shuting angerufen und ihre Dramageier-Energie in etwas Sinnvolles investiert. Vielleicht war Ba auch von selbst darauf gekommen, während er mit Ma im Dialysezentrum saß, sich die Gespräche mit meinem Onkel durch den Kopf gehen ließ und halbherzig *Melody* im Fernsehen verfolgte.

Das Trio erschien auf dem Treppenabsatz. Onkel Robert hatte Sorgenfalten auf der Stirn. Cal schwitzte die Achseln seines pinkfarbenen Hemds durch. Nur Bas Gesicht war unbewegt wie eine Maske.

Auf dem Flur zogen die Leute geschwind ihre Köpfe in ihre Bürozellen zurück, doch ich bewegte mich nicht von der Stelle. Es war mir egal, ob sie sahen, dass ich sie beobachtete; ich wollte gesehen werden.

»Bitte, *Kor*«, murmelte mein Onkel Ba zu. *Älterer Bruder.*

»Wir können alles erklären«, sagte Cal.

Ba blieb kurz stehen. Er sah meinen Cousin direkt an. »Du wirst hier gar nichts erklären.« Er wandte sich an Onkel Robert. »Es tut mir leid, aber er kann hier nicht bleiben.« Ba ging an Cal vorbei, der rückwärts gegen die Wand taumelte. Dann drehte er den Knopf der Tür zum Büro meines Onkels, doch bevor er hineinging, schien ihn etwas innehalten zu lassen. Er sah auf und nahm mich zum ersten Mal wahr.

»Ba.« Meine Lippen formten das Wort, doch ich brachte keinen Ton heraus.

Das Gesicht meines Vaters entspannte sich. Er schien regelrecht aufzuatmen. Dann gingen er und mein Onkel ins Büro, schlossen die Tür hinter sich und ließen die Jalousie hinunter.

Im Inneren des unzugänglichen Raumes hoben und senkten sich die Stimmen. Irgendetwas landete mit einem dumpfen Aufschlag auf dem Boden. Cal stand wie angewurzelt da und starrte auf die Tür, seine Nackenmuskeln waren angespannt, die Hände zu Fäusten geballt.

Ich brauchte einen Moment, bis mir die Spannung in meinen eigenen Schultern und im Nacken auffiel, die Art, wie ich meine Finger krümmte und die Nägel in die Handballen drückte. Ich dachte an den Einzahlungsschein, der auf meinem Schreibtisch lag und darauf wartete, ans Konservatorium geschickt zu werden. Ich war glücklich darüber, noch einen anderen Ort zu haben, an den ich gehen konnte.

10

Als meine Mutter zum ersten Mal das Internat in Monterey, Kalifornien, vorschlug, wischte mein Vater das Thema rasch wieder vom Tisch, wodurch mein Interesse umso mehr angestachelt wurde. Ich stellte mir Jungs in auf der Hüfte sitzenden Surfershorts mit sandigen Haaren und Sixpacks vor. In Wirklichkeit waren meine zukünftigen Schulkameraden altkluge und fleißige Schüler, die danach strebten, an angesehenen Universitäten aufgenommen zu werden – möglicherweise einer der Gründe, warum Ba seine Meinung änderte.

Ich war gerade mal zwei Wochen auf der Schule, als Ba mir schon das erste Carepaket schickte: Einen ganzen Koffer voller kleiner Flaschen mit Lin's heller Sojasoße, den ich unter meinem Bett versteckte. Wenn mir die Hackbraten, Chilis oder Aufläufe aus der Mensa zum Hals raushingen, zog ich mich mit einer Schüssel Reis oder, wenn es gar nicht anders ging, ein paar Nudeln in mein Zimmer zurück und brach die Notreserve an.

Meine Mutter schickte mir kleine, liebenswürdige und unnütze Dinge wie geprägte Geburtstagskarten oder ein Paar Angorafäustlinge, mit denen ich in den milden Wintern in Monterey nichts anfangen konnte. Einmal, um Thanksgiving herum, schickte sie mir einen Karton mit zwölf reifen Doyenné-du-Comice-Birnen.

An den Sonntagen telefonierte ich zehn oder zwölf Minuten lang mit meinen Eltern, nachdem ich in einer langen Schlange vor den beiden Münztelefonen des Internats gewartet hatte. Niemals länger, denn es gab ja noch andere Schüler, die die Telefone benutzen wollten. Ich redete mit meinen Eltern übers Wetter, über meine Klasse, meinen letzten Crosslauf oder mein jüngstes Vorspiel auf dem Klavier. Sie richteten mir Grüße von meinen Großeltern aus und hielten mich über meine Cousinen auf dem Laufenden. Manchmal verabschiedeten sie sich mit »Wir haben dich lieb«, ein andermal vergaßen sie es.

Am Ende meines ersten Semesters streifte ich mein Heimweh ab wie eine Schlange ihre Haut. Während der Weihnachtsferien in Singapur zählte ich die Tage bis zu meiner Rückkehr an die Schule, und meine Eltern waren stolz darauf, wie gut ich mich angepasst hatte.

Nur ein einziges Mal bekam ich einen kurzen Einblick in die Zerrissenheit meiner Mutter. Am Ende jener ersten Weihnachtsferien stand ich um fünf Uhr morgens auf, um meinen Flug zu bekommen. Während der gesamten Fahrt zum Flughafen döste ich auf dem Rücksitz, bis der Wagen ins Schleudern geriet und mich aus meinem Schlummer riss. Die Augen immer noch geschlossen, hörte ich ein leises Schluchzen, das mir nicht vertraut war und das ich nicht einordnen konnte. Ich öffnete ein Auge und sah den Kopf meiner Mutter an die Windschutzscheibe gepresst. Mein Vater steuerte mit einer Hand und streckte die andere nach Ma aus.

»Alles in Ordnung?«, fragte er sanft.

»Natürlich«, schluchzte sie.

Ich schloss meine Augen und tat so, als würde ich schlafen. Es war das einzige Mal, dass ich sie je hatte weinen sehen.

Selbst jetzt, nach allem, was sie durchgemacht hatte, fuhr Ma fort, mich mit ihrer Stärke und ihrem Gleichmut zu beeindrucken. Seit fast einer Woche hatte sie nichts mehr getrunken. Sie hatte auch nicht eingegriffen, als ich jede einzelne Flasche aus dem Haus verbannt hatte. Sie übte täglich am Klavier, obwohl sie mein Metronom immer noch boykottierte und sogar so weit gegangen war, es wieder an seinen alten Platz auf meinem Nachttisch zu stellen.

Gerade am Anfang, hatte uns Mas Arzt mitgeteilt, fänden es die meisten Menschen leichter, komplett auf Alkohol zu verzichten.

»›Nein‹ ist oft unkomplizierter als ›Vielleicht‹«, hatte Dr. Yeoh mit vielsagendem Blick erklärt. Ich versuchte, die tiefe Botschaft hinter seinen Worten wahrzunehmen.

Ich dachte über »Nein« und »Vielleicht« und das Paradox nach, zu viele Auswahlmöglichkeiten zu haben, als ich einige Stunden nach Cals Überraschungsauftritt durch die Haustür kam.

Ma übte ihr Stück von Debussy. Sie nahm die Finger von den Tasten. »Tantchen Tina hat angerufen«, sagte sie und wies mit einem Blick auf meinen Vater im Esszimmer.

Ba und ich waren mit zwei Wagen vom Büro nach Hause gefahren. Jetzt saß er am Tisch, ließ die Knöchel seiner Hände knacken und murmelte vor sich hin.

Ma erzählte mir, meine Tante, die Frau von Onkel Robert, habe die gesamte Familie zum Abendessen eingeladen. Sie blickte ein letztes Mal zu Ba hinüber, legte die Noten beiseite und ging sich umziehen.

Als gäbe es für die Familie irgendein freudiges Ereignis zu feiern, hatte meine Tante einen privaten Raum im Imperial Treasure reserviert, dem besten Shanghai-Restaurant der Stadt und Stammkunde von Lin's – daher auch die Bereitschaft, alle elf von uns so kurzfristig unterzubringen. Das Restaurant befand sich in der obersten Etage eines klotzigen, topmodernen Einkaufszentrums inmitten glänzender Bürohochhäuser in der Orchard Road.

Da wir den Aufzug links liegen gelassen hatten, fuhren mein Vater, meine Mutter und ich mit einer Rolltreppe nach der anderen vom Parkdeck im dritten Untergeschoss durch sieben hell erleuchtete, überklimatisierte, stark parfümierte Stockwerke nach oben. Deren Angebote reichten von belgischer Schokolade und den Gourmetversionen lokaler Spezialitäten in der Lebensmittelabteilung im Untergeschoss bis zu feinstem Porzellan und Babyschuhen im vorletzten Stock. Wir drei standen hintereinander, jeweils eine Stufe unter dem anderen. Den Blick starr geradeaus gerichtet, ignorierten wir die Werbeplakate mit hellhäutigen, gut frisierten, langbeinigen Schönheiten. Um uns herum eilten die Menschen, die gerade von der Arbeit kamen, lebhaft umher, rempelten sich an, sprachen lautstark in ihre Handys und riefen Leuten, die sie kannten, etwas zu. Doch wir schwiegen weiterhin, während die fieberhafte Energie in uns verschwand wie Licht in einem schwarzen Loch.

Während der Fahrt hatten wir uns alle gleichermaßen zurückgehalten. Ba öffnete den Mund nur, um uns zu erklären, dieses Abendessen sei ein großer Fehler, und je mehr Leute kämen – vor allen Dingen Lins –, desto komplizierter würde alles werden. Als Reaktion darauf streckte meine Mutter, die eine umwerfende smaragdfarbene Seidenbluse trug, die ich seit Jahren nicht mehr an ihr gesehen hatte, ihre Hand aus, berührte mit den Fingern das Handgelenk meines Vaters und raunte ihm zu, er möge sich beruhigen. Vielleicht war es die Farbe ihrer Bluse oder der kostbare Stoff, aber sie hatte schon lange nicht mehr so gesund und strahlend ausgesehen. Trotz allem, was an diesem Tag bereits schiefgelaufen war oder noch schieflaufen könnte, schienen wenigstens die Aussichten meiner Kernfamilie hoffnungsvoll zu sein.

Wir verließen die letzte Rolltreppe, und auf dem Weg zum Restaurant sagte ich: »Wieso tun wir das überhaupt? Jeder weiß doch, was du über Cal denkst, und wir wissen, was sie denken.«

Mein Vater nahm meine Hand, sein Griff war wie immer entschlossen und beruhigend. »Weil chinesische Familien glauben, alle Probleme könnten bei einem Essen gelöst werden.«

163

Das Imperial Treasure war ein Saal mit niedrigen Decken und verschieden großen, weiß eingedeckten Tischen und Holzstühlen, in deren Rückenlehnen sich windende Drachen geschnitzt waren. Diese unscheinbare Einrichtung war üblich in traditionellen chinesischen Restaurants, in denen das Ambiente und der Service scheinbar absichtlich halbherzig waren, um die Sorgfalt der Küche herauszustellen.

Die Chefin des Restaurants, eine kleine dicke Frau in einem kastenförmigen schwarzen Anzug, eilte uns entgegen. »Mr und Mrs Lin«, krähte sie auf Chinesisch. »*Lin xiao jie*«, sagte sie, als sie mich erkannte.

Ich lächelte zurück.

»*Xian shen mei lai*?«, fragte die Restaurantchefin.

Immer noch lächelnd, schüttelte ich den Kopf. Nein, mein Ehemann sei nicht dabei.

Sie führte uns zu unserem separaten Raum, der durch eine Schiebetür aus Mahagoniimitat vom Restaurantbereich abgetrennt wurde. Während wir ihr folgten, zählte sie die Gerichte auf, die Tantchen Tina bestellt hatte: Knuspriger Aal mit süßsaurer Soße, doppelt geräucherte Ente, handgemachte Nudeln mit Krebsrogen – »Gott sei Dank hatten wir genug schwangere Krebse vorrätig!« – und weitere, die ich anhand ihrer ebenso poetischen wie undurchsichtigen chinesischen Namen nicht erkannte: Eichhörnchenförmiger Mandarinfisch, Acht Kostbarkeiten, Glücksschwein.

Ein Muskel in Bas Kiefer zuckte. Die Extravaganzen von Tantchen Tina schienen ihn noch mehr zu verärgern. Ma versuchte die Spannung zu lösen, indem sie das Thema wechselte. Sie fragte die Restaurantchefin, ob wir die Ersten seien.

Die Chefin gab ein Lachen von sich, bei dem man die Füllungen ihrer Backenzähne sehen konnte. Tatsächlich, sagte sie, seien wir die Letzten. Sie zog überschwänglich die Tür auf, und natürlich hatte sich der Rest der Familie bereits um den großen Tisch versammelt.

Tantchen Tina sah schmaler und besorgter aus als beim letzten Familientreffen vor einer Woche, als Onkel Robert noch vorgetäuscht hatte, Bas Entscheidungen zu unterstützen. Ganz offensichtlich hatten wir drei etwas Wichtiges verpasst, denn meine Tante rang die Hände und schüttelte den Kopf. Onkel Robert wischte sich mit einem Taschentuch über die Stirn, als Cal ihn inständig bat, ihm wenigstens ein einziges Mal zuzuhören. Lily sah aus, als würde sie jeden Moment in Tränen ausbrechen, obwohl Rose versuchte, sie zu beruhigen.

Auf der anderen Seite des Tisches hatten sich die Ehemänner meiner Cousinen zusammengesetzt und genossen ihre Nichteinbeziehung. Der Mann von Rose starrte auf das Smartphone auf seinem Schoß und bearbeitete es mit beiden Daumen. Zweifellos spielte er irgendein Computerspiel. Nur Cals Frau, die netteste und sanfteste Frau, die ich kannte, saß an der Seite ihres Mannes und blickte wie beim Pingpong von einem Familienmitglied zum anderen hin und her.

Als wir durch die Tür kamen, verstummte das Gespräch. Mein Vater, meine Mutter und ich nahmen auf den drei Stühlen Platz, die noch frei waren. Dann entfalteten wir die fächerartig zusammengelegten weißen Servietten.

Offensichtlich unempfänglich für die Spannung im Raum, klatschte die Restaurantchefin zweimal in die Hände. »Jetzt, da alle da sind«, sagte sie fröhlich, »werde ich die Küche bitten, das Essen rauszuschicken.« Als daraufhin niemand etwas sagte, nickte sie kurz und ging.

Die Tür schloss sich fest hinter ihr und trennte uns vom Lärm im großen Speisesaal. Im Inneren des Raumes war die Stille zum Schneiden dick. Lilys Mann verzog das Gesicht wie in Zeitlupe, nieste in die hohlen Hände und murmelte: »Schuldigung.« Und irgendwie atmeten wir alle aus.

Cals Frau nahm ihre Essstäbchen, drehte die Servierplatte des Tisches und schubste gekochte Erdnüsse – eingelegt in

Lin's Sojasoße – auf jeden Teller, der in Reichweite war. Tantchen Tina wandte sich meiner Mutter zu und fragte sie, wie es ihr gehe. Ich durchkämmte die Worte meiner Tante nach Hinweisen auf eine Verurteilung, doch als ich mir sicher sein konnte, dass sie es aufrichtig meinte, lenkte ich meine Aufmerksamkeit auf Rose, die gerade von ihrem letzten Termin beim Gynäkologen erzählte: Sie habe auf dem Bildschirm des Ultraschallgeräts gesehen, wie ihr ungeborenes Baby die Zunge herausstreckte.

»Es ist das Aufregendste, was ich je gesehen habe«, sagte Rose. »War das nicht aufregend, Da-ling?«, schmetterte sie in Richtung ihres Ehemanns, der immer noch auf sein Smartphone starrte.

»Was, Da-ling?«, fragte er ertappt. »Ja, ja, das war es.«

»Ich mail dir ein Foto«, sagte sie zu mir.

Ich versuchte, die Begeisterung meiner Cousine zu teilen, doch in Wirklichkeit beeindruckten mich die schwarz-weißen Ultraschallfotos nie, die meine Freundinnen online posteten. Bis ihm wegen meiner Unentschlossenheit der Geduldsfaden riss, hatten Paul und ich eine Liste geführt, die die Art von Eltern beschrieb, die wir uns geschworen hatten, niemals zu werden. Ich hatte mich für das Internat als Schlüssel zu einer gesunden Eltern-Kind-Beziehung ausgesprochen, worauf er »Wir werden sehen« gesagt hatte.

Zwei Kellner glitten in den Raum. Sie trugen Tabletts mit Rotweingläsern und veranlassten Cal aufzuspringen, um das Dekantieren des Bordeaux zu überwachen, den er aus seiner persönlichen Sammlung ausgewählt hatte – etwas, was er nur bei besonderen Anlässen tat.

Er instruierte einen der Kellner, die Gläser auf dem Tisch zu verteilen, und reichte dem anderen zwei Dekanter aus feinstem Kristall. »Ja«, sagte er zu dem Kellner, der sichtlich verwirrt war. »Sie füllen ihn erst in diesen, und später füllen wir ihn dann in diesen.«

Als Cal sich vorbeugte, um den Duft des Weins tief einzusaugen, wandte ich mich unwillkürlich meiner Mutter zu. In der ganzen Aufregung hatte ich nicht aufgehört, mir Gedanken darüber zu machen, wie meine Mutter inmitten von Leuten reagieren würde, die freizügig Alkohol tranken.

Cal ging wieder an seinen Platz und sah zufrieden aus. »Ein 99er Lafite«, verkündete er mit gespielter Bescheidenheit.

Selbst ich wusste, ich musste beeindruckt sein.

Mein Cousin konnte es sich nicht verkneifen, meinen Vater anzusehen und hinzuzufügen: »Onkel Xiong, ich weiß, das ist dein Lieblingswein.«

Ba dankte ihm steif. Entweder war er nicht in der Stimmung für Cals Schmeicheleien, oder er machte sich Sorgen wegen Ma.

In der Zwischenzeit arbeiteten sich die Kellner in entgegengesetzten Richtungen um den Tisch herum vor, um den dekantierten Wein einzuschenken, wobei sie immer näher und näher zu meiner Mutter kamen. Mein Atem wanderte hoch in den Brustraum und wurde flach, ich konnte ihn nicht verlangsamen. Sollte ich als Geste der Solidarität ablehnen? Oder würde das noch mehr Aufmerksamkeit auf meine Mutter lenken?

Endlich trat der Kellner an meine Seite, und ich signalisierte ihm, mir nur einen winzigen Schluck einzugießen.

Neben mir hielt Ma die Hand über ihr Glas. »Für mich nicht, bitte«, sagte sie sanft.

Tantchen Tina hob die Augenbrauen, doch das war mir egal. Ich musste das starke Bedürfnis unterdrücken, meine Mutter in die Arme zu schließen und ihr zu sagen, wie stolz ich auf sie war.

Mit leichter Verachtung pflückte der Kellner das Glas meiner Mutter vom Tisch. Wie eine verwelkte Rose aus einem ansonsten perfekten Strauß. Ich hob mein Glas und versuchte, so beiläufig wie möglich zu trinken. Mein Vater nahm einen kleinen Schluck. Um uns herum schwenkte und schnupperte, schmatzte und kaute der Rest der Familie.

Schließlich räusperte sich Onkel Robert. »*Kor*«, sagte er zu Ba. »Der Junge hat etwas zu sagen.«

Tantchen Tina schob ihr Glas zurück und verschränkte die Finger wie zum Gebet. Der Mann von Rose ließ sein Smartphone in die Brusttasche gleiten und tauschte einen Blick mit Lilys Ehemann aus. Meine Mutter goss sich erneut Tee in ihre Tasse.

Ba wartete.

Cal fuhr mit dem Daumen über seinen Ehering, als wäre er eine Art Glücksbringer, und nahm einen tiefen Schluck Wein. Als er zu reden begann, waren seine Gesichtszüge ruhig, sein Blick war ernst und aufrichtig. »Onkel Xiong – nein, ihr alle.« Er blickte in die Runde. »Meine Familie.«

Seine Mutter tupfte sich mit einem Taschentuch die Augenwinkel ab. Seine Schwestern gaben leise, mitfühlende Laute von sich. Sogar Ma verkniff sich eine spitze Bemerkung.

Cal fing noch einmal an.

»Im Laufe des vergangenen Jahres war ich völlig aus dem Häuschen wegen der neuen Soßenlinie. Ich hatte endlich etwas vom Start bis ins Ziel gebracht. Ich ganz allein.«

Ich musste zugeben, die Strategie war gut – zu behaupten, wenn er Fehler gemacht haben sollte, dann nur, weil er sich zu sehr um alles gesorgt hatte.

»Aber ich habe mich von meiner Begeisterung hinreißen lassen. Mein Stolz stand mir im Weg. Ich habe mir nicht die Zeit genommen, um die notwendigen Details zu durchdenken. Das war falsch.«

Meine Tante unterdrückte ein Schluchzen.

Cal biss sich auf die Lippe. »Onkel Xiong«, sagte er schließlich, »ich weiß, was Ahkong und du und mein Vater, was ihr in diese Firma gesteckt habt. Mir bedeutet Lin's so viel wie dir. Mein ganzes Leben lang habe ich hier gearbeitet.« Seine Stimme wurde brüchig. Zum ersten Mal schien er verunsichert zu sein. »Ich kann das besser, und ich werde es besser machen. Bitte.« Er verstummte.

Alle drehten den Kopf zu Ba, der auf seinen Teller starrte, als rechne er damit, auf der weißen Keramik die Antwort zu finden. Als er aufsah, sagte er: »Cal, ich nehme deine Entschuldigung an.«

Tantchen Tina schnappte nach Luft. Lily und Rose tauschten ein hoffnungsvolles Lächeln aus. »Aber ich kann meine Meinung nicht ändern«, sagte er. »Du kannst nicht zurückkommen. Es tut mir leid.«

Alle begannen gleichzeitig zu reden und übertönten Bas restliche Worte.

»Das meinst du nicht ernst, *Kor*«, sagte Onkel Robert. »Er hat einen Fehler gemacht. Wir alle machen Fehler.«

»Er ist doch nur ein Junge«, jammerte Tantchen Tina.

Und: »Er ist Familie. Familie kann man nicht einfach ausschließen.«

Und: »Wer glaubst du eigentlich zu sein?«

Und: »Robert, du bist der gottverdammte Direktor. Tu doch was!«

»Einige Fehler haben größere Konsequenzen als andere«, sagte Ma.

Ich glaubte zu sehen, wie meine Eltern unter dem Tisch ihre Hände aufeinanderlegten.

Die Restaurantleiterin rauschte in den Raum, gefolgt von einem Kellner, der eine Porzellanterrine trug, groß wie ein Waschbottich. Alle verstummten.

»Doppelt gekochte Fischsuppe. Mit den besten Empfehlungen vom Küchenchef«, verkündete sie mit unsicherer Stimme, als sie unsere betrübten Gesichter sah. »Diese Suppe hat über vierundzwanzig Stunden lang vor sich hin geköchelt«, fügte sie hoffnungsfroh hinzu.

Es war eines meiner Lieblingsgerichte; ich wünschte, mir wäre nicht der Appetit vergangen.

Es blieb auch still, als der Kellner die milchige Brühe mit einer üppigen Einlage aus groben Kabeljaustücken und feinen Löckchen aus Frühlingszwiebeln in die Schüsseln füllte. Kleine Schweißperlen waren auf seiner Nase, als er das tat; der arme Kerl konnte es ganz offensichtlich nicht erwarten, den Raum zu verlassen.

Pflichtbewusst tauchten wir unsere Löffel in die Suppe. Tantchen Tina flüsterte Onkel Robert etwas ins Ohr, woraufhin er eine Grimasse zog und abwinkte. Auch Ba nahm seinen Löffel und begann zu essen. Einen Moment lang waren die eigenartig hypnotischen Schlürfgeräusche alles, was zu hören war, während jeder von uns darauf wartete, dass sich ein anderer vorwagte.

Ba aß mechanisch weiter. Zwischen den Bissen sagte er: »Ja, jeder macht Fehler.« Pause. »Und ja, jede Entscheidung birgt ein Risiko.« Wieder Pause. Er wandte sich an Cal. »Ich möchte etwas klarstellen: Du bist nicht gefeuert worden, weil du einen Fehler gemacht hast. Du bist gefeuert worden, weil du gelogen hast.«

Cals Löffel landete mit einem lauten Plumps in seiner Schüssel. »Ich habe versucht, die Initiative zu ergreifen und das Problem selbst zu lösen«, sagte er. Doch Ba hob die Hand.

Zu Onkel Robert sagte Ba: »Man kann keine Firma mit Leuten führen, denen man nicht vertraut.«

»Er ist mein Sohn«, sagte Onkel Robert. Dann änderte er die Taktik. »Ich kann eine Firma nicht alleine führen. Wir stecken mitten im größten Expansionsprozess in Lin's Firmengeschichte. Bitte, *Kor*. Gib dem Jungen eine Chance. Lass ihn beweisen, dass wir ihm vertrauen können.«

Neben mir rutschte Ma auf ihrem Stuhl hin und her. Sie war aufmerksam und wach, ganz anders als bei früheren Familienessen. Normalerweise hätte sie zu diesem Zeitpunkt bei ihrem zweiten oder dritten Glas eine sarkastische Bemerkung nach der anderen gemacht, worüber ich sowohl amüsiert als auch schockiert gewesen wäre.

»Alles okay?«, formte sie lautlos mit dem Mund.

»Alles okay«, gab ich ebenfalls lautlos zurück.

Mittlerweile aß keiner mehr. Die Reste der vierundzwanzig Stunden lang doppelt gekochten Suppe kühlten in unseren Schüsseln langsam ab.

Meine Tante schnäuzte sich die Nase in ein Papiertaschentuch. »Du tust ihm unrecht, Xiong«, schnüffelte sie. »Du liegst sehr, sehr falsch.«

»Ach, Mummy«, sagte Lily und streckte den Arm über den Tisch aus, um ihrer Mutter die Hand zu drücken.

Der Anblick so vieler trüber Gesichter schien Ba mitzunehmen. »Seht mal«, sagte er. »Cal hat wirklich ein Stück großartige Arbeit geleistet. Keiner bezweifelt seine Hingabe.«

»Aber warum dann?«, sagte Tantchen Tina und erntete einen warnenden Blick von ihrem Ehemann.

»Sprich weiter«, sagte Onkel Robert.

Ba drückte sich die Serviette auf die Lippen. »Folgender Vorschlag«, sagte er. »Wie wär's, wenn wir Cal die Verantwortung für unsere Immobiliengesellschaft geben?«

Ich fragte mich, wie lange er über dieser Lösung gebrütet hatte.

Zu Cal sagte er: »Es wird dir guttun, etwas anderes als Sojasoße kennenzulernen.«

Mein Cousin schlug so heftig mit der Faust auf den Tisch, dass ich unwillkürlich zusammenzuckte. Sein Weinglas kippte um, und der Château Lafite 99 ergoss sich über die weiße Tischdecke und hinterließ Spritzer auf der cremefarbenen Bluse von Cals Frau.

»Wie schade!«, murmelte meine Mutter auf Deutsch und klang wieder ganz wie sie selbst.

Cal sprang auf. »Ich habe mein gesamtes Berufsleben bei Lin's verbracht. Ich bin der Einzige, der seine ganze Zeit hineingesteckt hat.« Er gestikulierte wild in meine Richtung und in die seiner Schwestern. »Und jetzt willst du mich zu einem glorreichen Vermieter machen?«

Seine Frau tunkte die Serviette in ihr Wasserglas und wischte dann über den Weinfleck auf Höhe ihres Brustbeins. »Oje«, flüsterte sie. »Oje.«

»Du musst doch verrückt sein«, sagte Cal zu meinem Vater. »Da arbeite ich lieber bei Yellow River.«

»Ist natürlich auch eine Möglichkeit«, sagte Ba ruhig.

Cal spannte den Kiefer an und zog seine Frau am Arm. »Komm, wir gehen.«

»Du setzt dich besser wieder hin, Junge«, sagte Onkel Robert.

»Du kannst nicht gehen«, sagte Tantchen Tina. »Wir müssen eine Lösung finden.«

Ich hatte ganz vergessen, dass man hier in Singapur, gleichgültig, wie alt man war oder was man erreicht hatte, für seine Eltern immer »der Junge« oder »das Mädchen« blieb.

Und tatsächlich zögerte Cal. Vielleicht, weil er nicht vor der ganzen Familie gegen seine Eltern rebellieren wollte. Doch dann schüttelte er fast entschuldigend den Kopf und stürmte aus dem Raum. Seine Frau blieb dicht hinter ihm und wäre fast mit den zwei Kellnern zusammengeprallt, die mit dem nächsten Gang neben der Tür warteten.

Die Kellner stellten die gusseiserne Speiseplatte und einen Stapel Teller auf die drehbare Platte und eilten aus dem Raum, ohne das Gericht auszuteilen. Auf der Platte brutzelten und karamellisierten der knusprige Aal und der Lauch im Erdnussöl vor sich hin, und der unwiderstehliche Duft von Zucker und Fett erfüllte den Raum. Keiner nahm sich einen Teller.

Mein Onkel warf die Serviette hin. »Hör mir zu, *Kor*. Cal ist mein Sohn, und natürlich möchte ich, dass er bei Lin's arbeitet. Aber du musst auch pragmatisch sein, *mah*. Wir werden nicht jünger.«

Und dann spielte mein Vater seine letzte Karte aus. »Was hätte unser Vater getan?«

Onkel Robert fiel die Kinnlade herunter. Er war völlig überrumpelt, ganz klar.

»Was hätte Ba gemacht, wenn einer von uns das getan hätte, was Cal getan hat?«

Onkel Robert fand seine Stimme wieder. »Das ist es doch gerade«, rief er triumphierend oder verzweifelt – es war schwer zu sagen. »Verstehst du? Das ist es doch. Wir sind zwei, aber es gibt nur einen von ihm.«

Langsam drehte mein Vater sich zu mir um.

Bevor ich überhaupt erfassen konnte, was geschah, ergriff Ma das Wort. »Nein«, sagte sie mit erhobenem Zeigefinger. »Untersteh dich! Diese Firma ist nicht ihr Problem.«

»Ihres?«, schrie meine Tante. »Sie hat doch gerade erst angefangen. Was weiß sie denn schon?«

Mein Onkel schlug sich mit der Hand gegen die Stirn. »Darum geht's hier also?«

»Muss sie nicht wieder zur Uni?«, fragte Lily.

»Will sie überhaupt bleiben?«, fragte Rose.

Ba blickte mir in die Augen. Auf seinem Gesicht lag ein Ausdruck, den ich schon zuvor gesehen hatte. Die Stimmen um uns herum wurden leiser, so als würde jemand am Regler die Lautstärke herunterdrehen.

Während seiner wöchentlichen Lehrstunden in meiner Kindheit hatte Ba mir die Hydrolyse erklärt, den chemischen Prozess, um die billigste Soße herzustellen. Ma hatte laut gelacht, als sie mit einem Arm voller Bücher vorbeigekommen war. »Du glaubst ernsthaft, dass deine sechsjährige Tochter versteht, wovon du sprichst?« Ba legte mir die Hände auf den Kopf und sagte: »Sie wird es schon früh genug verstehen.« Und da war dann dieser Gesichtsausdruck gewesen: Sein sicherer Blick, sein ruhiges Lächeln.

Onkel Robert griff nach dem Unterarm meines Vaters. Er sagte: »Gretchen ist hier willkommen und kann so lange bleiben, wie sie will. Meinetwegen auch für immer. Aber das hier ist keine Entweder-oder-Situation. Cal verdient eine weitere Chance.«

Ich wollte, dass sie aufhörten, über mich zu reden, als wäre ich nicht anwesend. Doch angesichts des Blicks meines Vaters hielt ich mich zurück. Er saß da, sagte nichts, sah mich an und wartete.

11

Anfang September, wenn in San Francisco die ersten sommer-
lichen Tage gefeiert und die käsigen Glieder in kurzen Hosen
und Sommerkleidern entblößt werden, bereiten sich die Chinesen in Singapur auf ein ganz anderes Fest vor: *Zhong Yuan Jie*,
das Fest der hungrigen Geister.

Im siebten Monat des Mondkalenders, sagt man, fliegen
die Tore der Hölle auf, die Seelen der Verstorbenen werden
freigelassen und kehren zurück, um die nächsten dreißig Tage
auf Erden zu wandeln. Um den Hunger dieser Geister zu stillen,
stellen die Chinesen ganze Spanferkel, geschmorte Enten, Zitrus-
früchte und andere Delikatessen bereit. Sie zünden Räucher-
stäbchen an und verbrennen dicke Bündel Geistergeld sowie
Fernseher, Autos und Schmuck aus Pappmaschee, sodass ein
dicker, süßer Rauch die Luft erfüllt. Überall werden Bühnen
für die traditionellen chinesischen Puppentheaterstücke und
Opern, aber auch für moderne Gesangs- und Tanzdarbietungen
aufgebaut – Letztere vermutlich für die erst kürzlich Verschiedenen. Bei jeder *getai*-Aufführung sind die Sitze der vorderen
Reihen für diese Ehrengäste reserviert und müssen frei bleiben.

Als Kind verfolgte ich die Vorbereitungen vom Beifahrersitz des Mercedes meiner Mutter aus, während wir durch die
Straßen des Bezirks mit den staatlich subventionierten Wohn-
blöcken fuhren. Ab und zu hielt Ma am Frischwarenmarkt an
der Lorong Mambong, der in einem der größeren Gebäude

untergebracht war, was mir die Möglichkeit gab, mir die Feierlichkeiten aus der Nähe anzusehen. An jenen Tagen gab es im Supermarkt ausschließlich abgepackte Lebensmittel; um frische Produkte einzukaufen, ging man in den Frischwarenmarkt. Während Ma mit Obstverkäufern und Fischverkäufern handelte, die die Preise hochgesetzt hatten, weil sie sahen, dass sie nicht aus dem Viertel stammte, verlor ich mich zwischen Kisten mit Louis-Vuitton-Taschen und Rolex-Uhren aus Pappmaschee – für die chicken, markenbewussten Geister. Schließlich nahm Ma mich beim Arm und zog mich weg. Ihre Ungeduld machte deutlich, was sie von albernem Aberglauben hielt.

Unsere Familie war streng diesseitig ausgerichtet. Ließ man den kleinen Altar in einer Ecke von Tantchen Tinas Wohnzimmer einmal außer Acht, schenkte keiner der Lins dem Fest Beachtung. Mir fiel jedoch auf, dass meine Tante ihre Töchter Lily und Rose während dieser Zeit nur ungern bei uns im Pool schwimmen ließ. Rose erzählte mir, böse Geister lauerten in den Tiefen des Wassers und warteten darauf, kleine Kinder zu ertränken. Ma konnte darüber nur mit den Augen rollen.

Obwohl ich *Zhong Yuan Jie* immer nur aus einer streng anthropologischen Perspektive betrachtet hatte, war diese Zeit des Jahres kaum zu ignorieren. Während Ba und Onkel Robert weiter darüber debattierten, was mit Cal geschehen solle, bestand jeder von ihnen darauf, am besten zu wissen, was ihr Vater gewollt hätte. Auf den Fotos an den Wänden im Büro lächelte Ahkong uns gütig zu, während er dem Handelsminister die Hand schüttelte, Sojabohnen direkt aus dem Fass probierte, Lin's allererste Flasche mit Sojasoße in der Hand hielt – in derselben Verpackung, in der wir sie auch heute noch verkaufen. Seine Augen leuchteten, er hatte das typische schiefe Grinsen aufgesetzt, und doch kannten wir auch seine andere Seite. Zu seinen Lebzeiten hatte er uns Enkelkinder kaum seine

Strenge spüren lassen. Doch ich hatte ihn, Onkel Robert und Ba bei hitzigen Streitereien erlebt, die erst zu Ende waren, wenn Ahkong mit der Faust auf den Tisch schlug und »*Gao lor*« rief. *Genug.* Die Entscheidung war gefallen.

Doch da es heute niemanden gab, der eingriff und auf den Tisch schlug, würde keiner der Söhne nachgeben.

Als die Tage vergingen, ohne dass ein Kompromiss in Sicht war, machte Ba seinen Ruhestand wieder rückgängig. Er und Onkel Robert bewältigten ihren Frust, indem sie noch länger und noch härter arbeiteten. Sie kamen immer früher ins Büro, manchmal, bevor der Nachtwächter seine Schicht beendet hatte. Mein Onkel widmete sich hingebungsvoll dem Mama-Poon-Deal, der nun offiziell war. Er vereinbarte Termine für Konferenzschaltungen nach kalifornischer Zeit und veranlasste so die Amerikaner zu der bewundernden Nachfrage, ob er denn jemals schlafe. Mein Vater kniete sich in die Rechercheergebnisse, die Frankie und ich kurz nach der Übernahme des USA-Expansionsprojekts zusammengestellt hatten. Er begann, sich nach passenden amerikanischen Vertriebskanälen für unsere Premiumsoßen umzusehen. Zum ersten Mal nach meiner Rückkehr bestand Ma darauf, allein ins Krankenhaus zur Dialyse zu fahren, damit Ba sich auf die Arbeit konzentrieren konnte. Als ich ihr anbot, sie zu fahren, blickte sie lange in Bas Richtung und sagte: »Er braucht dich mehr als ich.«

Auf unserem Büroflur machte das Gerücht die Runde, dass irgendeine Art von Buy-out unvermeidbar wäre; wenn das misslingen würde, sagten sie, würde Lin's in zwei Teile zerfallen. Hier und da steckten meine Kollegen die Köpfe zusammen, um zu diskutieren, welchem der Brüder man seine Gefolgschaft anbieten solle. Frankie erzählte mir, dass ein Wettbewerb um den Namen des Firmenablegers entbrannt sei: Lin's Sojasoße Nr. 1, Soße der rivalisierenden Geschwister.

Währenddessen versuchten Frankie und ich, uns weiterhin zu beschäftigen, und Cal versuchte es auch. Jeder von uns wusste, am Ende könnte unsere Arbeit bedeutungslos sein, je nachdem, welcher unserer Väter die Oberhand gewinnen würde. Irgendwie kamen Cal und ich stillschweigend überein, das Familienessen nicht mehr zu erwähnen. Er und ich achteten darauf, nie nur zu zweit in einem Raum zu sein. Kam es doch einmal vor, waren wir höflich und kurz angebunden.

Und dann, eines Morgens, ging mein Onkel mit einem dicken Ordner unterm Arm in Cals Büro und bat ihn herauszufinden, wie schnell Lin's die erste Lieferung der im Fiberglastank gereiften Sojasoße nach Kalifornien verschiffen könne. Mein Onkel ließ die Tür offen, um zu demonstrieren, dass er nichts zu verbergen hatte.

Nicht einmal eine Stunde später klopfte Ba an meine Tür. Ich machte mich auf einen erneuten Versuch gefasst, mich zu überreden, längerfristig bei Lin's zu bleiben. Doch stattdessen gab er mir eine Liste mit amerikanischen Importeuren exklusiver Lebensmittel, die Interesse an unseren Premiumsoßen haben könnten. Er wollte, dass Frankie und ich mit denjenigen Kontakt aufnahmen, die für Lin's am besten wären.

Und damit waren die Fronten klar und deutlich gezogen.

Sollte Frankie sich gewünscht haben, auf der anderen Seite zu stehen, dann war es ihr nicht anzumerken. Noch nie hatte sie eine Familienfehde dieses Ausmaßes erlebt, und jede neue Entwicklung ließ sie bestürzt zurück. Ich versuchte, ihr zu versichern, dass Ba und Onkel Robert zu einer Lösung gelangen würden, so wie sie es immer taten. Dennoch begann auch ich mich besorgt zu fragen, ob dieser Streit nie enden würde.

Doch erst einmal waren wir froh, dass wir eine Richtlinie hatten. Frankie und ich teilten die Aufgaben untereinander auf und legten los. Ich entwarf gerade die E-Mail, mit der wir uns bei unseren zukünftigen Partnern vorstellen wollten, als ein

Summen aus der untersten Schublade meines Schreibtischs erklang. Ich fand mein Handy schließlich in der Tasche und sah, wer mich anrief: James.

Zwölf Tage waren seit unserem ersten und einzigen Date vergangen. Zwölf Tage, in denen ich vier dürftige SMS-Nachrichten als Antworten auf meine offenkundig verzweifelt geistreichen Nachrichten erhielt, die ich ihm zuerst geschickt hatte.

»Hey, was machst du heute Abend?« war alles, was er sagte, als ich ranging.

Ich ließ das Telefon sinken und starrte auf den Bildschirm, als würde er mir Einlass zu der verwirrenden Denkweise des James Santoso gewähren. Dann hielt ich es mir wieder ans Ohr. »Das soll ein Witz sein, oder?«

Frankie erschien in der Tür. »Ein Witz? Worüber?«

Ich deutete ihr an, mir eine Minute zu geben. Doch als sie dort stehen blieb, führte ich das Gespräch fort, ohne allzu deutlich zu offenbaren, mit wem ich sprach.

Ich entschied mich für: »Erklär mir doch mal, warum es so schwer für dich ist, etwas mit Vorlauf zu planen.«

Sein Lachen war warm und rau. »Die Arbeit kostet mich den letzten Nerv. Meine Partner sind inkompetent, die Restaurants hinken dem Zeitplan hinterher. Ich hatte kaum Zeit zu essen.«

Wäre Frankie nicht da gewesen, hätte ich ihn gefragt, wie er die Zeit gefunden hatte, seine Fähigkeiten im Beachvolleyball zu trainieren. Doch da stand sie, die Arme verschränkt, mit dem Fuß auf den Boden tippend.

»Brauchst du was?«, fragte ich Frankie und deckte das Mikrofon mit der Hand ab. Sie wollte wissen, ob ich die Tabelle erstellt hätte, die sie angefordert hatte. Als ich ihr sagte, dass ich noch nicht damit angefangen hätte, verfinsterte sich ihr Gesicht.

»Hey«, sagte ich ins Telefon und war froh, eine Ausrede zu haben, um aufzulegen. »Ich muss Schluss machen. Ich muss

179

ebenfalls arbeiten, weißt du.« Ich versuchte, Frankie nicht ins Gesicht zu sehen.

»Geh heute Abend mit mir essen.«

»Gib mir einen guten Grund, warum ich das tun sollte.«

»Ich habe in dieser Woche kein einziges Mal anständig gegessen«, sagte er. »Und ich möchte dich sehen.«

»Schön«, sagte ich und seufzte schwer.

Als ich auflegte, fragte Frankie: »Wer war das?«

Ich hatte den Verdacht, sie wisse es bereits. »James«, sagte ich lässig. »Offenbar versinkt er in Arbeit.«

»Oh, Gretch«, sagte sie.

Meine Wangen brannten. »Was?«

Sie biss sich auf die Lippe und senkte den Blick. »Du solltest tun, was immer du willst.«

Irgendetwas loderte in mir auf. »Das tue ich, und das werde ich.«

Sie trat ein, schloss die Tür hinter sich und kam zielstrebig zu meinem Schreibtisch. »Du musst doch nicht sofort alles stehen und liegen lassen, wenn er anruft.«

»Ich lasse überhaupt nichts stehen und liegen«, sagte ich. »Meine sozialen Kontakte sind im Moment eh dürftig.«

»Na gut. Aber gib mir die Tabelle, bevor du gehst.«

»Sagen wir lieber, morgen früh, um ganz sicherzugehen. Ich kann heute Abend nicht lange bleiben.« Ich konnte Frankie ansehen, dass sie nicht raushängen lassen wollte, wie verwirrt sie war.

»Vielleicht fällt es dir ja schwer, das zu verstehen«, sagte sie, »aber ich will diesen Job gut machen.« Da stand sie, so voller Selbstgerechtigkeit, dass ich nicht anders konnte.

»Frankie«, sagte ich. »Sieh dich um. Glaubst du wirklich, dass es hier jemanden interessiert, was du machst?«

Vollkommen perplex presste sie die Lippen zusammen und schüttelte den Kopf. »Bring sie mir morgen als Erstes ins Büro«, sagte sie und drehte sich auf dem Absatz um.

Ich widmete mich wieder meinem Computer, fest entschlossen, mir von ihr nicht die gute Laune verderben zu lassen. Um Punkt fünf fuhr ich nach Hause, um mich für mein Date zurechtzumachen.

Am Ende waren meine Anstrengungen völlig für die Katz. Gerade als ich aus der Einfahrt vor dem Haus meiner Eltern biegen wollte, rief James an. Er sagte, er sei überarbeitet und erschöpft, ob es mir etwas ausmachen würde, direkt zu ihm in seine Wohnung zu kommen? Ach, und ob ich unterwegs etwas zum Abendessen besorgen könne?

Ich hätte Nein sagen können. Ich hätte auf die Bremse treten und sofort wieder ins Haus zurückgehen können. Aber ich tat nichts dergleichen. Ich tat alles, worum er mich gebeten hatte, und als er mich schließlich fragte, ob ich die Nacht bei ihm verbringen wolle, tat ich das auch. James überhaupt zu sehen war besser, als ihn gar nicht zu sehen. Und außerdem musste ich dringend aus dem Haus meiner Eltern raus, weg von dem bohrenden und enttäuschten Blick meines Vaters.

Ba hatte dem Konservatorium die Anzahlung bereits überwiesen; er wusste, dass ich mich entschieden hatte. Doch immer wenn ich ihm ins Gesicht schaute, sah ich all die Enttäuschungen, die ich ihm bereitete. Als ich das erste Mal gegangen war, hatte Cal meinen Platz eingenommen. Dieses Mal würde es niemand tun.

Meine Schuld wuchs und begann zu wuchern. Schon bald ließ ich die Mahlzeiten zu Hause und die Klavierstunden mit meiner Mutter ausfallen. Gott sei Dank spielte meine Mutter mittlerweile besser und brauchte nicht andauernd eine Lehrerin an ihrer Seite. Wenn James anrief, fuhr ich sofort zu ihm. Mir war schleierhaft, wodurch sich meine Anziehungskraft so gesteigert hatte, aber plötzlich wollte er mich ständig sehen. Manchmal brachte ich etwas vom Imbiss mit, manchmal aßen wir in einem dieser kleinen mittelmäßigen Restaurants in der Nähe seiner Wohnung. Unsere Gespräche waren nett, aber oberflächlich, so wie der Sex auch.

Während ich auf Zehenspitzen durchs Haus lief, um mir frische Kleidung zu holen, während ich die mir nun vertraute Strecke zu James und wieder zurückfuhr, während mein Vater mich weiterhin beobachtete, ohne ein Wort zu sagen, brannte Tag für Tag die unerbittliche tropische Sonne auf meine Haut. Dieselbe Sonne, die unseren Sojabohnen Kraft gab und sie in unser prämiertes goldenes Gebräu verwandelte, laugte mich vollkommen aus. Ich hatte das Gefühl, dazu verdammt zu sein, in den nächsten vier Monaten Wasser zu treten, auf der Stelle zu laufen, nichts zu erreichen.

Nach zwei Wochen Suche nach amerikanischen Vertriebspartnern, die Interesse an unserer Premiumsoße haben könnten, informierte Frankie mich darüber, dass Cal ihre Hilfe bei seinem Projekt benötige. Sie legte einen großen Stapel Dokumente auf meinen Schreibtisch. »Es macht dir doch nichts aus, oder?«, fragte sie. »Es interessiert ja sowieso niemanden, was ich hier tue.«

Sobald sie gegangen war, warf ich den gesamten Stapel in meinen Papierkorb, kroch dann aber sofort unter meinen Schreibtisch, um die Dokumente wieder herauszufischen, und hoffte, dass mich niemand dabei gesehen hatte.

Zwischen den Dokumenten lag eine glänzende grüne Broschüre, die meine Aufmerksamkeit erregte. Wie sie in Frankies Stapel geraten war, wusste ich nicht. Es war eine Broschüre der vierten internationalen Naturkostmesse, die im nächsten Monat in San Francisco stattfinden würde. Ich las mir alles genau durch, blätterte zum Anfang zurück und las alles noch einmal.

Die Messe würde in einem riesigen Kongresszentrum in der Nähe des Yerba Buena Gardens stattfinden, einem über zweitausend Quadratmeter großen heimeligen Park im Herzen von San Franciscos Finanzdistrikt. Ich streifte unter dem Schreibtisch meine Slipper ab und stellte mir das kühle und raue Gefühl des frisch gemähten Rasens unter meinen Fußsohlen vor.

Ich war immer noch in die Lektüre der Broschüre vertieft, als Shuting hereinschaute, um mir Büromaterial vorbeizubringen. »Das schicken die jedes Jahr«, sagte sie. »Wir fahren nie hin.«

»Danke«, sagte ich abwesend. Ich schlüpfte wieder in die Schuhe.

Am Ende des Tages hatte ich eine Stellungnahme geschrieben, in der ich darlegte, warum die vierte internationale Naturkostmesse der perfekte Ort sei, um Lin's Premiumsoße in Amerika vorzustellen, und warum ich die perfekte Person sei, um sie dort zu präsentieren. Ja, es lag noch eine Menge Arbeit vor uns, bevor wir unsere Premiumsoßen in großen Mengen exportieren könnten. Ja, wir benötigten noch ein umfassendes Verständnis des amerikanischen Marktes. Aber irgendwo mussten wir doch anfangen, und einen besseren Weg, um Kontakte zu knüpfen und Möglichkeiten zu entdecken, gab es eigentlich nicht. Gerade jetzt, wo der Mama-Poon-Deal in trockenen Tüchern war.

Ba gefiel die Idee auf Anhieb. Soweit ich wusste, gefiel ihm jede Idee, die damit verbunden war, dass ich bei Lin's mehr Verantwortung übernahm. Aber wie auch immer, mein Onkel sträubte sich. Er sagte, der Trip sei reine Geldverschwendung und es brauche mehr als nur eine Messe, um amerikanische Kunden zu überzeugen, unsere Premiumsoßen zu kaufen.

Doch am Ende war Onkel Robert einverstanden, mich zur Messe zu schicken – in erster Linie, so schätzte ich, weil er glaubte, ohne mich bessere Chancen zu haben, Bas Meinung über Cal zu ändern.

Nur Frankie blieb skeptisch.

Später an jenem Tag zog sie mich in ihr Büro. »Hast du auch gründlich darüber nachgedacht? Bist du sicher, dass du bereit bist, ihn zu sehen?«

»Wen?«, fragte ich ausweichend, um Zeit zu schinden. Die Pappkartons voller Akten, die in einer Ecke standen, lugten hervor wie ein unerwünschter Gast.

Sie rollte mit den Augen.

»Du meinst Paul?«, sagte ich.

Sie stieß geräuschvoll den Atem zwischen den Lippen aus, um zu demonstrieren, wie aufgebracht sie war. »Gretch, was tust du nur?«

Ich sagte, ich wisse nicht, was sie meine.

»James hat Pierre erzählt, dass du fast jeden Abend bei ihm bist.«

»Dir und deiner Mannschaft scheinen ja wirklich die Gesprächsthemen auszugehen«, sagte ich, fühlte mich aber insgeheim geschmeichelt, weil James mit seinen Freunden über mich sprach. Ich hätte gerne gewusst, was er Pierre noch über mich erzählt hatte.

Sie ignorierte mich. »Ich mein's ernst.«

»Frankie«, sagte ich. »Ich werde eine Messe besuchen. Ich muss damit anfangen, mich in San Francisco nach einem Apartment umzusehen, fertig. Keine große Sache.«

»Das ist alles?«, fragte sie. Ihre Hartnäckigkeit überraschte mich. Bevor ich etwas entgegnen konnte, sagte sie: »Wenn diese Sache mit James so zwanglos ist« – ich hatte keine Chance, sie zu fragen, wie sie zu diesem Schluss kam – »wieso jagst du dann deine Freunde fort, um nur noch Zeit mit ihm zu verbringen?«

Ihre braunen Augen mit den langen Wimpern waren die Augen von meiner alten College-Mitbewohnerin, dem Mädchen, das noch nie einen Freund gehabt hatte und nie ein Date ergattern konnte. »Okay«, sagte ich. »Hier geht's gar nicht um mich.«

Sie kniff die Augen zusammen. »Was meinst du damit?«

Ich sagte: »Es tut mir leid, dass sich für dich nichts geändert hat. Es tut mir leid, dass du den ganzen Weg hergekommen und immer noch Single bist. Du wirst ständig gefragt, ob du ausgehen willst. Wovor hast du eigentlich Angst?«

Frankie schlang die Arme eng um ihren Oberkörper, als wäre ihr plötzlich sehr kalt. Als sie sprach, klang ihre Stimme belegt. »Das hat damit überhaupt nichts zu tun.«

»Ach was?«, hakte ich triumphierend nach. »Womit denn dann? Na los, verrate es mir.«

Sie starrte mich an, und ich spürte, wie meine Überlegenheit verschwand.

»Na schön«, sagte sie. »Es ist ein Fehler, nach San Francisco zu fahren. Er wird dir wieder das Herz brechen.«

Hitze breitete sich in meiner Brust aus wie ein Fleck. »Vielleicht erinnerst du dich ja, dass ich noch mein Masterstudium abschließen muss.«

Ihre Gesichtszüge wurden weicher. »Hör mal«, sagte sie. »Ich wollte doch nur …«

Ich schnitt ihr das Wort ab. »Nein, du hörst mir zu. Ich gehe nach San Francisco zurück, weil das mein Zuhause ist. Du hast nicht so eine Familie wie meine. Du verstehst das nicht.«

»Dann gibst du's also zu«, sagte sie und wurde lauter. »Du läufst weg.«

Ich schlug mit der flachen Hand auf den Tisch. Der Inhalt einer Schachtel Büroklammern ergoss sich auf den Boden. »Tust du das nicht auch? Ist das nicht der Grund, warum du hier bist? Um den Leuten zu entkommen, die wissen, dass du mal fett warst?«

Sie bückte sich abrupt und hob eine Büroklammer nach der anderen auf.

»Frankie«, sagte ich, doch sie blickte nicht auf.

Obwohl Frankie aus Fresno kam, drei Stunden von Stanford entfernt, war ich nur ein einziges Mal bei ihr zu Hause gewesen. Auf dem Weg nach Los Angeles, wo wir die Frühjahrsferien verbringen wollten, hatten wir haltgemacht, um ihre Mutter zu besuchen. Frankies Mum war groß und breit. In ihrem weiten Baumwollkittel wirkte sie etwas schwerfällig und weich, so wie Frankie es auch mal war. Ihre Mum servierte uns Grilled Cheese Sandwiches aus vorgeschnittenem Toastbrot und Tomatensuppe aus der Dose. Nach nicht einmal einer Stunde sagte Frankie, wir müssten weiter, damit wir nicht in den Stau kämen, und ihre Mutter gab uns eine Tüte Marshmallows und ein tapferes Lächeln mit auf den Weg. Im Wagen sagte Frankie leise: »Danke. Es tut mir leid, dass wir das tun mussten.«

»Keine Ursache«, erwiderte ich heiter, war allerdings unsicher, was ich noch sagen sollte.

Ich wusste, wie ich auf Frankie gewirkt haben musste: Wie ein verwöhntes, naives Mädchen, für das seine Familie und seine Freunde eine Selbstverständlichkeit waren.

Frankie richtete sich auf und legte eine Handvoll Büroklammern auf ihren Schreibtisch. Dann schlug sie sich resigniert auf den Schoß.

»Ich schätze, wir laufen beide davon«, sagte sie.

Ich wollte sie wissen lassen, dass die Weigerung, der Wahrheit ins Gesicht zu sehen, bei mir viel ausgeprägter war als bei ihr – wenigstens das konnte ich ihr zugestehen. Doch sie schloss die Augen, lehnte den Kopf an die Rückenlehne des Stuhls und sagte: »Kannst du dir wirklich vorstellen, den Rest deines Lebens in San Francisco zu verbringen?«

Ich wollte gerade antworten, als sie fortfuhr. »Denn manchmal denke ich, ich könnte es hier tun.«

Ihr Bekenntnis überraschte mich. Mein ganzes Erwachsenenleben lang war ich davon ausgegangen, ich würde mich in Amerika niederlassen, doch Frankies Einwurf ließ mich diesen Gedanken zurückverfolgen. Ich konnte mich nicht daran erinnern, zu einem bestimmten Zeitpunkt eine endgültige Entscheidung getroffen oder es von vornherein gewusst zu haben. Zum ersten Mal spielte diese Unterscheidung eine Rolle.

»Wirklich?«, fragte ich. »Hier? Im winzigen, klaustrophobischen Singapur?«

Sie sagte: »Verrückt, was? Ich kann nicht glauben, wie verrückt das klingt.«

Es war Mitte September, und draußen vor dem Fenster und in den Fluren, vermutlich sogar hier in diesem Raum wandelten hungrige Geister umher und verwandelten unsere irdische Welt in ihren Spielplatz.

Bald würde das Fest vorbei sein. Die Geister würden wieder in die Unterwelt zurückkehren, wo sie, vernachlässigt von ihren Nachfahren, bis zum nächsten Jahr bleiben würden. Ich glaubte nicht an Geister, ich glaubte nicht an ein Leben nach dem Tod, doch ich stellte mir Ahkong vor, wie er in seinem adretten kurzärmligen Hemd und mit einer Krawatte um den Hals mitten unter uns schwebte. Seine Söhne sprachen nicht miteinander; sein Enkel konnte einen Fehler nicht zugeben; seine Enkelin war bereit, erneut zu fliehen. Und bis dahin versteckte sie sich, duckte sich weg, sah weg, in der Hoffnung, sich selbst jegliche Schuld absprechen zu können, indem sie sich weigerte, den Problemen ins Gesicht zu sehen.

12

Kurz nachdem ich meine Kampagne für die Teilnahme an der Messe lanciert hatte, ging ich an einem Abend, an dem James mir mitgeteilt hatte, zu ausgelaugt zu sein, um mich zu sehen, in das Badezimmer meiner Eltern, weil ich auf der Suche nach einem Pflaster war. Als ich nach Mas Zahnputzbecher griff, um einen Schluck Wasser zu trinken, roch ich einen Hauch Gin.

Sie beharrte darauf, dass ich mich viel zu sehr aufregen würde. Es wären doch nur ein paar Schlucke gewesen. Sie hätte eine kleine Einschlafhilfe gebraucht. Ich würde aus einer Mücke einen Elefanten machen.

Jede ihrer Ausreden drohte mich tiefer in die Knie zu zwingen. Mein Kopf war zu schwer, um ihn aufrecht zu tragen; ich war aus der Bahn geworfen. Ich wandte mich an Ba, doch er war genauso fassungslos wie ich.

Ma straffte die Schultern. »Ein kleiner Ausrutscher wird meine Fortschritte sicher nicht gefährden. Es geht mir schon viel besser, das habt ihr beide selbst gesagt.«

Ich ging an ihr vorbei und öffnete die Türen des Medizinschranks.

»Was erlaubst du dir!«, sagte sie.

Ich ging durchs Badezimmer und öffnete Schränke und Schubladen. Dann ging ich ins Schlafzimmer und tat dort das Gleiche.

»Hör auf«, schrie sie. »Hör sofort damit auf.«

Mein Vater folgte ihr hilflos.

Überall waren Flaschen, einige leer, andere nicht – zwischen Gesichtscremes und Salben verborgen, in Schuhkartons versteckt, in Seidenschals eingewickelt.

»Das habe ich nur wegen euch getan«, sagte Ma. »Ihr habt mich doch dazu getrieben.«

Ich zog meinen Vater aus dem Zimmer. »Bitte«, sagte ich. »Wir haben keine andere Wahl.«

Zunächst schloss Ba die Augen und schüttelte so heftig den Kopf, dass scheinbar sein ganzer Körper bebte. Doch dann flüsterte er: »Okay.«

Selbst wenn ich zuvor noch Zweifel gehabt hatte; seine Kapitulation kam so plötzlich und vollständig, dass mir unmissverständlich klar wurde, wie verloren wir drei waren.

Später dachte ich ununterbrochen an die Kette von Ereignissen, die mich in Mas Badezimmer geführt hatte: Der Rasierer, der mir aus den eingeseiften Fingern rutschte, der leere Erste-Hilfe-Kasten in meiner Kommodenschublade. War es wirklich nur Durst gewesen oder einfach ein vertrautes Kitzeln in der Nase, das mich zu diesem Becher hatte greifen lassen?

Die Entzugsklinik *Light on Life* befand sich an der nördlichsten Spitze der Insel. Während der gesamten Fahrt zeigte Ma sich von ihrer besten Seite. Sie war vernünftig, gefasst.

Sie behauptete, sie habe noch eine Chance verdient. »Ihr habt die Statistiken doch gesehen. Diese Sache funktioniert selten auf Anhieb.«

Je plausibler sie klang, desto größer wurde meine Anspannung.

Als wir vor der Klinik ankamen, begrüßten uns pittoreske, offene Gebäude im balinesischen Stil, vor denen Hibiskusbüsche standen, an denen üppige, tellergroße Blüten prangten. Begierig, uns zu zeigen, wie vernünftig sie war, begab Ma sich zu ihrer medizinischen Voruntersuchung, während Ba und ich uns mit dem Klinikdirektor trafen, einem langhaarigen, stark gebräunten Australier, der eher wie ein Surflehrer oder Raftingtour-Führer aussah. Er erklärte uns, Light on Life arbeite mit einer Therapie im Stil des Zwölf-Schritte-Programms, aber mit »einem ganzheitlichen, weltlichen ›Dreh‹«.

»Wir helfen unserer Klientel dabei, ihre Ziele zu erreichen, wie auch immer die aussehen«, sagte er.

Leichte Panik machte sich auf dem Gesicht meines Vaters breit.

Der Direktor fuhr fort. »Ein Ziel könnte zum Beispiel Abstinenz sein. Oder gemäßigtes Trinken. Wir haben keine starren und schnellen Regeln.«

Er sagte noch andere Sachen, aber die rauschten an mir vorbei. Ich verlor mich zunehmend in der Bewegung seiner Lippen und seiner Zähne. Anders als Ba fühlte ich mich seltsam ruhig. Jetzt galt es, dass Ma nicht länger in dem Haus mit seinen Verstecken, sondern in den Händen von Menschen war, die kompetenter waren als ich.

»Wie läuft Ihr Aufnahmeverfahren ab?«, fragte ich.

Als das Treffen beendet war, gingen wir zu Ma. Die Hände in die Hüften gestemmt, das Kinn erhoben, stand sie in der Mitte des kleinen, spartanischen Zimmers, das für die nächsten einundzwanzig Tage ihr Zuhause sein würde. Sie hatten sie in einen übergroßen weißen Bademantel gesteckt, der auf der rechten Brustseite mit dem Schriftzug von Light on Life bestickt war. Wegen Mas zarter Gestalt saß der Schriftzug ungünstig über ihrem Zwerchfell, und der Saum reichte ihr über die Fußgelenke.

»Diese ganze Sache ist doch absurd. Bringt mich nach Hause.« Sie wusste, wir würden sie nicht gegen ihren Willen zurücklassen.

Ich wartete darauf, dass mein Vater etwas Kluges und Tröstendes sagte, doch alles, was er herausbekam, war: »Es tut mir leid, Ling.« Er ließ die Hände fallen und senkte den Kopf. Durch das dünner werdende, silbrige Haar schimmerte in der Mitte der Schädeldecke rosafarbene Kopfhaut durch.

»Bitte, Ma, versuch es wenigstens«, sagte ich. »Jeder von uns braucht Hilfe.« Ich stieß meinen Vater in die Seite, damit er mir Rückendeckung gab.

Er sagte: »Ich weiß nicht, was ich tun soll. Ling, sag mir, was ich deiner Meinung nach tun soll.«

Sie stand starr wie eine Statue da, in diesem viel zu großen Bademantel. Wenn sie ausatmete, zog ihr Körper sich auf eine Art zusammen, als wolle er nichts mehr mit uns zu tun haben. Dann trat sie auf den winzigen Balkon, auf dem gerade einmal ein hölzerner Klappstuhl Platz fand.

»Wir lieben dich«, sagte ich. »Morgen kommen wir wieder.« Ich trat einen Schritt vor, um meine Mutter zu umarmen, doch sie schob die Tür des Balkons zu, ohne sich noch einmal umzudrehen.

Ich weiß nicht, wie lange mein Vater und ich dort standen und darauf warteten, dass Ma uns eines Blickes würdigte. Als ich ihn schließlich ansah, schaute er so niedergeschlagen drein, dass ich wusste, ich musste ihn da rausschaffen.

Ich sagte: »Sie braucht Zeit für sich allein. Morgen wird ein besserer Tag sein.« Ich nahm seine Hand und führte ihn hinaus, und er verschränkte seine Finger mit meinen.

In jener ersten Woche haben Ba und ich Ma jeden Tag besucht. Wir versuchten sie zu beschäftigen, erzählten ihr die Neuigkeiten von Lin's, doch sie beachtete uns nicht und verließ manchmal sogar das Zimmer.

Danach folgten Ba und ich dem gewundenen Plattenweg zurück zum Parkplatz – wo jeder von uns nach einer freundschaftlichen Umarmung in seinen eigenen Wagen stieg und seine eigene Strecke zurückfuhr.

Nur ein einziges Mal fragte mein Vater, wohin ich fahre.

»Zum Abendessen«, antwortete ich, während sich mein Puls beschleunigte. Eigentlich hatten wir noch nie über James gesprochen.

»Und wann kommst du nach Hause?«

Die Sonne stand tief am Himmel, und ein kühler Wind strich durch die Bäume, doch mein Gesicht wurde immer heißer. Ich begann zu schwitzen. »Weiß ich noch nicht.«

Ba ging mit forschen Schritten weiter, und ich war noch nie so froh gewesen, endlich meinen Wagen zu sehen. »Da bin ich«, sagte ich tonlos. Ich drückte den Knopf, um die Türsperre aufzuheben, und das Auto tat einen munteren Pieps.

Ba blieb stehen und blockierte mir den Weg zur Fahrertür. »Man ist nie zu alt für dumme Entscheidungen«, sagte er. »Weißt du, es war meine Entscheidung, Ma hierherzubringen.«

So wie's aussah, kam ich gerade noch mal um ein Gespräch über James herum. »Komm schon, Ba. Sie haben uns gesagt, die ersten paar Tage seien die schlimmsten.«

Er trat ein paar Schritte zurück, gerade einmal so viele, dass ich mich an ihm vorbeiquetschen konnte. »Ich möchte, dass du weißt, ich gebe dir keine Schuld. Es war mein Fehler, auf dich zu hören.«

Ich versuchte nicht, mich zu rechtfertigen. Ich bewegte mich nicht einmal. »Willst du, dass ich nach Hause komme?«

Er war schon losgelaufen.

»Ich meine, jetzt, sofort?«, rief ich ihm hinterher.

Er blickte sich kaum um. Ich konnte seinen Gesichtsausdruck nicht erkennen.

»Tu, was immer du willst«, sagte er. »Es spielt keine Rolle, was ich denke.«

Danach besuchten Ba und ich meine Mutter nicht mehr gemeinsam.

Wir wechselten uns nun ab. Jeden zweiten Abend ging ich um fünf aus dem Büro, um zur Hauptbesuchszeit in der Klinik zu sein. Ich fand meine Mutter oft mit einem Buch in der Hand auf ihrem Zimmer, die Balkontür einen Spalt weit offen. Ich deutete das als positives Zeichen. Selbst wenn sie sich weigerte, von ihrer Lektüre aufzuschauen. Mit einer Zeitschrift auf einem Klappstuhl hockend, saß ich ihr gegenüber und versuchte die meiste Zeit, sie zu einem Blickwechsel zu bewegen. Ich bewunderte sie für die Energie, die es sie kosten musste, mich vollkommen auszublenden.

Ihr Therapeut versicherte mir, dieses Verhalten sei normal. Natürlich sei meine Mutter zu Beginn wütend und fühle sich betrogen. Der Therapeut sagte, ich solle mir eine Welle vorstellen, die auf mich zugerollt käme. Das wäre das Bedürfnis zu trinken. In dem Moment, in dem die Welle am höchsten sei, glaube man, von ihr mitgerissen zu werden und zu ertrinken. Doch wenn man sich innerlich wappne und sich ihr entgegenstelle, rolle die Welle über einen hinweg und man finde sich selbst auf der anderen Seite wieder. »Versuchen Sie zu verstehen, was Ihre Mutter durchmacht«, sagte er.

Was ich verstand war: Ma arbeitete daran, den Alkohol aus ihrem Leben zu verbannen, ich trank mehr denn je. Ich war ein regelmäßiger Gast im Chaplin's geworden, wo ich einen Wodka Tonic nach dem anderen hinunterkippte, während ich auf einen Anruf von James wartete und Ausreden erfand, um mich nicht mit meinen Freunden treffen zu müssen.

»Du siehst schrecklich aus«, sagte Kat, nachdem ich schließlich zusagte, mich mit ihr in einem italienischen Restaurant in der Nähe ihres Büros zum Abendessen zu treffen. »Ich meine, ich weiß, es ist gerade nicht leicht für dich, aber du siehst schrecklich aus.«

Ich fuhr mir mit der Hand durch mein fettiges ungewaschenes Haar. Ich sah keine Notwendigkeit, mich aufzuhübschen, wenn ich mich nicht mit James traf. Ich drückte mir die Finger auf die Augenlider und genoss einen Augenblick lang die

Dunkelheit. »Danke. Und du wunderst dich, warum ich nicht ausgehen will.«

»Ich weiß genau, warum du zu beschäftigt bist, um dich mit uns zu treffen«, sagte sie, die Stimme scharf wie ein Rasiermesser. Sie stieß ihre Gabel in einen Berg Linguine und wickelte sie auf.

»Kat«, sagte ich. »Im Moment brauche ich wirklich keine Beziehungsratschläge.«

Sie kaute zu Ende. »Ich habe deine Mutter gemeint.«

Wir wussten beide, das war eine Lüge. »Wo du's gerade ansprichst«, sagte ich, »wir haben meine Mutter in eine Entzugsklinik gebracht, und jetzt spricht sie nicht mehr mit uns.« Ich war mir nicht sicher, warum ich ausgerechnet diesen Moment gewählt hatte, um die Neuigkeit zu enthüllen, oder warum meine Stimme so boshaft klang.

Kat schlug sich die Hand vor den Mund. »Gretch, das tut mir leid. Wie geht es dir und deinem Dad damit?«

Ich erzählte ihr, mir ginge es gut, und soweit ich wüsste, ginge es ihm auch gut. Allen ginge es supergut.

Sie legte ihre Gabel ab. »Warum können wir beide eigentlich nicht miteinander reden?«

Ich schob meinen Teller weg. Mir war der Appetit vergangen. »Wie soll ich dir denn etwas erzählen, wenn du mich immer nur verurteilst?«

»Jetzt darf ich mir also keine Gedanken mehr machen?«

Ich sagte: »Wieso sagst du es nicht einfach? Du glaubst, ich sei eine schlechte Tochter. Du glaubst, ich suche mir Männer aus, die mich wie Dreck behandeln.«

»Ich mache mir Sorgen um dich«, sagte sie einförmig. »Du bist keine schlechte Tochter.«

»Kannst du dir vorstellen, wie es ist, deinen Ehemann zu verlieren?«

»Ich versuche es zu verstehen. Hilf mir, es zu verstehen«, sagte sie.

Wie sollte ich ihr erklären, dass ich Paul zurücknehmen würde, obwohl er mich betrogen und verlassen hatte? Wie sollte ich erklären, warum ich mich an James klammerte? Wie sollte ich Kat von alldem erzählen und von ihr erwarten, mehr als nur Mitleid zu empfinden?

Wir aßen schnell zu Ende und zahlten die Rechnung.

»Ruf mich an, wenn du reden möchtest«, sagte Kat, worauf ich gar nichts sagte.

Zurück im Haus meiner Eltern schlitzte ich den Rand eines Pappkartons voller Bücher auf und nahm mir einige heraus, die ich noch oder noch einmal lesen musste, bevor ich im Januar mit meiner Abschlussarbeit beginnen würde. Ich schickte Marie, Andrea und Jenny am Konservatorium die gleiche leichtherzige und tapfere E-Mail. Es war das erste Mal, dass ich mich bei ihnen meldete, seit ich San Francisco verlassen hatte. Wegen Mas wackeligem Zustand legte ich meine Pläne für den Trip zur Messe erst einmal auf Eis. Trotzdem suchte ich im Internet nach Studios und hellen Zweizimmerwohnungen mit Holzboden und Gasherd. Und obwohl ich jedes Mal aufsprang, wenn James anrief, tagträumte ich immer häufiger von Paul. Ich stellte mir vor, wie ich ihm vor unserem Coffeeshop in unserem alten Viertel oder vor unserem Taco-Laden im Mission District zufällig begegnete oder ihm irgendwo in der Stadt über den Weg lief. »Ich wusste gar nicht, dass du wieder hier bist«, würde er sagen und mir mit ausgestreckten Armen entgegenkommen. Ich würde cool erwidern: »Warum solltest du auch?«

Nachts lag ich wach im Bett, in meinem Hirn raste es, und ich überlegte, was ich alles noch erledigen musste, bevor ich Singapur verließ, und was mich in San Francisco erwartete. Wenn ich gar keinen Schlaf fand, nahm ich das Metronom vom Nachttisch, stellte es auf Vierzig, das langsamste Tempo, und zählte die gleichmäßigen Klicks. Sobald der Zeiger ausschlug, musste man nur noch im Takt bleiben.

Im Verlauf von Mas zweiter Woche fragte ich Frankie, ob sie mich in die Klinik begleiten wolle. Ich ertrug den Gedanken nicht, einen weiteren Abend in das zu Stein erstarrte Gesicht meiner Mutter zu blicken oder vom Balkon aus zu beobachten, wie ein Wohnkomplex in der Ferne langsam, aber sicher über die Baumwipfel wuchs. Ich trank unendlich viele Styroportassen dünnen Lipton-Tee aus der gigantischen Thermoskanne im Wartezimmer. Ich war verzweifelt. Frankie und Ma hatten sich im Laufe der Jahre ein paarmal gesehen und sich immer gut miteinander verstanden.

»Gretch«, sagte Frankie, »ich hatte ja keine Ahnung.«

Ich verspürte einen Anflug von Zuneigung für Kat, die die Neuigkeit für sich behalten hatte. »Dann kommst du mit?«

Vielleicht betrachtete Frankie meine Einladung als Geste des guten Willens, vielleicht tat ich ihr einfach nur leid. Auf jeden Fall willigte sie ein, mitzukommen.

Nach der Arbeit nahmen wir die Bukit-Timah-Schnellstraße und fuhren an Stauseen und Naturschutzgebieten vorbei mitten ins Zentrum der Insel. Östlich der Fabrik und westlich des Geschäftsviertels fiel einem sofort die üppige Vegetation auf. Als wir aus dem Wagen stiegen, stand die Luft schon fast erschreckend still. Es waren keine Motoren, keine piepsenden Handys und kein elektrisches Brummen zu hören. Nichts von dem, was das Rückgrat dieser Stadt bildete.

Als ich unsere Namen auf die Besucherliste schrieb, beäugte die Rezeptionistin, eine junge Malaiin mit einem violetten, geblümten Kopftuch, Frankie mit großem Interesse. »Sind Sie aus den USA?«

Frankie zog den Kopf ein und sagte: »Ja.« Sie war es gewohnt, vorsichtig zu sein.

»Aus welcher Ecke?«, bohrte die Rezeptionistin weiter. »New York?«

Ich war Dutzende Male an dieser Frau vorbeigegangen. Sie war nie unfreundlich gewesen, hatte aber auch nie ein Wort mit mir gesprochen.

196

»Kalifornien«, sagte Frankie.

Die Rezeptionistin nickte wissend, als hätte sie es vermutet. »Wie schön. Soll nett sein.«

Bei Lin's hatten sich die Kollegen mittlerweile an Frankie gewöhnt, und ich hatte vergessen, dass sie anderswo jeden Tag Aufmerksamkeit erregte. Überall in Singapur wurde sie von Ladenbesitzern, Wachleuten oder Taxifahrern interessiert beobachtet. Nach über einem halben Jahrhundert der Unabhängigkeit von der britischen Kolonialherrschaft war unsere Nation noch immer vom Westen fasziniert. Diese Faszination offenbarte sich in übergroßen Werbeplakaten mit hellhäutigen Models, im gezwungenen Queen's English der Nachrichtensprecher und in Flugzeugladungen voller Studenten, die zum Studium ins Ausland flogen. An einer Bushaltestelle wollten einmal ein paar Teenager wissen, ob Frankie eine gewisse australische Schauspielerin sei. Als Frankie rot wurde und den Kopf schüttelte, steckten sie die Köpfe zusammen und brachen in Kichern aus. In San Francisco war ich nicht ein einziges Mal in eine annähernd ähnliche Situation gekommen. Wenn überhaupt, bildete ich mir etwas darauf ein, mich dort angleichen zu können.

Nun führte ich Frankie den Flur entlang zum Zimmer meiner Mutter. »Wundere dich nicht, wenn sie ausflippt.«

Frankie versicherte mir, sie sei auf alles gefasst.

Ma saß mit dem Rücken zu uns auf dem Balkon und las. Als sie sich umdrehte, fiel ihr das Buch aus der Hand.

»Ma, ich habe eine Freundin mitgebracht.«

Ma kam rasch zu uns. »Frankie Shepherd«, sagte sie. »Du siehst fantastisch aus.« Ich konnte gar nicht glauben, dass sie tatsächlich sprach. Wenn auch nicht mit mir. Und dann sah Ma mich zum ersten Mal seit dem Morgen, an dem wir sie in diesem Zimmer zurückgelassen hatten, unmittelbar an und sagte: »Wieso hast du mir nicht gesagt, dass du Frankie mitbringst? Dann hätte ich aufgeräumt und mich chic gemacht.« Sie deutete mit der Hand auf ihr hübsch zurechtgemachtes Gesicht, die zart geschminkten Wangen und die nachgezogenen Augenbrauen. Das Zimmer war makellos, nur der aufgeschlagene Rand des weißen Lakens war das einzige Indiz dafür, dass es bewohnt war.

Ich wollte erst Ma in die Arme schließen und danach Frankie, die sich bereits nach vorn gebeugt hatte, um meine Mutter zu drücken. »Wie schön, Sie zu sehen, Mrs Lin.«

»Musst nicht steif sein, *lah*«, sagte Ma, die nur mit Leuten Singlisch sprach, die wussten, worum es ging. »Nenn mich Ling. Oder – da du ja nun Singapurerin bist – Tantchen Ling.«

»Tantchen Ling«, wiederholte Frankie.

Ma setzte sich auf den Bettrand und zeigte auf einen Stuhl. »Setz dich«, sagte sie zu Frankie. »Es ist schön, dich nach all den Jahren zu sehen, selbst in diesem unerfreulichen Umfeld.«

Frankie blickte durch die Schiebetür des Balkons. »Aber was für ein wunderbarer Ausblick!«

»Regular Suite, Ritz-Carlton. Alles darunter wäre für meinen Mann und meine Tochter auch nicht in Frage gekommen.«

Ich erstarrte, unfähig, einzuschätzen, wie fies das gemeint war. Doch dann sagte Ma: »Verglichen mit anderen Einrichtungen dieser Art, ist es hier nicht so schlecht. Habe ich jedenfalls gehört.«

Meine Augen fingen an, vor Rührung zu brennen. Ich konnte nichts dagegen tun.

Meine Mutter wandte sich Frankie zu. »Erzähl mir alles. Wie gefällt dir Singapur diesmal? Es tut mir leid, dass wir uns bei deinem letzten Besuch verpasst haben. Und wie läuft's bei Lin's? Du bist ja zu einem wirklich interessanten Zeitpunkt aufgetaucht.«

Als Frankie begann, ihr von der Arbeit zu erzählen, schlüpfte ich zur Tür hinaus, um uns allen Tee zu holen.

Während ich über den Flur schlenderte, warf ich einen Blick in einen luftigen Raum mit einer hohen Decke, in dem ein halbes Dutzend Ladys und ein älterer, dickbäuchiger Herr angestrengt ihre steifen, unförmigen Körper verbogen, um eine Yogagrundposition einzunehmen. Die Trainerin war jung, straff und hatte eine stachelige Kurzhaarfrisur. Sie strotzte dermaßen vor Gesundheit und Wohlbefinden, dass ihre Anwesenheit inmitten der anderen Patienten wie ein Schlag ins Gesicht wirkte. Draußen im japanischen Garten warf ein erschütternd dünnes Mädchen mit lädierten Armen einem fetten, orangefarbenen Karpfen im Fischteich Brotstückchen zu, während ein ergrauendes Paar mittleren Alters – ihre Eltern? – ihm dabei zusahen. Einige dieser Patienten blieben bis zu einem Jahr, während meine Mutter schon fast die Hälfte ihrer dreiwöchigen Zeit hinter sich hatte. Ihr Therapeut musste mir nicht erklären, dass Rückfälle nichts Ungewöhnliches waren. Er erzählte mir, er selbst habe zwei Rückfälle gehabt, bevor er endgültig trocken geworden sei. Er sprach stolz von seinem zehnten »trockenen Geburtstag«, den er nächsten Monat feiern würde.

Enttäuschung und Kummer waberten durch die Flure und verbanden die kargen Zimmer miteinander. Und trotzdem bemühten sich die Leute weiter. Sie streckten sich und strampelten sich ab. Die vornehme Stimme von Amerikas beliebtester Talkmasterin hallte in meinen Ohren: »Es wird Ihnen bald besser gehen, denn jetzt sind Sie ja hier.« Als wäre es so einfach.

Mit einem Plastiktablett, auf dem drei Tassen standen, ging ich wieder ins Zimmer zurück.

Meine Mutter zählte Filmstars auf, um herauszukriegen, mit welcher Art Mann Frankie gerne ein Date hätte. »Brad Pitt«, sagte sie. »Colin Firth. Mark Ruffalo. Wie heißt dieser junge Kerl? Adrian Grenier. So einen kann ich mir an deiner Seite vorstellen.«

Frankie kicherte und schüttelte den Kopf.

Ich reichte ihnen ihren Tee, sie dankten mir abwesend.

»Keiner von denen?«, fragte Ma ungläubig.

Als ich meine Bewunderung dafür ausdrückte, dass sie mit Hollywoods erster Männerriege vertraut war, betonte Ma, sie sei fast drei Jahrzehnte lang von Studenten umgeben gewesen. Tatsächlich hatte sie so oft die Auszeichnung als beste Uniprofessorin bekommen, dass ihre Kollegen witzelten, die Univerwaltung solle das Preisgeld einfach auf ihr Gehalt draufschlagen und die Auszeichnung streichen. Ich musste an ihre Studenten denken. An die, deren Abitur zu schlecht war, um Jura zu studieren, und an die, die sich ein Studium im Ausland nicht leisten konnten. Wie sehr sie meine Mutter vermisst haben mussten.

Ma wandte sich wieder Frankie zu. »Also gibt es im Moment niemanden? Das kann ich kaum glauben.«

»Das ist ja das Problem«, sagte Frankie und warf die Arme in die Luft. »Ich hab so gut wie kein Date gehabt und weiß nicht, wo ich anfangen soll.«

Ma schürzte die Lippen, und Frankie fuhr fort: »Jedes Jahr wird es schlimmer. Bald werde ich die Einunddreißigjährige oder Zweiunddreißigjährige oder Vierunddreißigjährige sein, die nie einen Freund hatte. Ich hasse erste Dates. Wenn ich die Wahrheit über meine vergangenen Beziehungen erzähle – oder besser den Mangel daran –, sieht mich der Typ immer an, als wäre ich eine Art Freak.«

Sie hatte mir das alles schon mal erzählt, aber ich wusste nie, was ich hätte sagen sollen außer: »Du musst einfach nur den Richtigen treffen. Der wird dich verstehen.«

Meine Mutter nahm Frankies Hand. »Erstens«, sagte sie. »Jeder hasst erste Dates.« Sie sagte es so überzeugend, dass ich einen Moment lang vergaß, wie viele Jahrzehnte ihr erstes Date bereits zurücklag. Sie fuhr fort. »Und wenn dein einziges Manko deine mangelnde Erfahrung ist, meine Güte, dann lüg einfach.«

Es gab einen Augenblick fassungsloser Stille, dann brachen Frankie und ich in Gelächter aus.

Ma wirkte zufrieden. »Schon besser«, sagte sie. »Sag diesen vorwitzigen Männern, es gehe sie nichts an. Lass sie glauben, deine Vergangenheit wäre bewegter, als sie es tatsächlich ist.«

Frankie wurde wieder ernst. »Du hast recht. Das ist eine großartige Strategie.«

Ma drückte Frankies Hand, und irgendetwas stieg in mir hoch. Es gab so viel, über das ich mit meiner Mutter sprechen wollte, so viele Fragen, die ich ihr stellen wollte. Wäre unsere Beziehung anders gewesen, wäre ich mit Ma so offen und aufrichtig umgegangen, wie sie es immer mit mir versucht hatte; welche Weisheiten hätte sie dann mit mir geteilt?

Am Ende der Besuchszeit schloss Ma Frankie in die Arme und sagte ihr, sie könne jederzeit wiederkommen und sie besuchen. Dann streckte sie die Hand nach mir aus, und ich umarmte sie so heftig, dass sie lachte und sagte: »Und dich sehe ich übermorgen wieder.«

Im Warteraum drückte ich Frankies Arm. »Danke. Ich habe sie schon lange nicht mehr so glücklich gesehen.«

»Danke, dass du mich mitgenommen hast«, sagte sie. »Und Dank an Tantchen Ling. Könnte gut sein, dass sich heute noch was ergibt.« Sie löste ihren Pferdeschwanz, schüttelte das Haar, und ich fragte sie, was sie an diesem Abend vorhabe.

»Ich treffe mich mit ein paar Mädchen, die ich am Swimmingpool unseres Hauses kennengelernt habe. Willst du mit?«

»Heute Abend kann ich nicht«, sagte ich, als hätte ich zu einem anderen Zeitpunkt Ja gesagt.

»Dann eben nächstes Mal«, sagte sie.

Die Rezeptionistin mit dem lila geblümten Kopftuch winkte, als wir aus der Tür traten.

Am Straßenrand umarmten wir uns zum Abschied, und Frankie sagte: »Viel Spaß mit James.«

Das klang so, als ob sie irgendeine Reaktion von mir erwartete. Ich antwortete aber nicht darauf. So dankbar ich Frankie für ihre Unterstützung an diesem Abend auch war, ich musste meine Entscheidungen nicht vor ihr rechtfertigen.

Ich saß schon im Wagen, als mir einfiel, dass ich mein Handy in Mas Zimmer liegen gelassen hatte. Ich eilte zur Klinik zurück und war überrascht, meine Mutter im Bett zu finden, die Laken bis zum Kinn hochgezogen.

»Was machst du denn schon wieder hier?« Sie hatte Mühe, sich aufzusetzen.

»Geht's dir gut? Soll ich eine Schwester holen? Soll ich bleiben?« Ich nahm mein Handy vom Nachttisch und steckte es ein.

»Unsinn. Natürlich nicht.« Sie schüttelte das Kissen auf und stopfte es sich hinter den Rücken.

Ich sah zur Tür und fühlte mich plötzlich schuldig. Ich machte einen Schritt auf sie zu. »Es tut mir leid, dass es auf diese Weise passieren muss«, sagte ich.

Sie schlug die Decken zurück. »Ich hab's dir nicht leicht gemacht.«

»Sicher, dass es dir gut geht?« Was ich wirklich wissen wollte, konnte ich nicht in Worte fassen.

Sie schlug meine Frage mit einer Gegenfrage aus. »Was ist das für ein Trip, den du geplant hast?«

Ich wurde ganz still. »Frankie hat es dir erzählt?«

Ma nickte, und ich fragte mich, ob Frankie auch ihre Ansichten über Paul mit ihr geteilt hatte.

»Keine Sorge«, sagte ich. »Ich gehe nirgendwohin. Nicht, solange du hier bist.«

Mit einem perfekt manikürten Finger winkte sie mich nah heran. »Hör mir mal zu. Such dir ein Apartment in San Francisco. Geh zurück und leb dein Leben.«

Ich machte einen Schritt nach hinten und stieß dabei mit der Hüfte an einen Klappstuhl.

Mas Augen schimmerten. »Du hast hier schon genug Zeit vergeudet.«

»Ma«, sagte ich. »Erst muss es dir besser gehen.«

»Ich sage dir, geh.« So, wie sie aufrecht in diesem makellosen weißen Bett saß, wirkte sie ruhig, vernünftig und absolut beherrscht.

Irgendwo außerhalb des Zimmers läutete ein Klinikmitarbeiter eine Glocke und signalisierte damit das Ende der Besuchszeit.

»Wir reden ein andermal darüber«, sagte ich. Sie zog die Augenbrauen hoch und warf mir einen spitzen Blick zu. Doch als ich mich zu ihr hinunterbeugte, um ihr einen Kuss zu geben, drehte sie den Kopf zu mir und küsste mich nachdrücklich, wobei sie einen schwachen Lippenstiftabdruck auf meiner Wange hinterließ, den ich erst später bemerken sollte.

Die Tür von James' Wohnung stand offen.

»Komm rein«, rief er aus der Küche.

Natürlich wusste ich, dass er leidenschaftlich gern kochte. Er war praktisch in den Restaurants seiner Familie aufgewachsen. Dennoch hatte mein Herz einen Sprung getan, als er gesagt hatte, er habe Lust, etwas zum Abendessen zu kochen. Wieso jetzt? Wieso strengte er sich jetzt an, wo ich mich gerade an seine gleichgültige Art, Beziehungen zu führen, gewöhnt hatte?

Ich fand James vor dem glänzenden Profiherd, über dem er eine große Kupferpfanne schwenkte, in die er eine Handvoll gehackten Knoblauch warf, leicht und fein wie Hochzeitskonfetti. Der Knoblauch landete zischend in der Pfanne, und beißender Qualm waberte durch die Luft. James fächelte ihn mit einem Ofenhandschuh vom Rauchmelder weg.

Ich wartete darauf, dass er aufhörte, mit den Armen zu wedeln, bevor ich den Abstand zwischen uns verringerte. Er war der Typ Mann, der immer sauber duftete, selbst wenn er über einer Pfanne mit Knoblauch schwitzte. Ich fuhr ihm mit der Zunge über die feuchte Haut im Nacken. Überrascht blickte er mich an, erlaubte mir aber, ihn flüchtig auf den Mund zu küssen.

Auf der Speisekarte standen ein Fenchel-Orangen-Salat, Orecchiette mit Grünkohl und italienischer Soße und Schokoladeneis zum Nachtisch. Als er den letzten Gang beschrieb, wurde er etwas verlegen – es war gekaufte Eiscreme. Ich fand das so hinreißend, dass ich ihn von hinten umarmte und ihm in die Wange kniff. Prompt wurde ich aus der Küche verbannt.

Der Parkettboden des Esszimmers fühlte sich unter meinen nackten Füßen kühl und glatt an. Ich nahm mir eine Flasche leicht gekühlten Pinot Noir und setzte mich im Schneidersitz in einen breiten, cremefarbenen Ledersessel. Von diesem Aussichtspunkt aus betrachtete ich James, wie er mühelos etwas hackte, schwenkte und wendete.

Meine ganze Kindheit hindurch war mein Vater am Sonntag, dem freien Tag des Hausmädchens, für das Abendessen verantwortlich gewesen. Er hatte mich auf den Küchentresen gesetzt, wo ich weit genug von den Pfannen und Töpfen entfernt war, um keine heißen Soßenspritzer abzubekommen. Aber ich saß nah genug bei ihm, um von dem großen hölzernen Pfannenheber zu probieren, den er mir hinhielt. Wenn er meine Lieblingsspeise *bak kut teh* kochte, eine duftende, würzige Suppe mit zarten Schweinerippchen und dicken Shiitakepilzen, musste ich immer probieren. Er brachte mir bei, einen hörbaren Schlürflaut zu machen, um zu vermeiden, dass ich mir die Zunge verbrannte. Er brachte mir bei, den warmen Geschmack des Zimts, den Hauch Orangenschale und den weichen, lakritzigen Sternanis herauszuschmecken. Doch noch viel wichtiger war es, dass Ba mir beibrachte, wie ein Schuss von Lin's Sojasoße jedes einzelne Aroma verstärkte und sie zu einem harmonischen Ganzen zusammenfügte.

Früher in diesem Jahr, noch vor dem Desaster mit meinem Cousin und während Bas erstem Versuch, in den Ruhestand zu gehen, hatte er von einem französischen Kochkurs gesprochen.

Er war schon immer interessiert daran gewesen, Sojasoße in die westliche Küche einzubinden. Schließlich war echte Sojasoße sehr viel komplexer und aromatischer als schlichtes Tafelsalz. Jetzt aß er allerdings auswärts, wenn das Hausmädchen frei hatte, oder er kaufte sich Fertigmahlzeiten im Lebensmittelladen. Er arbeitete mehr denn je. Wer konnte sagen, wann er wieder genügend Zeit haben würde, um selbst zu kochen?

Während James in der Küche zugange war, konnte man durch sein dünnes T-Shirt die Bewegungen seines Rückens und der Schultern sehen. Ich ließ mich zu der Vorstellung hinreißen, dies wäre mein Leben: Nach einem Arbeitstag im Büro zu einem netten Mann nach Hause zu kommen, ein Glas Wein, ein selbst gekochtes Abendessen, meine Familie nur ein Katzensprung entfernt.

Doch nun, da ich Mas Segen hatte, würde ich zu der Messe fahren und musste James davon erzählen. Ich hatte keinen Schimmer, was ich sagen sollte, wenn er mich fragte, ob ich Paul treffen wolle.

»Wie läuft's bei der Arbeit?«, rief er mir über die Schulter zu.

Ich holte tief Luft. »Hab ich dir schon gesagt, dass ich nächste Woche nach San Francisco fliege?«

»Echt? Wozu?«

Ich erzählte ihm von der Messe.

»Cool«, sagte er. Er kam mit zwei Servierschüsseln aus der Küche. »Hoffentlich hast du Hunger.« Er stellte die Schüsseln auf den Tisch und schnappte sich die Weinflasche. »Taugt der was?« Er drehte die Flasche, damit er das Etikett lesen konnte.

Ich sagte ihm, das tue er, und wartete auf die unvermeidliche Frage.

Er goss sich ein Glas ein, stieß das Salatbesteck in die Schüssel und ließ einen großen Berg auf seinen Teller plumpsen. Dann schob er die Schüssel zu mir. »Ist schon ewig her, dass ich den gemacht habe«, sagte er.

Ich nahm einen kleinen Bissen. »Schmeckt toll.«

»Ja, nicht schlecht.« Er nahm sich etwas Pasta und probierte sie. »Könnte noch einen Hauch Salz vertragen, meinst du nicht?«, fragte er, ohne darauf zu achten, dass ich noch mit meinem Salat beschäftigt war.

Als er mit dem Salzstreuer zurückkam, sagte ich: »Hör mal, ich habe zwar noch nichts geplant, aber ich werde vermutlich meinen Ex treffen.«

Er sah mich verblüfft an.

»In San Francisco.«

Er nickte. »Verständlich.«

Ich wartete darauf, dass er noch mehr sagte, doch als er das nicht tat, sagte ich: »Ich bin froh, dass das okay für dich ist.«

Ein selbstgefälliger Zug lag in seinem Lächeln. »Warum sollte es nicht okay sein?«

Ich kaute meine Orecchiette und schluckte sie herunter, ohne sie zu schmecken. »Ach, ich weiß nicht«, sagte ich. »Die meisten Paare … die meisten Leute, die eine Beziehung haben so wie wir, würden vermutlich darüber sprechen wollen, wenn einer von ihnen seinen oder seine Ex treffen würde.«

James betrachtete mich amüsiert. »Okay. Worüber willst du sprechen?«

»Vergiss es.«

Er nahm einen Schluck Wein und klopfte sich auf den Mund. »Im Ernst, lass uns darüber reden.«

»Nein, lieber nicht.« Ich lachte, jedoch wenig überzeugend. »Wie dumm von mir, zu glauben, dass du dieses Thema diskussionswürdig finden würdest.«

Das süffisante Grinsen verschwand. »Lass uns nicht dieses Spielchen spielen. Wenn es etwas gibt, das du mir sagen möchtest, dann tu das. Wir sind beide erwachsen.«

Ich ließ meine Gabel geräuschvoll auf den Teller fallen. »Erwachsen?«, wiederholte ich. »Ich bin nicht diejenige, die jeden

Abend vögeln will, es aber nicht ertragen kann, irgendwie gebunden zu sein. Ich bin nicht die, die sich aufführt wie ein Teenie.«

Er hob beide Hände verteidigend hoch. »Halt mal die Luft an, Gretchen. Du bist diejenige, die im Januar abreist.«

Ich blickte zur Seite und kämpfte gegen die Stimmen in meinem Kopf an: *Aber er hat dich auch nicht gebeten zu bleiben.* Nicht, dass ich geblieben wäre. Wieso hatte er eigentlich die Oberhand, wenn ich diejenige war, die ging? Wieso versuchte ich, aus dieser Beziehung etwas zu machen, was sie nicht war?

Doch schon versickerte das Adrenalin in mir wieder. Ich überlegte, was ich sagen könnte, um den Abend zu retten. Die Pasta auf meinem Teller begann, klumpig zu werden und wie grauer Gips auszusehen. Ich nahm einen Bissen und sagte: »Lecker.«

»Gretchen«, sagte James.

»Ja?«, fragte ich hoffnungsvoll.

»Ich weiß nicht, was du von mir willst.«

»Es tut mir leid, was ich gesagt habe. Lass uns einfach dieses tolle Essen genießen, das du gekocht hast.«

Er schüttelte den Kopf. »Vielleicht wäre es das Beste, wenn du jetzt gehst.«

»Jetzt sofort?«

»Jetzt sofort.«

Ich wartete darauf, dass er seine Meinung änderte, doch als er nichts sagte, stieß ich meinen Stuhl zurück, wobei die Beine übers Parkett schabten. Ich stapfte ins Wohnzimmer, um meine Tasche zu holen. »Das war's dann? Du schmeißt mich einfach raus?«

Er füllte sein Weinglas bis zum Rand, und ich dachte darüber nach, den Rest des Pinot Noir über seine makellosen Polstermöbel aus cremefarbenem Leder zu kippen.

Er zog die Flasche aus meiner Reichweite. »Schätze schon.«

»Schön«, sagte ich. »Danke für den wundervollen Abend.«

Er blieb am Tisch sitzen. »Leb wohl, Gretchen«, sagte er.

13

Paul, kleine Vorwarnung: Ich werde nächste Woche in SF sein. Wäre schön, dich zu sehen. Ansonsten geht's dir hoffentlich gut! – Gretch

Was hatte ich über diesen Text gebrütet. Das letzte Ausrufezeichen durch einen Punkt ersetzt, es dann aber wieder rückgängig gemacht. Es sollte zwanglos und heiter klingen, obwohl ich mich nicht im Geringsten so fühlte.

Stunden vergingen, dann Tage ohne Antwort. Als der Morgen meines Flugs näher rückte, hielt ich mich mit den Vorbereitungen auf Trab: Der Druck der Poster, Broschüren und Visitenkarten, die Liste mit den Apartment-Besichtigungsterminen, Verabredungen treffen mit Marie, Andrea und Jenny.

Je mehr ich mir einredete, ich würde nicht auf eine Antwort warten, desto öfter checkte ich mein Handy, rief meine E-Mails ab und las erneut die letzten E-Mail-Korrespondenzen mit Paul, um Hinweise dafür zu finden, warum er schwieg. Ein-oder zweimal ertappte ich mich dabei, wie ich mitten in der Nacht wach wurde und erst wieder einschlafen konnte, nachdem ich meine E-Mails noch ein allerletztes Mal abgerufen hatte. Es war aber nicht nur Paul, von dem ich niemals etwas hörte – ich erhielt auch keine Nachrichten von Kat, James oder sogar Frankie.

Am Abend vor meinem Flug arbeitete ich noch im Büro und entdeckte, dass die Hotelbuchung, von der Shuting geschworen hatte, sie vorgenommen zu haben, auf wundersame Weise abhanden gekommen war. Eigentlich hatte ich noch vorgehabt, zu Ma in die zu Klinik fahren, doch jetzt musste ich auf die Schnelle etwas in Laufweite zum Messezentrum finden.

Frankie schaute in meinem Büro vorbei, um mir Auf Wiedersehen zu sagen. Als ich ihr erklärte, warum ich mit den Nerven am Ende war, sagte sie: »Soll ich fahren? Ich verbringe wirklich gerne Zeit mit Tantchen Ling.«

Ich reichte ihr das Metronom, das ich Ma mitbringen wollte, seit wir im Yogaraum der Klinik ein verstimmtes Klavier entdeckt hatten. »Sie muss üben, während ich weg bin«, erklärte ich Frankie. »Sag ihr, es ist egal, wie schnell oder langsam sie spielt, Hauptsache, sie bleibt im Takt.«

Frankie legte den Kopf schief und lächelte. »Keine Sorge. Hier wird alles seinen Gang gehen.«

Mir fiel auf, dass sie mir keine beruhigenden Worte für das anbot, was in San Francisco geschehen würde.

Als ich abends in meinem Zimmer den Koffer packte, hörte ich es an der Tür klopfen. Mein Vater stand mit feierlichem Gesichtsausdruck im Türrahmen und sah mir dabei zu, wie ich einen dünnen, gerippten Cardigan zusammenlegte und dann anders zusammenlegte.

»Bist du bereit für morgen?«, fragte er.

Ich sagte, ich sei es.

»Ich möchte mit dir reden.«

Ich wartete.

»Das ist eine gute Sache, was du da tust. Unsere Soße nach Amerika zu bringen.«

»Danke, Ba«, sagte ich und spürte schon, wie sich in meinem Bauch ein Schuldgefühl ausbreitete.

»Und ich denke, es ist sehr lohnenswert, auf diese Art deine letzten paar Monate als Teil von Lin's zu verbringen.«

»Ich werde mein Bestes geben.«

»Gut«, sagte Ba und ließ seinen Blick durchs Zimmer schweifen. »Gut.«

Ich hoffte, am Ende unseres Gesprächs angekommen zu sein, doch er räusperte sich mit einem merkwürdigen Ausdruck in den Augen. »Eine Wunde ist eine komische Sache«, begann er.

Ich konnte ihm nicht folgen. »Eine was?«

»Eine Wunde. Wie eine Verletzung, ein Schmerz, *lah*«, sagte er ungeduldig.

»Aha.«

Dieser kleine Ausbruch schien ihn zu entspannen. Er sagte mir, ich solle mir ein Messer vorstellen, das im Fleisch sitze. Anfänglich sei der Schmerz so unerträglich, dass er die verwundete Person komplett lähmen würde. Doch mit der Zeit würde die Wunde rund um das Messer heilen. Die verwundete Person könne mit den mehr oder weniger erträglichen Beschwerden leben. Tatsächlich wären die Schmerzen viel größer, zöge man das Messer vollständig heraus und ließe die Wunde abermals heilen.

»Weißt du, wovon ich rede, Xiao Xi?«, fragte er. Irgendetwas an der Art, wie er meinen Namen sagte, öffnete meine Tränenkanäle.

Ich sagte ihm, ich wisse es, und hoffte erneut, das Gespräch damit zu beenden. Trotz seiner Bemühungen, mir näherzukommen, war ich viel zu beseelt von der Aussicht auf meinen Kurztrip, um mich darauf konzentrieren zu können, was er sagte.

Bevor er ging, sagte Ba: »Ich weiß, du wirst deine Sache gut machen.« Wieder war da dieser feste Blick. Genau wie meine Mutter war er sich ja ach so sicher zu wissen, was für mich das Richtige war.

Die eine drängte mich, nach Amerika zurückzugehen, der andere ermahnte mich, das Messer herauszuziehen, die Wunde heilen zu lassen und in Singapur zu bleiben. Doch ich hatte genug davon, eine Seite wählen zu müssen, dem einen oder dem anderen zu gefallen. Von hier aus würde ich einen Weg finden, mich selbst zufriedenzustellen.

»Gut«, hörte ich nun Ma sagen. »Ich wollte immer nur für dich, dass du eine Wahl hast.«

Ba drängte sich dazwischen. »Du kannst dich immer selbst für etwas entscheiden. Aber du musst auch alle Möglichkeit in Betracht ziehen.«

»*Möglichkeiten*«, sagte Ma.

Ich verbannte die Stimmen aus meinem Kopf, um wenigstens für einen Moment Ruhe zu haben.

14

Die Boeing 747 der Singapore Airlines landete an einem für diese Jahreszeit unangemessen kalten und grauen Oktobernachmittag in San Francisco. Einem Nachmittag, an dem der Regen so fein war, dass seine Tropfen weniger fielen, sondern eher durch die Säume meines Mantels sickerten.

Trotz meines Jetlags wickelte ich mir einen Schal um den Hals, schlug die Kapuze meiner wetterfesten Jacke hoch und ging zu einem Besichtigungstermin für ein Apartment, eine winzige Einzimmerwohnung im Stadtviertel Russian Hill, nicht weit entfernt von dem Apartment, in dem Paul und ich zusammengewohnt hatten. Das Studio war mit einer rissigen Badewanne und dicker brauner Auslegeware ausgestattet, die vermutlich in den Siebzigern eingebaut und gelegt worden waren. Der panische Blick meiner Mutter tauchte plötzlich vor meinem geistigen Auge auf – so übertrieben, dass er fast etwas Comichaftes hatte. Dann erinnerte ich mich daran, dass sie vermutlich nie mehr eine Reise nach San Francisco unternehmen würde. In vier Tagen würde sie aus der Entzugsklinik Light on Life entlassen werden, nur um in einem Land eingeschlossen zu sein, das man in weniger als einer Stunde durchqueren konnte.

Die nächsten beiden Apartments waren nicht besser, und die Müdigkeit hob meine Stimmung auch nicht gerade an.

Es blieben noch etliche Stunden, bis ich mich mit meinen Kommilitoninnen in der Nähe des Konservatoriums auf einen

Drink treffen würde. Die meiste Zeit davon verbrachte ich damit, mir zu sagen, wie gut es sei, wieder zurück zu sein. Selbst dann, als ich versuchte, mich daran zu erinnern, ob der Nebel jemals so weiß und dicht gewesen war, ob die öffentlichen Busse immer so selten gefahren waren, ob die Ausgestoßenen und Angeschlagenen schon immer die Gehwege und Parkbänke für sich in Anspruch genommen hatten. Die rosafarbenen und grünen viktorianischen Häuschen, die ich früher so charmant gefunden hatte, warfen mir anzügliche Blicke zu, wie zu dick angemalte Freudenmädchen. Jedes Viertel fühlte sich düster, jedes Apartment zu teuer und beengt an.

Bei einem belgischen Bier für acht Dollar fragten mich meine Kommilitoninnen, wie ich mein Urlaubssemester verbracht hätte.

»Abgesehen von der Arbeit, der Familie und dem üblichen Kram hab ich viel Fernsehen geglotzt – in erster Linie Wiederholungen von *Melody*. Sie ist wahnsinnig beliebt in Singapur.« Themen, die ich nicht vorhatte anzusprechen, waren: Entzugskliniken, Rivalitäten zwischen Cousins und Cousinen und Beinahe-Trennungen von Beinahe-Freunden. Ein Thema, das meine Freundinnen bis jetzt noch nicht angesprochen hatten, aber zweifellos auf diese Liste gehörte: Paul.

»Schön zu hören, dass du so viel auf die Reihe gekriegt hast«, sagte Marie.

»Hab ich euch eigentlich mal erzählt, dass ich Melody in einem Yogastudio am Hafen über den Weg gelaufen bin?«, fragte Andrea.

»Ja«, sagten wir. »Hast du.«

»Dabei denkt man immer, sie hat einen privaten Yogalehrer, der zu ihr ins Haus kommt.« Auch das hatte Andrea uns bereits erzählt.

»Meine Cousine Suzanne hat gerade angefangen, für Melody zu arbeiten«, sagte Jenny.

Ich fragte, was sie machen würde.

»So eine Art Assistenz.«

Wir tranken unser Bier und sinnierten darüber, wie das Leben als Assistentin von Melody wäre.

Dann fragte Marie: »Wie ist Singapur überhaupt?«

»Sauber«, sagte ich und nahm die Ellbogen von dem klebrigen Tisch.

»Weil sie dich dort keinen Kaugummi essen lassen«, sagte Jenny.

»Und sie peitschen dich aus, wenn du alles zumüllst«, sagte Andrea.

Eine Kellnerin brachte uns die nächste Runde, und ich erhob mein Glas und prostete meinen Freundinnen zu – Mädchen, die ihre ruhigen Vorstädte verlassen hatten für ein Leben, über das ihre Eltern nur verwundert den Kopf schütteln konnten.

»Auf das dreckige, stinkende, wundervolle San Francisco«, sagte ich.

»Prost«, sagten sie im Chor. »Willkommen zu Hause.«

Zurück in meinem Hotel checkte ich meine Nachrichten – immer noch keine Antwort. Es sah Paul nicht ähnlich, nicht zurückzuschreiben. Ich überlegte, die E-Mail noch einmal zu senden, beschloss dann aber, ihm noch einen Tag zu geben. In der Zwischenzeit suchte ich nach der Telefonnummer meines Lieblingsrestaurants.

Das französisch inspirierte und maßlos teure Café Mirabelle lag in Berkeley, nicht weit vom Campus entfernt. Dort hatte Paul, nachdem er sich ausnahmsweise mal gestattet hatte, in ein chickes Restaurant zu gehen, mir einen Heiratsantrag gemacht. Wir waren vierundzwanzig und trugen Klamotten, als würden wir zu einem College-Ball gehen, auch wenn andere Gäste Kakis und Jeans anhatten.

Als ich Paul über das Entrecôte au poivre und den Saumon en papillote hinweg in die Augen sah, hatte ich mich unglaublich erwachsen gefühlt. Einige Jahre später gingen wir wieder ins Mirabelle, als meine Eltern zu Besuch waren. Ich hatte gerade mit dem Aufbaustudium am Konservatorium begonnen, und eine renommierte Zeitschrift wollte Pauls wissenschaftliche Arbeit veröffentlichen. Ich drückte die Hand meines Mannes und staunte über unser unfassbar großes Glück.

Jetzt wählte ich die Nummer des Restaurants, und eine sanfte Frauenstimme meldete sich. Ich reservierte für zwei Personen und zögerte nicht lange, als ich gebeten wurde, eine Kreditkartennummer als Garantie für den Tisch zu hinterlassen.

Draußen vor dem Hotelzimmerfenster glänzte die Bay Bridge durch den Abenddunst. Der Wind war stärker geworden, und unter der Veranda schäumte und strudelte das schwarze Wasser.

Das Wetter blieb auch an den folgenden vier Tagen so trostlos, an denen ich jeweils morgens aufwachte, um einen meiner beiden Businessanzüge anzuziehen und von meinem Hotel in der Innenstadt ins nahe gelegene Kongresszentrum zu gehen, wo vierhundertachtundsechzig Naturkostunternehmen aus der ganzen Welt versuchten, die Aufmerksamkeit amerikanischer Konsumenten zu erregen. Ich fand mich inmitten von Händlern von indischen Tees, chinesischem Ginseng, alten Essigen, mit Früchten verfeinerten Olivenölen und anderen exotischen Lebensmitteln wieder. Die Frau am Nebentisch entpuppte sich als größte westeuropäische Anbieterin weißer Trüffel.

Die Halle war überhitzt, die fluoreszierenden Lichter blendeten, meine Lippen schmerzten vom Lächeln. Doch als der Besitzer einer bekannten asiatischen Supermarktkette von unserer hellen Premiumsojasoße probierte und verkündete, dass sie besser sei als jede andere, die sie derzeit im Angebot hätten, da wusste ich, dass sich mein Trip lohnen würde. Ich griff mir jeden, der an meinem Tisch vorbeischlenderte. Ich perfektionierte meine Verkaufspräsentation. Der Eigentümer von einem der angesehensten gehobenen vegetarischen Restaurants in San Francisco versprach, seine Bestellung zu schicken, sobald er wieder im Büro wäre. Ein bekannter Chocolatier plante eine Schokoladenkreation, gewürzt mit unserer dunklen Sojasoße. Am Ende des Tages hatte ich die meisten meiner Visitenkarten verteilt und musste Shuting bitten, per FedEx weitere Soßen zu schicken.

An jedem Abend mailte ich meinem Onkel einen Tagesbericht. Immer wenn ich das Interesse an unserer Premiumsoße beschrieb, war mein Ton neutral und frei von hämischer Freude. Mir war klar, dass ein paar Bestellungen hie und da kaum einen Effekt auf Lin's langfristige Ziele haben würden, ganz gleich, wie bemerkenswert die Käufer waren. Es brauchte schon etwas Größeres, um Onkel Robert zu überzeugen, dass unsere Premiumsoßen in Amerika ebenso gut zu vermarkten waren wie unsere Fiberglas-Soße.

Da ich wusste, dass meine Berichte auch an Ba weitergeleitet würden, merkte ich auch an, wie froh ich sei, wieder in dieser Stadt zu sein, wie sehr ich es genoss, wieder bei den alten Freunden zu sein. In Wirklichkeit verbrachte ich die Abende allein im Hotel, las mir meine Notizen durch und wappnete mich innerlich für den Ansturm des folgenden Tages. Ich hatte nicht vor, mich noch einmal mit meinen Kommilitoninnen zu treffen, und sie hatten ebenfalls nicht mehr angerufen, abgesehen von Jenny, die eine etwas kryptische SMS geschickt hatte: *Cousine ist vielleicht auf Messe. Sieht aus wie ich mit längeren Haaren. Grüß sie von mir!*

Einmal hatte ich zu Hause angerufen, an dem Tag, als Ma aus der Entzugsklinik entlassen wurde.

»Wie geht es ihr?«, fragte ich Ba.

»Sie steht neben mir«, sagte er, und ich hörte, wie er sich freute. »Frag sie selbst, *lah*.«

Doch ich bremste ihn, bevor er das Telefon weiterreichen konnte. »Ich wollte mich nur kurz melden. Ich hab eigentlich keine Zeit, um zu plaudern.« Ich hatte keine Ahnung, was mich zurückhielt.

Ich hörte, wie er zu Ma sagte: »Sie kann gerade nicht reden.« Er kam ans Telefon zurück. »Bei dir alles in Ordnung?«

»Fantastisch«, sagte ich.

Am vierten und letzten Messetag hatte sich die Atmosphäre im Kongresszentrum entspannt. Ein Drittel der Aussteller hatte bereits eingepackt und war nach Hause gefahren. Die restlichen Anbieter hatten sich ihrer Krawatten oder High Heels entledigt, saßen herum und aßen die übrig gebliebenen Kostproben auf. Ich gesellte mich zu ihnen, knabberte an rohem Schafsmilchkäse und dunkler Schokolade mit Lavendel-Meersalz.

Mitten am Nachmittag betrat ein Trio, bestehend aus drei ordentlich gekleideten jungen Frauen, die Halle. Sie blieben vor einem großen Plakat stehen, auf dem die Standorte der Anbieter verzeichnet waren, und machten sich Notizen auf Klemmbrettern. Obwohl sie für Einkäuferinnen viel zu jung und modisch aussahen, spornte ihre geschäftstüchtige, selbstsichere und gespreizte Art uns Aussteller dazu an, die Tische zu säubern und aufmerksam zu sein.

Schnell sprach es sich herum: Die Mädchen seien keine Einkäuferinnen, sondern Produktionsassistentinnen. Produktionsassistentinnen für *Melody*. Sie seien auf der Suche nach Geschenkideen, welche die Talkmasterin in ihrer alljährlichen Weihnachtsfolge präsentieren wolle.

»Sie wissen, wer das ist, oder?«, flüsterte mir die Trüffel-Anbieterin sehr laut ins Ohr.

Genau in dem Moment lief eines der Mädchen meinen Gang entlang und studierte die Plakate an jedem Tisch. Sie trug eine Schildpattbrille, und ihr glattes, braunes Haar war mit einem dünnen Haarreif nach hinten geschoben. Hin und wieder blieb sie stehen, um eine Frage zu stellen, an einem fingerhutgroßen Becher zu nippen oder einen Zahnstocher in ein Gefäß zu stechen.

Das Mädchen wäre glatt an meinem Tisch vorbeigegangen, hätte ich nicht mit zitternder Stimme gerufen: »Susan? Heißt du vielleicht so?«

Verwundert blieb das Mädchen stehen.

»Suzanne«, sagte sie langsam. »Suzanne Silver. Kennen wir uns?«

Ich erklärte, ich sei eine Freundin ihrer Cousine, und fügte hinzu: »Bitte, du musst unsere Sojasoße probieren.«

Ich legte mit der Präsentation los, die ich die ganze Woche über dargeboten hatte. Ich sei Gretchen Lin, die Enkeltochter des Gründers von Lin's Sojasoße. Als letzter verbliebener Hersteller naturreiner Sojasoße in Singapur habe Lin's es sich zur Aufgabe gemacht, Hobbyköche dazu zu bewegen, einfaches Tafelsalz durch Premiumsojasoße zu ersetzen. Ich zeigte ihr Fotos von der Fabrik und leitete sie durch den Reifeprozess unserer Soße, wobei ich mir Zeit nahm, Ahkongs firmeneigene Tonfässer zu beschreiben.

Das Mädchen schrieb etwas auf sein Klemmbrett und tunkte vorsichtig einen Cracker in das Schüsselchen, das ich ihr hinhielt. Sie nahm eine Flasche mit dunkler Sojasoße, betrachtete die Verpackung aus weißem Reispapier und fuhr mit dem Daumen über die Prägung auf dem goldenen Etikett – das chinesische Schriftzeichen für unseren Familiennamen.

Ich nahm ihr die Flasche ab und drehte sie so, dass man die Schrift auf dem Reispapier sah. »*Xian chi zai tan*« oder »Erst das Essen, dann das Gespräch« war der Slogan meiner Großmutter gewesen, den sie mit Nachdruck geäußert hatte, wenn eine Mahlzeit an ihrem Tisch durch ein berufliches Gespräch gestört zu werden drohte.

Das Mädchen legte das Klemmbrett hin und stellte weitere Fragen über meine Familie: »Wie ist dein Großvater auf die Idee für diese Firma gekommen? Wann haben dein Vater und dein Onkel sie übernommen? Wie alt warst du, als dir klar geworden ist, dass du ins Familienunternehmen einsteigen wolltest?«

»Sechs«, log ich. »Ich war sechs Jahre alt, als ich es sicher wusste.«

Sie notierte sich das.

Ich beschrieb Bas Traum, Sojasoße zu einer Grundzutat in der westlichen Küche zu machen. »Er bereitet ein herausragendes Bœuf Bourguignon mit heller Sojasoße anstatt mit Salz zu«, erklärte ich dem Mädchen. Die zarten Aromen unserer Soße würden den reichen *umami*-Geschmack des Fleisches besser zur Geltung bringen. Unsere Soße runde den Fond ab, hebe die leicht säurehaltigen Tomaten hervor und verhindere, dass der Rotwein das Gericht übertüncht.

Ich erzählte ihr, dass Ba niemals das Haus verlassen würde, ohne eine Probierflasche von Lin's Sojasoße einzustecken, die er über jedes Essen träufeln und dann neugierigen Zuschauern in die Hand drücken könne.

Ich befürchtete schon, zu weit abgeschweift zu sein, und war erleichtert, dass diese kleine Geschichte Suzanne Silver zum Schmunzeln brachte.

»Hör mal«, sagte sie. »Ich finde diese Geschichte und die Anekdoten hinter der Soße super. Das ist genau das, wonach wir suchen.« Sie kramte in ihrer ledernen Umhängetasche herum und zog eine Visitenkarte hervor, und obwohl ich wusste, für wen sie arbeitete, hätte ich angesichts des Namens auf dem rechteckigen Stück Karton am liebsten ein Rad nach dem anderen geschlagen, den Gang hinauf und wieder hinunter.

Suzanne Silver erklärte, Melodys Weihnachtsfolge sei die beliebteste jeder Staffel. »Eine tolle Gelegenheit, vor allem für weniger etablierte Unternehmen«, sagte sie, als wüsste ich nicht schon längst, was diese Publicity für Lin's und unsere Premium-soße bedeuten könnte.

Ich überreichte Suzanne Silver meine Visitenkarte – meine letzte – und gab ihr noch einige Flaschen unserer hellen und dunklen Soße für Melody mit.

Sie wedelte mit der Hand über der Flaschenreihe auf dem Tisch herum. »Melody wird es lieben«, sagte sie. »Der Kampf zwischen Kunst und Kommerz, Tradition und Innovation.« Ihre Augen begannen zu glänzen. »Oh, das ist gut.« Auch das schrieb sie auf.

Ich versuchte, noch mehr Details über unsere Fabrik und unseren Produktionsablauf loszuwerden – alles, was sie mögli-cherweise gerne gewusst hätte –, doch sie lächelte freundlich und sagte, fürs Erste genüge das. Bevor sie ging, fragte sie: »Woher kennst du Jenny?«

Ich sagte ihr, Jenny und ich seien Kommilitoninnen am Konservatorium.

Suzanne Silver schob das Klemmbrett ins vordere Fach ihrer Ledertasche. »Jenny studiert noch. Und du hast deinen Abschluss gemacht?«

Ich äußerte mich nur vage. »Eigentlich mach ich jetzt das hier«, sagte ich, während ich eine Flasche zurechtrückte, die aus der Reihe getanzt war.

Das Mädchen schien mit meiner Antwort zufrieden zu sein. Sie versprach anzurufen, wenn sie mehr wisse, und klackerte auf ihren High Heels flott aus der Halle hinaus. Während ich ihr hinterherschaute, wie sie durch die Doppeltüren verschwand, stellte ich mir die Gesichter meines Cousins und meines Onkels vor, wenn es mir gelingen würde, diesen Fisch an Land zu zie-hen. Dann stellte ich mir Mas Reaktion vor. »*Aiyah*, wieso wei-nen und jammern die immer in dieser Show?«, würde sie sagen und sich weigern, ihre Vorliebe für *Melody* zuzugeben. »Gute Arbeit, mein Schatz.«

Am Tag nach der Messe hatte ich vor, mit der Wohnungssuche weiterzumachen. Da der Regen aber nicht aufhören wollte, saß ich stattdessen in meinem Hotelzimmer, las alles, was ich über *Melody* finden konnte, und erstellte eine Liste mit den Produkten, die sie in den letzten zehn Jahren vorgestellt hatte: Handgezogene Paraffinkerzen aus Frankreich, ultraleichte edle Daunenjacken, unbehandelter Biohonig aus Hawaii. Einmal pro Stunde checkte ich meine E-Mails, um zu sehen, ob Paul zurückgeschrieben hatte. Nur eine neue E-Mail war eingegangen – von James, eine Rundmail, die vermutlich an alle seine Kontakte gegangen war, in der er die bevorstehende inoffizielle Eröffnung des Restaurants Spice Alley ankündigte. Zweimal hatte ich die Nummer auf Suzanne Silvers Visitenkarte angerufen, um zu hören, ob sie mehr Informationen über Lin's benötigte, doch sie ging nicht ran.

Am vorletzten Tag meines Trips verließ ich das Hotel, um mich mit einem besonders hartnäckigen Makler im Mission District zu treffen. Ich stieg aus der Untergrundstation nach oben in das Licht eines dünnen Sonnenstrahls, der sich irgendwie durch die Wolken gekämpft hatte. Um mich herum schrien Latina-Mütter ihre pummeligen Kleinkinder auf Spanisch an, alte bärtige Männer zankten sich über Schachbrettern, und Hipster in engen Hosen eilten zu Jobs, die erst gegen Mittag anfingen.

Während ich mitten auf dem Platz stand und das Kinn der Sonne entgegenreckte, teilten sich die Wolken, und die Sonne zeigte ihr volles Gesicht. Mit einem Male erstarb der Wind, und die Luft wurde warm wie eine Umarmung. Ich zog meinen Pulli über den Kopf, tauchte eine Hand in meine Tasche, schnappte mir mein Handy und rief Paul an.

Zurück im Hotel duschte ich, rasierte, föhnte, zupfte, puderte mich und glättete ein schwarzes Jerseykleid, das ich in allerletzter Minute zwischen die dunkeln Hosen und Blazer gestopft hatte, während mein Vater mir mit einem unergründlichen Gesichtsausdruck zugeschaut hatte.

Vorhin am Telefon hatte Paul sich nicht dazu geäußert, warum er nie auf meine E-Mail reagiert hatte, sondern nur gesagt, er freue sich, mich zu sehen. Ich fühlte mich dämlich, als ich ihm eröffnete, dass ich einen Tisch reserviert hatte, und er schien auch tatsächlich zu zögern, als ich mit dem Namen des Restaurants herausplatzte.

»Was ist?«, fragte ich in dem leichtesten Ton, zu dem ich fähig war. »Brauchst du eine Erlaubnis, um auszugehen?«

Am anderen Ende der Leitung blieb es still. Dann sagte er: »Eigentlich ist sie gerade nicht hier.«

Ich war mir nicht sicher, was er damit meinte, und würde auch nicht nachfragen.

»Sie wohnt bei einer Freundin. Um näher am Campus zu sein.«

Ein Knoten löste sich in meiner Brust. Ich brauchte keine weiteren Details.

Ich verließ das Hotel früh – der Verkehr auf der Bay Bridge war schwer einzuschätzen – und fuhr auf einen Parkplatz. Ich hatte noch zehn Minuten Zeit. Ich saß in meinem Mietwagen und beobachtete Paare, die mit wiederverwendbaren Einkaufsbeuteln und Kühltaschen für Weine aus Andronico's Gemeinschaftsmarkt strömten. Zwei Kids in Sweatshirts der Cal, der University of California, stiegen in den Wagen nebenan und knutschten volle drei Minuten lang herum. Zuerst guckte ich weg, weil ich nicht wollte, dass sie mich dabei ertappten, wie ich sie anstarrte. Doch als mir klar wurde, dass ich an die Fensterscheibe hätte klopfen und brüllen müssen, um sie auf mich aufmerksam zu machen, beobachtete ich, wie der Junge den Mund des Mädchens in seinen sog, wie er mit seinen Händen über ihren Körper glitt und ihre Kurven ertastete, als läse er Blindenschrift.

Nach einer Weile startete der Junge den Motor, legte eine Hand an die Nackenstütze des Beifahrersitzes und fuhr rückwärts raus. Bevor er die Hand ans Lenkrad legte, wuschelte er dem Mädchen durchs Haar, und diese ungezwungene Geste erfüllte mich mit größerem Verlangen als alles andere, was ich beobachtet hatte.

Es war zwei Minuten vor sieben. Zeit hineinzugehen.

Ich stieg aus dem Wagen, strich die Falten meines Kleides glatt, und in dem Moment, in dem ich nach meiner Tasche greifen wollte, ertönte die Königin-der-Nacht-Arie meines Handys. Die Rufnummer war unterdrückt. Ich wusste, ich musste rangehen.

Es war Suzanne Silver, die etwas atemlos klang, so als würde sie eine Treppe hinaufsprinten. Melody sei von der Sojasoße, der Verpackung und der Familiengeschichte hin und weg gewesen. »Sie will dich persönlich kennenlernen, und zwar so schnell wie möglich. Kannst du übermorgen vorbeikommen?«

Fast hätte ich Ja gesagt, doch dann fiel mir ein, dass ich in zwei Tagen in einem Flugzeug nach Singapur sitzen würde.

»Verstehe«, sagte Suzanne Silver.

Ich überlegte, wie schwierig es wäre, meinen Flug umzubuchen.

»Ich schau mal im Kalender nach«, sagte sie. »Wartest du kurz?«

Im Fernsehen war Melody sowohl energiegeladen als auch gelassen, tröstend als auch streng – ganz die coole ältere Schwester, die man sich immer gewünscht hatte. Im wirklichen Leben musste sie anders sein: Rücksichtslos, geschäftstüchtig. Lief das nicht so? Wie viele weitere Produkte waren ausgewählt worden? Wie nahe war Lin's wirklich dran, auf Sendung zu gehen?

Meinem Onkel hatte ich nichts von diesen Entwicklungen erzählt, für den Fall, dass es nicht klappen würde. Selbst wenn Melody uns am Ende auswählen würde, müssten wir uns erst noch überlegen, wie Lin's mit einem Umsatzsprung umgehen würde, rechtzeitig genügend Flaschen exportieren und einen kurzfristigen Aufschwung in einen längerfristigen Vorteil umwandeln könnte. Ich ging ein paar Schritte über den Kies und schaute mich auf dem Parkplatz nach Pauls grünem Subaru um. Es überraschte mich nicht, dass er sich verspätete.

Suzanne Silver kam ans Telefon zurück. »Melody fährt in einer Stunde zum Flughafen. Wenn du jetzt sofort rüberkommst, könntest du zu ihr in die Limousine springen. Sie kann unterwegs mit dir plaudern.« Dann gab sie mir ohne Umschweife die Adresse der Villa, an der ich früher schon so viele Male vorbeigefahren war.

»Warte mal«, sagte ich. »Du meinst, jetzt sofort?«

»Ich meine, jetzt sofort.«

Genau in dem Moment sah ich Pauls staubiges rotes Rennrad, das an einem Ständer angekettet war.

»Und?«, sagte Suzanne.

»Ich werde da sein«, hörte ich mich selbst sagen und fragte mich, wie ich das Paul erklären würde und wie ich ihn überzeugen könnte, sich später mit mir zu treffen.

»Super«, sagte sie. »Ich persönlich glaube ja, Melody fährt auf das Menschliche ab, das hinter eurer Soße steckt. Genau das schafft eine Verbindung zwischen dem Zuschauer und einem Produkt. Ich sollte dich sogar nach dem Rezept für das Bœuf Bourguignon deines Vaters fragen, damit wir's senden können.«

Ich versprach, so schnell wie möglich da zu sein.

Statt in meinen Wagen zu steigen, duckte ich mich hinter einen roten SUV und spähte durch die Glastüren des Restaurants und dann durch die Panoramafenster. Da saß er, in einer Nische hinten am Fenster, den Kopf über die Speisekarte gebeugt. Also war er doch pünktlich gekommen. Seine Bartstoppeln waren dichter als sonst und so gestutzt, dass sein Kinn kantiger erschien. Er wirkte älter und leicht vernachlässigt, auf eine Art, die bei einem Mann sexy aussah. Er blickte nicht auf.

Ich fingerte an meinem Handy herum und rang mit dem Gedanken, Suzanne Silver zurückzurufen, als eine Kellnerin mit einem frechen blonden Pferdeschwanz und einem Krug Eiswasser an Pauls Seite erschien. Während sie vor seinem Tisch stand und ihm ein Glas eingoss, sagte er irgendetwas, woraufhin sie den Krug abstellte, Paul eine Hand auf die Schulter legte und kernig lachte.

Mein Nacken verspannte sich. Mein Kopf begann zu pochen. Ich konnte mich nicht entscheiden, ob ich ins Restaurant stürmen oder mir lieber ein besseres Versteck suchen sollte. Paul hatte mich mit einem College-Mädchen betrogen, und das Beste, was ich mir erhoffen konnte, war, dass er sie nun mit mir betrügen würde. Ein leichter Wind fuhr über den Parkplatz, und erst da merkte ich, dass ich schweißgebadet war. Ich rieb mir die Gänsehaut von den Armen, ging zu meinem Wagen und stieg ein.

Als Paul ans Telefon ging, sagte ich: »Hey, ich werd's nicht schaffen.«

»Wie meinst du das? Ich sitze hier seit zehn Minuten.«

»Ich muss noch etwas Geschäftliches erledigen«, sagte ich. »Etwas wirklich Wichtiges.«

»Wie bitte?«, fragte er sichtlich irritiert.

Ich hatte ihm nie erzählt, dass ich angefangen hatte, bei Lin's zu arbeiten, aber das war jetzt nicht der Zeitpunkt für Erklärungen. »Es tut mir leid«, sagte ich und konnte plötzlich nicht mehr aufhören. »Es tut mir sehr, sehr leid.«

»Hey«, sagte er mit dieser Stimme, die mich wie von selbst einhüllen und mich niedersinken lassen konnte. »Ist schon okay. So etwas passiert eben.«

Ich presste den Kopf gegen die Nackenstütze. »Danke«, sagte ich und wollte mich verabschieden.

»Wann kann ich dich denn dann sehen?«

Ich verbog mich auf dem Sitz und verdrehte den Hals, um durchs Restaurantfenster sehen zu können. Er saß in der Nische, das Kinn auf die Hand gestützt, das Gesicht ernst.

Er fragte: »Bist du noch da?«

»Ja.«

»Gott, ich hab dich vermisst.«

Ich schloss die Augen und wartete darauf, dass der Schmerz nachließ. »Ich muss wirklich los.«

Melody lebte in einem roséfarbenen Palazzo mit Blick auf die Bucht. Ich fuhr gerade mit meinem Mietwagen vor, als ihre Angestellten den letzten der Louis-Vuitton-Koffer in den Kofferraum einer schwarzen Stretchlimousine zwängten. Die gewaltigen Eichentüren des Palazzos wurden schwungvoll aufgestoßen, und eine statueske Erscheinung in einem weißen Hosenanzug erschien. Da der Saum der Hose den Boden streifte, schien Melody über die Straße zu schweben, gefolgt von einer Assistentin, einer ebenfalls adrett gekleideten, jungen Frau. Als sie näher auf mich zukamen, sah ich, dass Melody sich ihr Handy ans Ohr hielt. Sie sagte mir, ich solle ihr eine Minute geben, und wandte sich ab. Ihre Assistentin lächelte entschuldigend und winkte mich in die Limousine.

Während der halbstündigen Fahrt zum Flughafen sprach Melody fast die ganze Zeit über streng in ihr Telefon. Obwohl sie jemandem, wer auch immer am anderen Ende der Leitung sein mochte, ganz klar eine Rüge erteilte, dämpfte ihre samtene Stimme ihre Worte. »Ich würde mich nicht noch einmal enttäuschen, wenn ich du wäre«, sagte sie und fuhr sich mit den weinroten Fingernägeln durch diese buttrigen, blonden Locken.

Schließlich nahm die Limo die Ausfahrt zum Flughafen und verließ den Highway, Melody beendete das Gespräch und drückte ihrer Assistentin das Telefon in die ausgestreckte Hand. Sie beugte sich vor und berührte mich am Arm. »Verzeihen Sie bitte«, sagte sie und ließ ein Paar perfekt symmetrische Grübchen aufblitzen. »Reden wir. Ich will alles hören.«

Ich wusste nicht, wie viel ihr Suzanne Silver erzählt hatte. Ich wartete darauf, dass Melody den Anfang machte, doch sie spähte nur auf ihre große, mit Diamanten besetzte Armbanduhr.

Auf der Grundlage meiner Recherchen zu Melodys bisherigen Geschenktipps hatte ich mir genauestens zurechtgelegt, was ich sagen würde, um sie davon zu überzeugen, Lin's auszuwählen. Nun, da wir uns dem Flughafen näherten, öffnete ich den Mund und begann zu sprechen, so schnell ich konnte. Ich erzählte ihr, wie mein Großvater eine erfolgreiche Karriere aufgegeben hatte, um seine eigene Sojasoße zu kreieren, wie mein Vater und mein Onkel beschlossen hatten, ihr Leben der Familientradition zu widmen.

»Hm, hm«, gab sie höflich von sich. Sie hatte das alles schon vorher gehört.

Vor meinem inneren Auge wurde Melodys Studiopublikum lebendig, klatschte und johlte, schnappte nach Luft und geriet in Verzückung. Diese Frauen glaubten, Melody könne ihr Leben verändern, und ich glaubte das auch. In dem Moment warf ich meine Präsentation über den Haufen. Ich erzählte ihr, ich sei dreißig Jahre alt und mein ganzes Leben lang vor dem Familienunternehmen weggelaufen. Tatsächlich wäre ich, wenn meine Ehe nicht gescheitert wäre und die Nieren meiner Mutter nicht versagt hätten, niemals nach Hause zurückgekehrt.

Melody versenkte ihre Augen in meine. Ihre hatten die Farbe des Wassers in einem Swimmingpool an einem brütend heißen Tag. »Fahren Sie fort«, sagte sie.

Ich erzählte ihr, ich hätte meinen Vater immer als einen Mann betrachtet, der in einer Falle säße – darin gefangen, die Vision seines eigenen Vaters zu hüten, gezwungen, einen ehrbaren, aber sinnlosen Kampf gegen die Modernisierung des Unternehmens zu führen. Nun, da ich selbst bei Lin's gearbeitet hatte, war mir klar geworden, dass ich falsch gelegen hatte. Traditionen seien wichtig – und bei Lin's seien wir sehr stolz auf unsere eigenen –, aber Ahkong und Ba hätten immer nur gewollt, die Sojasoße mit dem besten Geschmack herzustellen. »Wie viele Menschen können auf diese Weise ihr Geld verdienen?«, fragte ich mit schwellender Stimme. »Wie vielen Menschen gelingt es, etwas zu kreieren, auf das sie wirklich stolz sind?«

Die Limo hielt vor dem internationalen Terminal.

Melody lächelte cool und hielt mir die Hand hin. »Es ist immer ein großes Vergnügen mit Menschen zu reden, die ihre Arbeit mit Leidenschaft verrichten. Suzanne wird sich melden.« Und damit schritt sie in das Flughafengebäude, ihre Assistentin dicht hinter ihr. Sie überließen es dem Fahrer, mit dem Gepäck fertigzuwerden.

Auf der Rückfahrt in die Stadt machte ich es mir in der Limo gemütlich und versuchte, Melodys undurchschaubare Reaktion zu analysieren. Ich wollte am liebsten jemanden anrufen – Ba oder Ma, vielleicht Frankie –, um die ganze verrückte Geschichte noch einmal zu erzählen, doch irgendetwas hielt mich davon ab. Was, wenn sich aus diesem Treffen nichts ergeben würde? Was, wenn Melody mich bereits abgeschrieben hatte und ich nichts mehr von Suzanne hören würde? Ich war so in diesen Gedanken vertieft, dass ich nicht einmal in Ruhe darüber nachdachte, was ich zu der Talkmasterin gesagt hatte, welche Fragen ich eigentlich beantwortet und welche Entscheidungen ich getroffen hatte. Es gab so vieles, was ich mir selbst nicht eingestehen, geschweige denn mit meiner Familie teilen konnte.

In jener Nacht fand ich keinen Schlaf. Ich lag da, das Kissen aufs Gesicht gelegt, setzte mich dann im Dunkeln auf und lief auf dem vom Mondlicht beschienenen Teil des Teppichs hin und her. Mehr als einmal überlegte ich, Paul anzurufen, aber jedes Mal zögerten meine Finger, wenn sie über den Tasten waren.

Rückblickend würde ich gerne behaupten, dass das der Moment der Erkenntnis gewesen war, in dem ich etwas begriffen hatte, was mir in der Limousine entgangen war. Dass ich in jenem dunklen Hotelzimmer endlich verstanden hatte, was ich wollte. In Wahrheit kam mir diese Erkenntnis erst am nächsten Morgen. In jener Nacht dachte ich nur an die Kellnerin, ihren frechen, blonden Pferdeschwanz und ihr lässiges Lächeln.

Ich erwachte spät am nächsten Morgen, eigentlich war es schon fast Nachmittag, und merkte, dass ich viel fester geschlafen hatte als in den letzten Wochen. Ich wusste, es war an der Zeit, nach Hause zu fahren.

Im Service-Zentrum für Studenten des Konservatoriums von San Francisco erklärte ich dem Mädchen hinter dem Schalter, ich benötige die Rückerstattung der Anzahlung, die mein Vater vor einigen Wochen geleistet hatte.

Sie überprüfte meine Daten im Computer, biss sich auf die Lippe, während sie auf den Bildschirm blickte, und erklärte mir, ich könne kein weiteres Urlaubssemester nehmen, ohne mich ganz zu exmatrikulieren. »Manchmal machen sie aber 'ne Ausnahme«, sagte sie und ließ ihre Kaugummiblase platzen. »In speziellen Fällen, wissen Sie?« Sie musterte mein Gesicht und versuchte herauszufinden, ob ich einer wäre. »Wollen Sie die Telefonnummer?«

Ich schüttelte den Kopf.

»In Ordnung. Das Geld wird innerhalb von sieben Werktagen auf das Konto zurücküberwiesen.« Sie schob mir einen Antrag für die Exmatrikulation hin und zeigte mir, wo ich unterschreiben musste.

In meiner Tasche war der zerknüllte Zettel vom Notizblock des Hotels, auf den ich meine To-do-Liste geschrieben hatte. An diesem Morgen hatte ich meinen letzten Besichtigungstermin für ein Apartment abgesagt, und nun meldete ich mich, als ich meinen Namen mit einem Schnörkel aufs Papier setzte, von der Uni ab. Das Einzige, was ich noch zu erledigen hatte, bevor ich ins Flugzeug steigen würde, waren ein paar Telefonate.

Ich trat gerade nach draußen auf die Straße, als mein Bus an mir vorbeirauschte. Anstatt ihm nachzujagen, überquerte ich die Straße und ging zu den Proberäumen. Mein Ausweis war bereits gesperrt, doch der Wachmann nahm an, es handele sich um ein Problem mit dem Magnetstreifen, und hielt mir die Tür auf.

Unten stieß ich mit meiner Schulter gegen die dicke schall-isolierte Tür des kleinen Hörsaals im Keller, und der vertraute muffige Geruch von alten Samtvorhängen hüllte mich ein. Ich schaltete das Licht ein und hievte mich auf die Bühne.

Als ich vor dem Flügel saß, stellte ich die Sitzhöhe der Bank ein und hob den einst glänzenden schwarzen Deckel an. Während ich meine Hände dramatisch über der Tastatur schweben ließ, suchte ich im Geiste nach einem Stück, das zum Finale meines Lebens in San Francisco passte. Nachdem ich mich an einem wuchtigen Rachmaninow-Präludium versucht hatte, das ich noch nie auswendig gekonnt hatte, fanden meine Finger zu dem Stück von Debussy, das ich meine Mutter in den letzten paar Monaten so oft hatte spielen sehen.

Ich war schon zu einem Drittel durch und hatte die feste Absicht, mich von der Melodie durchdringen und meinen Kör-per im Takt schwingen zu lassen, als meine Finger aufhörten zu spielen. Ich fing wieder an und zögerte, fing an und verspielte mich. Während ich in die Dunkelheit starrte, fragte ich mich, was ich hier eigentlich tat und warum ich versuchte, ein the-atralisches Lebewohl zu inszenieren. Dann brach ein Lachen aus mir heraus und erfüllte den leeren Saal. Ich war noch nie eine Performerin gewesen. Ich hatte nicht einmal den Wunsch gehabt, Musik zu unterrichten. Diese Stadt war gut zu mir gewesen, und ich würde sie vermissen. Aber es war unnötig, zu versuchen, Dinge zu fühlen, die ich nicht fühlte.

Auf dem Weg nach draußen winkte ich dem Wachmann zu.

»Schon so früh Feierabend?«

»Bis später«, sagte ich automatisch, obwohl es nicht stimmte.

Mittlerweile war es schon später Nachmittag, und das schräg einfallende Licht des frühen Herbstes warf lange, scharfe Schatten auf den Gehweg. In Singapur war bereits die Morgendämmerung des nächsten Tages angebrochen. Kinder mit Rucksäcken warteten auf Schulbusse, Senioren übten Tai-Chi in öffentlichen Parks, und die Sonne begann ihren langsamen, unerbittlichen Aufstieg.

In der Flughafenlounge nahm ich den letzten Punkt auf meiner To-do-Liste in Angriff. Ich rief Paul an.

»Ich weiß nicht, wie ich es dir sonst sagen soll«, erklärte ich. »Ich habe Kontakt zu einer Scheidungsanwältin aufgenommen. Sie dürfte sich demnächst bei dir melden.«

»Warte«, sagte er und klang aufrichtig schockiert. »Wir müssen darüber reden.«

Zum ersten Mal in meinem Leben tat er mir leid.

»Bleib«, sagte er.

Und: »Was ist damit, was ich will?«

Und: »Diesmal wird es anders.«

Ich sagte: »Paul, ich lebe hier nicht mehr.«

»Natürlich tust du das. Du liebst es hier.«

Ich wünschte mir, er würde mir wirklich zuhören. »Wir sind keine Kinder mehr. Wir können nicht einfach rumlaufen und tun, was wir wollen.«

Sein Lachen explodierte in meinem Ohr. »Das erzählst ausgerechnet du mir?«, sagte er. »Ernsthaft, gerade du musst das sagen.«

Wut flammte in mir auf. Doch dann wurde mir klar, dass er die ganze Zeit über recht gehabt hatte. Mir mangelte es an Zielen und Ehrgeiz. Ich hatte meine Zeit in San Francisco nur damit verbracht, Jobs auszuprobieren und noch mehr Abschlüsse zu erlangen, unfähig, mich einer Karriere zu widmen. Denn das Einzige, was ich gewollt hatte, war, bei ihm zu sein.

»Du hast absolut recht«, sagte ich. »Du hast es immer gesagt, und jetzt höre ich endlich auf deinen Rat.« Ich sagte Lebewohl, nahm mein Gepäck und ging zum Gate.

Als ich sicher an Bord des Flugzeugs war, erlaubte ich mir endlich, mir die Zukunft vorzustellen, die mich zu Hause erwartete. Mein Vater würde über meine Entscheidung völlig aus dem Häuschen sein, aber was war mit Ma? Sie hatte mir das Tor zur Welt geöffnet – und würde mir jetzt dabei zusehen, wie ich diese Welt sauber zusammenfalten und beiseitelegen würde. Ich musste Ma begreiflich machen, dass sie mich gelehrt hatte, alles tun zu können, was ich wollte, indem sie mich vom Familienunternehmen befreit hatte. Und jetzt entschied ich mich für Sojasoße.

Das Flugzeug stieg in den Himmel. Der Chefsteward forderte uns auf, uns zurückzulehnen, uns zu entspannen und den Flug zu genießen. Ich schloss meine Augen, fest entschlossen, es zu versuchen.

15

In Singapur war es Mitternacht, als mir mein kirschroter Koffer auf dem Transportband entgegenschipperte. Sechzehn Stunden waren vergangen, seit ich in San Francisco ins Flugzeug gestiegen war. Meine Klamotten waren zerknittert, meine Augen rot und wund gerieben, meine Haare fettig genug, um sie wie ein Handtuch auswringen zu können. Die polierten Flächen und makellosen Böden der hohen, gewaltigen Halle des Changi Airport brachten meinen zerlumpten Zustand noch mehr zur Geltung.

Bei der Einreise hatte ich meinen Pass flach auf den Scanner gelegt und war durch den *Nur für Staatsbürger*-Durchgang gelaufen, während die Besucher in einer langen Schlange warten mussten. Ein Gerät identifizierte meinen Pass, und »Willkommen zu Hause« blitzte auf dem Bildschirm in den vier Nationalsprachen Englisch, Chinesisch, Tamilisch und Malaiisch auf. Ich fragte mich, ob irgendeine andere Wendung so überladen sein konnte. Trotz meiner Müdigkeit ging ich zügig durch den *Nichts zu verzollen*-Durchgang und an den Gruppen im Wartebereich vorbei. Es war immer noch schwer sich vorzustellen, dass ich nicht wusste, wann ich das nächste Mal zu diesem Flughafen fahren würde – diesem Ort, der einmal meine Pforte zur Wirklichkeit gewesen war. Doch nun war er ein Tor, das sich schließen würde.

Ich war so damit beschäftigt, ein Taxi zu bekommen, dass ich glatt an meiner Mutter vorbeilief, die an einer Säule lehnte, die Hände in den Taschen vergraben.

»Wohin so eilig?«, rief sie mir hinterher.

Ich drehte mich schwungvoll auf den Fußballen um, den Koffer hinter mir herschleppend. Auf Mas Lippen war kein Hauch von rotem Lippenstift zu sehen, ihrem Markenzeichen. Tatsächlich war sie vollkommen ungeschminkt. Eine lockere Leinentunika und die passende Hose hingen lose an ihrem gebrechlichen Körper herab. Das, was an anderen wie ein Pyjama ausgesehen hätte, wirkte an ihr elegant und unangestrengt.

»Was machst du hier?«, fragte ich. »Bist du allein hergekommen? Weiß Ba davon?«

Sie wischte meine Bedenken beiseite. »Glaubst du, ich bin aus dem Fenster geklettert, während er schlief?«

Wir fuhren mit der Rolltreppe zum Parkplatz hinunter, sie nahm mir die Tasche für das Handgepäck ab, obwohl ich ihr mehrfach sagte, ich käme allein damit klar. Als wir zum Wagen gingen, bestand sie darauf, dass ich fuhr, da sie in der Dunkelheit nicht mehr so gut sehen könne.

»Eben«, sagte ich. »Du hättest nicht fahren sollen. Ich hätte mir auch leicht ein Taxi nehmen können.«

»Ist es denn so schräg von mir, meine Tochter vom Flughafen abzuholen? Ich will wissen, wie dein Trip war.«

Ich wusste nicht, womit ich anfangen sollte, also stellte ich die Spiegel ein, startete den Wagen und drehte das Radio auf. Zu den Klängen von Eric Claptons *Tears in Heaven* fuhren wir vom Parkplatz herunter auf die breite Allee, die mit Orangenbäumen und Bougainvilleas gesäumt war – es war ein so vertrauter und absolut heimischer Anblick, dass er mich mit Wärme erfüllte, unabhängig davon, wie oft ich diese Strecke fuhr.

»Diese Stimme fand ich schon immer grauenhaft. Zu weinerlich.« Ma schaltete das Radio ab. »Also?«, sagte sie.

Ich hatte gehofft, Zeit zu haben, um die Ereignisse der letzten Woche zu verdauen und mich auf das, was ich sagen wollte, vorbereiten zu können. Doch Ma wollte sofort etwas hören. Als ich die Neonreklame eines rund um die Uhr geöffneten Garküchenmarktes sah, lenkte ich in Richtung Eingang.

Auf dem Markt entschieden wir uns für einen Tisch an einem Kaffeestand mit direktem Blick auf den Strand, möglichst weit weg von einer Gruppe schnatternder *tai tais* mittleren Alters, die gerade eine nächtliche Partie Mah-Jongg beendet hatten und nun rückblickend die Höhepunkte diskutierten. Ma und ich nahmen große Schlucke von unserem süßen *kopi-po*, einem schwachen Kaffee mit einem großzügigen Klacks dicker Kondensmilch. Vom Wasser her wehte ein erfrischendes, lebendiges Lüftchen.

Ich atmete scharf ein und begann. Ich erzählte Ma von der Messe und wie gut es sich angefühlt habe, das Familienunternehmen zu repräsentieren; davon, wie stolz Ba vermutlich auf die Kontakte sein würde, die ich hergestellt hatte und mit denen ich den Grundstein für den amerikanischen Markt gelegt hätte. Und dass ich hoffte, sie könne vielleicht ebenfalls stolz auf mich sein. Ich erklärte ihr, warum ich nicht der Meinung sei, Lin's würde unter Cals Leitung überleben, und warum ich glaubte, die Firma müsse ihre USA-Strategie umkrempeln. Und ich erzählte ihr von dem Treffen mit Melody – genau, *der* Melody! –, obwohl vermutlich nichts dabei herauskommen würde.

Ma sah verblüfft aus, dennoch redete ich nicht langsamer, denn es gab ja noch so viel zu erzählen. Es war an der Zeit, aufzudecken, dass ich die Scheidung eingereicht und mich von der Uni abgemeldet hatte. Diese Worte gingen mir überraschenderweise nicht leicht über die Lippen. Selbst jetzt gelang es mir nicht, den Teil von mir, der sich danach sehnte, meiner Mutter zu gefallen, zum Schweigen zu bringen. »Ich habe mich entschieden«, sagte ich. »Ich bleibe hier in Singapur, endgültig.«

Sie versuchte, mich zu unterbrechen, doch ich fuhr fort. »Es tut mir leid, wenn ich dich enttäusche. Es tut mir leid, dass du denkst, ich würde alles wegwerfen. Aber ich will nicht das, was du willst.«

»Wieso sollte ich enttäuscht sein?«, fragte meine Mutter ruhig.

»Alles, was du dir für Paul und mich gewünscht hast, war, dass wir glücklich bis an unser seliges Ende in Amerika leben – und das haben, was du nie hattest.« Ich hatte schon viel zu viel gesagt, konnte aber nicht aufhören. »Du musst akzeptieren, dass ich nicht du bin.«

Die Mah-Jongg-Ladys taten so, als würden sie nicht zuhören.

Mas Unterlippe zitterte. »Es tut mir leid, dass du das so empfindest.«

Ich starrte sie an, ratlos und entnervt. Es sah ihr nicht ähnlich, nicht zurückzuschlagen.

Sie griff nach ihrem Kaffeebecher, doch ihre Hand zitterte so stark, dass sie ihn wieder auf den Tisch zurückstellte. Sie sagte: »Ich habe mir für dich immer nur gewünscht, dass du in der Lage bist, das zu tun, was du tun willst.« Unter den fluoreszierenden Lichtern wirkte ihr ungeschminktes Gesicht alt und erschöpft.

»Ich will genau das, Ma. Ich will bei Lin's arbeiten. Ich will Sojasoße herstellen. Ich will hier bei dir, Ba und dem Rest der Familie sein.«

Am Strand brach eine Welle mit ohrenbetäubendem Lärm. Im Herzen der Stadt, wo wir die meiste Zeit verbrachten, war es leicht, zu vergessen, dass wir von Wasser umgeben waren. Als eine zweite Welle emporstieg, stellte ich mir vor, wie sie immer größer wurde und direkt auf meine Mutter und mich zukam. Wappnete Ma sich innerlich? Hielt sie den Atem an?

Erneut ergriff sie den Becher. Diesmal schaffte sie es, einen kleinen Schluck zu trinken. Sie sagte: »So, du lässt dich also scheiden.«

Meine ganze Wut und Selbstgerechtigkeit kamen wieder hoch. »Das mag dich jetzt vielleicht schockieren, aber dein Schwiegersohn hat mich verlassen. Ich habe ihn gebeten zu bleiben, doch er ist gegangen, um mit seiner Freundin zusammenzuleben. Seiner einundzwanzig Jahre alten Freundin.«

Gegenüber am Tisch sah Ma traurig aus – traurig und erschöpft –, aber nicht im Geringsten zornig, so wie ich es erwartet hätte. Und ganz sicher nicht schockiert.

»Er hat mich betrogen, Ma.«

Ma senkte die Lider. Als ihre Augen sich wieder öffneten, waren sie tränenerfüllt. »Ich weiß, mein Schatz«, sagte sie und drückte fest ihre Hände auf meine. »Ich weiß.«

Ich schluchzte so heftig, dass ich mich nicht einmal fragte, woher sie es gewusst oder wer es ihr gesagt haben könnte. Einen Augenblick später schlang sie ihre dünnen Arme um mich und wiegte mich sanft hin und her.

Inzwischen war der Einzige, der uns noch hören konnte, der alte Mann hinter dem Tresen, der aber so höflich war, sich abzulenken, indem er Plastiktassen und Teller umsortierte. Ich fragte mich, ob er das in uns sah, was wir waren: Zwei Frauen, die versuchten, auf sich selbst und auf einander achtzugeben, und dabei immer wieder auf die Nase fielen.

Nachdem ich mich beruhigt hatte, dachte ich über Mas Reaktion nach. Wo blieben ihre Wut und Empörung? Wieso hatte sie mir nicht gesagt, dass sie hinter die Affäre gekommen war?

Ma senkte den Kopf. »Vielleicht war es falsch von mir«, sagte sie langsam. Es war ein seltenes Geständnis. »Aber ich wollte, dass du ihn siehst.« Sie sagte, zuerst habe sie gewollt, dass ich wieder nach Amerika ging und mein Leben zurückforderte. Aber dann, nachdem Frankie ihr erzählt hatte, was Paul getan hatte, habe sie sich gewünscht, dass ich mich meinen Entscheidungen stellte. Das Letzte, was sie für mich wolle, sei, dass ich mich für immer zurückzog und in Singapur versteckte.

»Glaubst du, dass ich das tue?«

Sie fuhr mir mit den Fingern durchs Haar und massierte mir den Kopf. »Nein.«

»Glaubst du, dass du das getan hast?«

Sie schaute zum Deckenventilator hoch, der sich so träge drehte, dass man auf jedem Blatt die Staubschichten erkennen konnte. Sie ballte die Hände zu zwei schmalen Fäusten. »Als ich nach Hause kam, war ich zunächst wütend. Ich dachte, aus mir hätte eine brillante Wissenschaftlerin an einer amerikanischen Eliteuniversität werden können. Doch stattdessen war ich in einem Unterrichtsraum gefangen mit Studenten, deren Noten gerade so für ein Literaturstudium reichten.«

»Ich kann mir vorstellen, dass das schwer war.«

Ma schüttelte den Kopf. »Vielleicht am Anfang, aber mit der Zeit wurden aus diesen Hürden Ausreden. Ich hätte mich durchaus antreiben können. Ich hätte mein Manuskript beenden können.« Sie presste die Fingerspitzen auf die Augenwinkel und lachte sarkastisch. »Wäre ich in den USA geblieben, wäre ich an einem kleinen College in einer kleinen Stadt gelandet, ebenfalls überzeugt davon, meine Talente zu verschwenden.«

»Und du hättest Ba nicht.«

Sie nahm einen weiteren Schluck aus dem Becher. »Das stimmt.«

Der Himmel hellte sich auf, färbte die Welt in blasse Grautöne, und die Vögel begannen, in die Lüfte zu steigen. Der Ozean hatte sich zurückgezogen und umspülte sanft den Sand.

»Du bist nicht ich, das weiß ich«, sagte sie. »Du wirst deine Sache bei Lin's hervorragend machen, und es tut mir leid, dir jemals im Weg gestanden zu haben.«

»Hervorragend ist ein starkes Wort. Ich denke, ich werde sie gut machen.«

Sie strich mir übers Haar. »Mein Mädchen, mein einziges Kind. Es ist gut, dich hier zu haben.«

Gemeinsam blinzelten wir in die Ferne. Ging in Singapur die Sonne auf, war es in San Francisco Nachmittag. Mein Verstand würde eine Weile brauchen, um nicht mehr zu versuchen, an zwei Orten gleichzeitig zu existieren. Aber ich war bereit.

Ich machte Frankie keinen Vorwurf, meiner Mutter von Paul erzählt zu haben.

Am nächsten Tag zog ich sie während der Arbeit in mein Büro und schloss die Tür. »Frankie, du schuldest mir keine Erklärung. Ich weiß, was dich dazu bewegt hat.« Ich rechnete mit Erleichterung, sah aber nur Verwirrung.

»Echt? Bist du sicher?«

Ich sagte ihr, sie habe mir einen Gefallen getan. Ich hätte meiner Mutter die ganze Affäre viel zu lange verschwiegen und sie, Frankie, hätte mir den längst überfälligen Schubs gegeben. Tatsächlich hätten Ma und ich am Abend zuvor alles geklärt. »Ich sag dir, ich hab kaum geschlafen.« Ich rieb mir die Augen.

Sie sah mich mit einem besorgten Lächeln an, und ich tätschelte ihren Arm. »Paul und ich sind fertig miteinander. Ich bin hier, um zu bleiben.«

Weit davon entfernt, sich für mich zu freuen, sackte Frankie auf ihrem Stuhl nach vorn und vergrub das Gesicht in den Händen.

»Warte mal«, sagte ich. »Ich dachte, du hasst ihn.«

»Ich hatte was mit James.« Sie presste die Augen so fest zusammen, als rechnete sie mit einem Knall.

Meine Gesichtsmuskeln erschlafften. Ich spürte, wie mein Lächeln schmolz. »Aha«, sagte ich. »Das wusste ich nicht.«

Nun war sie diejenige, die meinen Arm nahm. »Es tut mir wirklich leid, echt. Es war nur ein Mal.«

Ich zog meinen Arm weg. Ich blieb ganz still sitzen und versuchte zu beschließen, wie ich mich fühlte. Doch das Einzige, woran ich denken konnte, war, wie sehr ich mir wünschte, dass sie von diesem Stuhl aufstehen und mein Büro verlassen würde.

Schließlich sagte ich: »Wir haben Schluss gemacht.«

»Ich weiß, und es tut mir immer noch leid.«

Ich wandte mich meinem Computer zu und sagte ihr, ich müsse einen ganzen Berg E-Mails abarbeiten. Sie brachte murmelnd eine letzte Entschuldigung hervor, bevor sie aufstand und ging.

Es war nicht bloß eine Ausrede. Ich hatte keine Zeit, um mich darauf zu konzentrieren, was zwischen Frankie und James geschehen sein mochte. In der Woche, in der ich nicht hier gewesen war, waren mein Vater und mein Onkel einer Lösung keinen Schritt näher gekommen. Es musste sich etwas verändern.

16

Mr Liu war siebzehn Jahre alt gewesen, als Ahkong ihn einstellte und zum allerersten Botenjungen der Firma Lin's machte. Im Laufe der Zeit arbeitete er sich bis zum Büroleiter hoch, ging auf Ahkongs Drängen wieder auf die Schule, um einen Abschluss in Chemie zu machen, und kam zurück, um der Lebensmittelchemiker von Lin's zu werden – diese Tätigkeit übte er nun schon seit dreißig Jahren aus. Wenn es jemanden gab, der wusste, wie Ahkong mit der aktuellen Familienfehde umgegangen wäre, dann war er es.

Ich fand Mr Liu in seinem Büro auf der Fabriketage, wo er Akten durchging.

Überrascht hob er den Kopf. »Komm rein«, sagte er auf Chinesisch. »Was kann ich für dich tun?«

Ich setzte mich und war plötzlich ganz schüchtern. Als Kind hatte ich mit einem Malbuch und einer Packung Reiscracker Stunden in diesem Büro verbracht, während mein Vater sich irgendwo in der Fabrik um die Geschäfte gekümmert hatte. Warum auch immer, seit meiner Rückkehr war es mir noch nie in den Sinn gekommen, Mr Liu zu fragen, was er von Cals Fehler oder der Fiberglas-Soße oder den ganzen anderen Entwicklungen in der Firma hielt.

Ich sah keinen Grund, zurückhaltend zu sein. »Ich brauche Ihren Rat. Was, glauben Sie, sollten wir mit Cal machen?«

Selbst wenn Mr Liu die Stirn runzelte, strahlte sein schmales, faltiges Gesicht Freundlichkeit aus. »Ich kann dir nichts sagen, was du nicht schon weißt. Ein Familienunternehmen ist, was es ist – eine Familie.«

Ich versuchte, die Bedeutung seiner Worte zu verstehen.

»Denk immer daran: Egal, wie deine Familie sich entscheidet, der Junge wird in deinem Leben bleiben. Er wird nicht verschwinden. Er wird immer dein Cousin sein und der Neffe deines Vaters und der Sohn deines Onkels.«

Da machte es bei mir klick. Natürlich, Mr Liu war derjenige, der meinen Vater darüber informiert hatte, dass Cal bei dem Termin mit Mama Poon erschienen war.

»Ich hätte früher zu Ihnen kommen sollen«, sagte ich.

Seine Augen verschwanden, als er lächelte. »Du bist genau zum richtigen Zeitpunkt gekommen.«

Eine Stunde später verließ ich Mr Lius Büro und machte mich auf den Weg zu meinem Vater. »Regiere deine Familie so, wie du einen kleinen Fisch kochen würdest – sehr sanft«, wiederholte ich das chinesische Sprichwort, das Mr Liu mir mitgegeben hatte.

Ba legte den Stift hin. »Das hat dein Ahkong immer gesagt.«

»Du musst Cal noch eine Chance geben. Lin's gehört ihm genauso wie dir oder Onkel Robert.« Nach einer Pause fügte ich hinzu: »Oder mir.« Zweiundsiebzig Stunden waren vergangen, seit ich meine Entscheidung, zu bleiben, verkündet hatte.

Ba schüttelte den Kopf. »Ich habe dir bereits gesagt, ich vertraue ihm nicht.«

Ich sagte auf Chinesisch: »Man kann nicht das Essen verweigern, nur weil man Gefahr läuft, sich zu verschlucken.«

»Ich sehe, du hast mit Mr Liu gesprochen.« Er lächelte zugeknöpft.

Ich gab zu, Cal nicht zwangsläufig zu vertrauen. Ich sei aber der Meinung, dass er es dieses Mal nicht wagen würde, so leichtsinnig zu handeln. Nicht bei so vielen Leuten, die ihm auf die Finger schauten. Letztlich wolle doch auch er bloß, dass Lin's wachse und gedeihe.

Ba fuhr sich mit einer Hand über die andere und ließ die Knöchel knacken.

»Muss das sein?«, fragte ich.

Er ließ die Hände sinken. »Was sage ich damit aus, wenn ich Cal wieder zurückhole?«

»Dass du daran glaubst, ein Lin zu sein sei eine außergewöhnliche Qualifikation, um diese Firma zu leiten.«

Er erwiderte: »Dieser Junge hat bereits bewiesen, dass ihm Geld wichtiger ist als Sojasoße.«

»Du und Onkel Robert seid euch nicht immer einig. Trotzdem arbeitet ihr seit Jahren zusammen. Vielleicht gibt es ja Hoffnung für Cal und mich.«

Ba richtete seinen Zeigefinger auf mich. »Du glaubst, du kannst das. Du glaubst, du kannst mit ihm arbeiten.«

Ich sagte, ich sei mir nicht sicher, wisse aber auch, dass ich keine andere Chance hätte.

Mein Vater ließ mich nicht aus den Augen, als er sich den Telefonhörer ans Ohr hielt. »*Diah*«, sagte er in die Sprechmuschel. *Jüngerer Bruder.* »Ich sitze hier mit Xiao Xi. Komm rüber. Und bring den Jungen mit.«

Später am Nachmittag verließen wir vier Bas Büro und machten uns auf den Weg zum Konferenzraum, wo sich die gesamte Belegschaft für eine wichtige Ankündigung versammelt hatte. Ich lief schneller, um mit meinem Vater und Onkel Robert Schritt zu halten, doch Cal ergriff meinen Ellbogen. »Gretch, ich möchte mich bei dir bedanken.«

Nie hätte ich erwartet, diese Worte aus Cals Mund zu hören. Allerdings hatte ich in den vergangenen Jahren so wenig Zeit in Singapur verbracht, dass ich den Erwachsenen in ihm kaum kennengelernt hatte. Menschen veränderten sich, wenn sie älter wurden. Sie wuchsen über ihre Sturheit und Flatterhaftigkeit hinaus.

Ich sagte: »Ich freue mich wirklich darauf, mit dir zusammenzuarbeiten.«

Cal verzog den Mund zu einem halben Lächeln. »Du hast gerade Lin's altehrwürdige Sojasoße vor der Pleite gerettet.«

Es war ein Witz – ein unangemessener Witz. Ich wollte es dabei belassen.

Als Cal und ich im Konferenzraum nach vorn gingen, wo unsere Väter standen, starrte ich auf meine abgewetzten Schuhspitzen und ignorierte die Last der Blicke meiner Kollegen.

Onkel Robert dankte allen fürs Kommen. »Mit sofortiger Gültigkeit«, sagte er, »werden Cal und Gretchen Ko-Vizedirektoren.«

Überall im Raum drehten sich Köpfe, Augenbrauen wurden hochgezogen, Blicke trafen sich. In einer Ecke lächelte Shuting Fiona süffisant an, als wäre es genau der Ausgang, den sie die ganze Zeit vorhergesagt hätte. Auf der gegenüberliegenden Seite des Raums tuschelte ein Kerl aus der Vertriebsabteilung mit einem anderen, und beide beobachteten mich dabei aus den Augenwinkeln.

Mein Onkel fuhr fort: Cal sei weiterhin für den Mama-Poon-Deal verantwortlich, der so reibungslos verlaufe, dass der Termin für die Markteinführung auf den frühen März vorverlegt werden könnte. Ich hingegen würde die Premiumlinie übernehmen, die von nun an unter dem Namen *Traditionslinie* weiterlaufen würde. Dank meines Erfolgs auf der Messe in San Francisco würden unsere Premiumsoßen schon bald in die USA exportiert werden, wenngleich in kleineren Mengen.

Neben mir strahlte mein Cousin. Er formte mit den Fingern eine Pistole und tat so, als würde er auf jemanden im Raum feuern. Dass unsere Zuständigkeiten alles andere als gleichberechtigt waren, war ihm und mir und der gesamten Firma klar. Sein Projekt war das größte von Lin's und barg das vielversprechendste Potenzial für eine profitable Wachstumsmöglichkeit. Meins war in erster Linie von symbolischer Bedeutung.

Schließlich brachte mein Onkel seine Rede zum Abschluss: »Lin's kann tatsächlich das Beste aus beiden Welten haben«, rief er laut, nahm die Hand seines Sohns und riss sie in die Luft, als wären beide Medaillengewinner bei der Olympiade.

»Das ist die Zukunft.«

Im Saal brach Applaus aus.

Onkel Robert schüttelte mir erstaunlich förmlich die Hand. »Willkommen im Team.«

»Glückwunsch, Partner«, sagte Cal und hielt mir die flache Hand für ein High Five hin.

Ich schluckte meine Feindseligkeit hinunter und klatschte gegen seine Hand. »Glückwunsch.«

Mein Vater nahm mich fest in die Arme und sagte leise: »So weit, so gut.« Zu Hause ging es meiner Mutter besser, und er sah erholter aus als in den letzten paar Wochen. Später, wenn meine Mutter fragen würde, was ihn dazu bewogen habe, seine Meinung über Cal zu ändern, würde er mir zuzwinkern und sagen: »Wir alle bringen Opfer für die Menschen, die wir lieben.«

Am gegenüberliegenden Ende des Konferenzraums lehnte Frankie abseits der anderen mit dem Rücken an der Wand, das Gesicht von dem Vorhang aus ihren Haaren geschützt. Obwohl sie nach ihrem Geständnis mehrmals versucht hatte, mit mir zu reden, war es mir gelungen, ihr aus dem Weg zu gehen – was ein ziemliches Kunststück war, weil wir uns jeden Tag sicher ein Dutzend Mal auf dem Flur begegneten. Unsere Beziehung schien eine von jenen Frauenfreundschaften zu sein, die dem Untergang geweiht waren, weil uns derselbe Mann gefiel. Und der war es noch nicht einmal wert.

Onkel Robert hob eine Hand, und der Saal verstummte. Er hatte noch weitere Neuigkeiten. Ich hatte bereits davon gehört: Frankie hatte ein Angebot von einer äußerst angesehenen Management-Consultingfirma erhalten und würde Ende des Monats nach Hongkong aufbrechen.

Ein Raunen ging durch den Raum. Dieselben Leute, die mir gegenüber immer noch Abstand hielten, gingen hinüber, um Frankie die Hand zu schütteln oder sie zu umarmen.

»Vergessen Sie nicht, zurückzukommen und uns zu besuchen, *hor*. Hongkong ist nicht so weit weg«, sagte Onkel Robert und drohte Frankie mit einem wedelnden Finger. »Und haben Sie vielen Dank für Ihre harte Arbeit.«

Wieder ertönte Applaus, und Frankie wurde rot. Während ich klatschte, sah ich vor meinem geistigen Auge, wie wir beide in meinem roten Jetta auf der 101 in Richtung Süden nach L. A. fuhren, eine halb leere Packung Marshmallows zwischen uns. Sie saß am Steuer, ich lümmelte auf dem Beifahrersitz herum, die Füße auf die Ablage gelegt. Als im Radio die ersten Takte unseres Lieblingssongs von Radiohead erklangen, warfen wir die Köpfe in den Nacken und grölten mit.

Am Tag unserer Ernennung führte Mama Poon unsere Sojasoße versuchsweise in den Läden in Kalifornien ein, und Benji Rosenthal gratulierte Lin's schriftlich zu den begeisterten Kundenreaktionen. Er hatte Verkaufsprognosen von seinen Analysten erstellen lassen, und die orderten weitere Flaschen, die so schnell wie möglich geliefert werden sollten.

Cal teilte uns diese Neuigkeit beim wöchentlichen Treffen des Managementteams mit. Wir vier versammelten uns zusammen mit den Leitern der Marketingabteilung und der Buchhaltung im Büro meines Onkels.

»Exzellente Neuigkeiten, mein Junge«, sagte Onkel Robert.

Cal saß so kerzengerade auf seinem Stuhl, als würde sein Brustbein von Fäden gehalten werden, die an der Decke befestigt waren.

»Ich werde sofort jemanden auf die Pressemitteilung ansetzen«, sagte die Leiterin der Marketingabteilung.

»Gute Arbeit«, sagte ich zu meinem Cousin. Dieser grinste und fragte: »Irgendwas Neues von der Premiumlinie? Entschuldigung, der *Traditions*linie?«

Ich blickte auf meine Notizen und versuchte mir nicht anmerken zu lassen, dass ich das, was nun käme, auswendig gelernt hatte. Ich sagte ihnen, auch ich hätte aufregende Neuigkeiten. Tatsächlich hatte ich an ebendiesem Morgen eine Zusage erhalten. Von der beliebtesten Talkmasterin Amerikas höchstpersönlich.

Alle beugten sich vor. Das Grinsen verschwand aus dem Gesicht meines Cousins.

»Im kommenden Dezember wird Melody in ihrer Weihnachtsfolge unsere Premiumsojasoße als eine von sechs Geschenkideen vorstellen.« Um einen gleichmäßigen Ton bemüht, erzählte ich noch einmal die ganze Geschichte, angefangen bei meinem Gespräch mit Suzanne Silver bis hin zu meinem Treffen mit der Talkmasterin auf dem Rücksitz ihrer Limousine. »Sie haben bereits jeweils achthundert Flaschen helle und dunkle Premiumsoße bestellt. Fürs Team und für die Zuschauer.«

Zuerst sagte keiner was.

Ba legte mir eine Hand auf die Schulter und drückte sie.

Dann wiederholte mein Onkel Melodys Namen. »Unglaublich«, sagte er.

Der Leiter der Buchhaltung tippte Zahlen in seinen Taschenrechner. »Wir müssen uns schlaumachen und den potenziellen Umsatzanstieg ermitteln. Das könnte die Zahlen auf eine bis jetzt nie da gewesene Weise erhöhen.«

»Wir müssen die lokalen Medien informieren«, sagte die Leiterin der Marketingabteilung und kritzelte etwas in ihr Notizbuch.

Doch Cal ermahnte alle, nicht gleich in Begeisterungsstürme auszubrechen. Er sagte, der Leiter der Buchhaltung habe recht; erst müssten Recherchen angestellt werden. »Wir wissen nicht, wie lange das Interesse anhalten wird und wie viele Flaschen wir tatsächlich verkaufen werden.«

Ich widerstand dem Drang, ihm zu sagen, er solle aufhören, sich wie ein schlechter Verlierer aufzuführen. Er wusste, das war eine von diesen Chancen, die man nur einmal im Leben bekam. Es gab keinen besseren Zeitpunkt, um unsere Premiumsojasoße nach Amerika zu exportieren.

Onkel Robert und Ba waren sich schnell einig, dass wir uns noch einmal den USA-Expansionsplan vornehmen müssten.

»Wir werden die Produktion der Fiberglas-Soße für Mama Poon so lange zurückstellen, bis wir besser einschätzen können, welchen Einfluss die Werbung auf unsere Traditionslinie haben wird.«

Der Rest von uns nickte zustimmend – jeder außer Cal, der vollkommen still dasaß. »Moment mal. Wir können es uns nicht leisten, die Produktion zurückzustellen.«

Onkel Robert wollte etwas sagen, doch Cal schnitt ihm sofort das Wort ab. »Wieso stürzen wir uns plötzlich darauf, Soße auf die alte Weise herzustellen? Die Fiberglas-Soße wird zweimal so viel abwerfen, Liter für Liter.«

Diesmal sprach Ba. »Niemand stürzt sich auf etwas. Es geht einfach nur darum, dass wir weitere Analysen benötigen, bevor wir eine Entscheidung treffen.«

Cal schlug mit der flachen Hand auf den Tisch. »Und das ist genau unser Problem. Wir sind in jeder Hinsicht viel zu langsam. In dem Moment, in dem wir eine Entscheidung treffen, haben wir die Gelegenheit verpasst.«

»Junge«, sagte Onkel Robert in einem Ton, den ich noch nie zuvor bei ihm gehört hatte. Weiter sagte er nichts.

»Das ist doch Unsinn«, sagte Cal und beugte sich auf seinem Stuhl nach vorn. »Dieser ganze Kodirektoren-Mist ist schon schlimm genug.« Er starrte mich wütend an.

Die Marketingleiterin und der Leiter der Buchhaltung rutschten unruhig hin und her und starrten beide auf ihren Schoß.

Cal sagte: »Bin ich der Einzige hier, der kapiert, dass Lin's auf diese Weise vor die Hunde gehen wird?«

Plötzlich war ich zornig auf mich selbst, weil ich mich von ihm einschüchtern ließ. Ich sagte: »Du kannst nicht jedes Mal austicken, wenn es nicht nach deinem Kopf geht. Wir sind jetzt zwei, und ja, es braucht etwas mehr Zeit, um Entscheidungen zu treffen. Du hast doch sicherlich gelernt, wie gefährlich dein Leichtsinn werden kann.«

Cal kniff die Augen zusammen. Er stand auf. »Weißt du eigentlich, wie viele Jobangebote sich bei mir stapeln? Ich muss hier nicht rumsitzen und dafür kämpfen, diese Firma in die Zukunft zu schleifen.«

Er starrte meinen Onkel an, als wollte er ihn dazu bewegen – oder anflehen –, ihm beizustehen.

Onkel Roberts Gesicht war weich und traurig. Er schaute weg und schloss die Augen.

Cal zeigte auf mich. Sein Finger bebte nicht, als er zur Tür ging. »Sie kann es nicht. Lin's wird es niemals schaffen.«

Die Tür knallte zu. Ein Stoß Papiere flatterte vom Schreibtisch zu Boden, und ich kniete mich hin, um alles aufzusammeln, erleichtert darüber, mich beschäftigen zu können.

Zur Mittagszeit war Cal fort. Er war in Frankies Büro gestürzt und hatte so viele Aktenordner, wie er tragen konnte, sowie eine Festplatte mit vertraulichen Dateien mitgenommen – Informationen, die bislang immer in Händen der Familie geblieben waren.

»Wir verklagen ihn«, sagte ich.

Doch Ba sagte, dafür seien die Dinge zu kompliziert. Ich solle mir vorstellen, welche Auswirkungen die mediale

Berichterstattung auf unsere Familie hätte, vor allen Dingen auf Tantchen Tina. Ba und ich drehten uns zu meinem Onkel um, der bis jetzt geschwiegen hatte.

Onkel Robert lachte so kläglich, dass mir ein Schauer über den Rücken lief. Er sagte: »Wie konnte ich mich nur so täuschen?«

»Er hat die Dateien in einem Anflug von Wut mitgenommen. Wir wissen doch gar nicht, ob er etwas vorhat«, sagte mein Vater. »Du solltest mit dem Jungen reden.«

Doch mein Onkel wandte uns den Rücken zu. »Wozu soll das gut sein?«

»Vielleicht sollte ich mit ihm reden«, sagte ich, ohne einen Schimmer zu haben, womit ich anfangen würde. Obwohl ich der eigentliche Grund war, warum Cal hinausgestürzt war.

»Wäre einen Versuch wert«, sagte Ba.

Onkel Robert warf die Hände in die Luft. »Nur zu«, sagte er mit dem gleichen frostigen Lachen. »Nur zu.«

17

In den Wochen nach meiner Rückkehr aus San Francisco hörte ich nur einmal etwas von Paul. Und zwar an dem Tag, an dem er die Unterlagen von meiner Rechtsanwältin erhielt. Ich ließ ihn auf die Mailbox sprechen und hörte die Nachricht dann dreimal hintereinander ab.

Paul sagte stockend, er werde die Papiere noch am selben Tag zurückschicken. Nach einer langen Pause sagte er, er wolle mich wissen lassen, dass er in eine Einzimmerwohnung in Oakland gezogen sei. Und fügte sofort hinzu: »Ich weiß gar nicht, warum ich dir das erzählt habe.« Ich hätte beinahe gelächelt.

Als der honigbraune Umschlag mit Pauls lang gezogener, in Großbuchstaben gehaltener Handschrift bei meinen Eltern zu Hause eintraf, hätte ich darauf gefasst sein müssen. Dennoch klopfte ich den Stapel Papiere nach einem Fehler ab, in der leisen Hoffnung, einen Grund zu finden, um ihn zurücksenden und den Prozess noch ein bisschen hinauszögern zu können. Doch alle vierzehn Seiten waren unterschrieben und datiert.

Paul und ich hatten weder Kinder noch Haustiere noch ein gemeinsames Vermögen. Wir lebten über dreizehntausend Kilometer voneinander entfernt. Wir waren jung. Später würden die Leute mir sagen, wie viel Glück ich gehabt hätte. Wie unkompliziert das alles gewesen sei. Sie würden von traumatischen Scheidungen sprechen, von verstörten Kindern und geplünderten Bankkonten. Paul und ich sollten dankbar sein, dass uns dieser Herzschmerz erspart geblieben sei. Durch diese Papiere war es, als hätten die letzten zwölf Jahre nicht stattgefunden oder als hätten sie zumindest keine Bedeutung mehr. Ein sauberer Schnitt.

Zwischen den letzten beiden Seiten ertasteten meine Finger etwas Dickes. Ich zog einen dünnen weißen Umschlag hervor, unverschlossen, aber mit eingeschlagener Lasche. Pauls letzte Bitte? Er hatte schon immer eine melodramatische Ader gehabt.

Ich fummelte erst an der Lasche herum, riss den Umschlag aber schließlich auf. Es war kein Brief, sondern ein Scheck über zweitausendsiebenhundert Dollar, ausgestellt auf meinen Vater, sowie eine kurze Notiz, in der Paul darlegte, wie er das restliche Geld zurückzahlen wolle. Trotz all unserer Konflikte ging mir das Herz auf.

Der Klang hart angeschlagener Klaviertasten riss mich aus meinen Gedanken. Unten übte meine Mutter pflichtbewusst. Nur sie schaffte es, dieses Stück ebenso zaghaft wie entschlossen zu spielen.

Und dann legten sich meine Gedanken ganz wie von selbst um den gegenwärtigen Moment: Genügten diese kleinen alltäglichen Tätigkeiten – Klavierüben, Lesen, die Arbeit an ihrem Manuskript – als Beschäftigung? Genügte das, um ihre Tage und Monate und Jahre auszufüllen?

Tags zuvor hatte meine Mutter mir erzählt, Freunde von ihr würden eine Eigentumswohnung vermieten, da ihr ältester Sohn in eine größere Wohnung umgezogen war. »Hundertelf Quadratmeter, drei Zimmer, zwei Bäder.« Ob ich Interesse an einer Besichtigung hätte?

Bei all dem, was in den letzten Wochen los gewesen war, hatte ich nicht die Zeit gefunden zu überlegen, ob ich bei meinen Eltern ausziehen wollte. Und dann fiel mir noch ein zweiter Grund dafür ein, warum mir dieser Gedanke noch nicht gekommen war. »Wenn es für dich und Ba okay wäre, würde ich gerne noch ein bisschen bleiben.«

Abrupt wandte sich Ma mir zu. Ihre Augen weiteten sich. »Natürlich, mein Schatz«, sagte sie. »Bleib, solange du willst.«

Unten wurden immer noch Klaviertasten angeschlagen. Mein Metronom hatte Ma nichts gebracht. Aller Wahrscheinlichkeit nach hatte sie es in der Klavierbank verstaut und es dann vergessen. Jetzt konnte ich sie hören: »Hätte ich gewusst, dass du den ganzen Tag nur an mir herumnörgelst, hätte ich mich niemals darauf eingelassen, Stunden zu nehmen.«

Ich legte die Papiere beiseite und ging nach unten, um einzuschreiten.

18

Und so fand ich mich einmal mehr vor dem Tor des Hauses der Tans wieder.

Der Anzahl der Wagen nach zu urteilen, die entlang der Straße aufgereiht waren, hatte Kat es trotz der knappen Zeit geschafft, die ganze Truppe zusammenzutrommeln. Es überraschte mich nicht.

Einige Tage zuvor hatte ich sie angerufen, um mich für mein früheres Verhalten zu entschuldigen und sie über die Ereignisse der letzten Wochen auf den neuesten Stand zu setzen – ich wollte, dass sie alles direkt von mir erfuhr.

Kat beglückwünschte mich zu meiner Entscheidung, zu bleiben, und winkte angesichts meiner Entschuldigung ab. Dieses Abendessen sei doch schon ewig her, betonte sie. Und hatten wir in unserer vierundzwanzigjährigen Freundschaft nicht schon viel Schlimmeres durchgestanden?

Ich war mir nicht sicher, ob wir das hatten, gab ihr aber recht, erleichtert darüber, meine Freundin zurückzuhaben.

»Also«, sagte Kat. »Reg dich nicht gleich auf, aber ich gebe eine Abschiedsparty. Für Frankie.«

Bevor ich zu einer Tirade ansetzen konnte, fuhr sie schnell fort: »Sieh mal, sie hat Scheiße gebaut. Ich behaupte ja auch gar nichts anderes.«

»Wenn wir uns da einig sind, warum schmeißt du dann eine Party für sie? Wie kannst du mir das antun?«

»Es tut ihr aufrichtig leid, Gretch. Vertrau mir.«

Natürlich wusste ich, wie nahe sich Kat und Frankie standen. Im Laufe der letzten Monate hatten sie zweimal so viel Zeit miteinander verbracht wie ich mit einer von ihnen allein. Trotzdem war die Vorstellung, wie die beiden hinter meinem Rücken vertrauensvoll miteinander redeten und Ratschläge austauschten, zu viel für mich. Also hob ich die Stimme, erging mich in Übertreibungen, redete von Verrat und machte noch andere melodramatische Anschuldigungen.

Es lag nicht in Kats Natur, nachzugeben. »Meine Güte, ihr müsst euch ja nicht gleich erdrücken und abknutschen, aber trennt euch wenigstens auf anständige Weise. Wer weiß, wann du sie wiedersiehst?«

Als ich nicht klein beigeben wollte, fügte sie hinzu: »Das ist Singapur. Sieh dich um. Hier hat jeder jeden gedatet. Wenn ich mich weigern würde, mit all den Mädchen zu sprechen, die was mit einem meiner Exfreunde gehabt haben, dann hätte ich niemandem mehr zum Reden.«

»Er war nicht mein Freund«, sagte ich schnell.

»Ein Grund mehr, um auch zu kommen.«

Als ich nun die Einfahrt hinunterlief, drang Gelächter aus dem Haus. Es war ein kräftiges, männliches Lachen, eins, das von James hätte stammen können. Ich hatte angenommen, dass er auch da sein würde. Ich hatte mich sogar darauf gefreut, ihm zu zeigen, wie zivilisiert ich war. Doch wie auch immer – meine Instinkte siegten. Ich drehte mich um und rannte zum Tor, und als ein Taxi vorbeifuhr, hätte ich es fast angehalten.

Das Taxi hielt zwei Häuser weiter an. Terrence stieg aus, um Cindy aus dem Wagen zu helfen. Sie riefen meinen Namen, winkten, und Cindy sagte, sie seien so spät dran, weil sie kaum noch durch die Tür passen würde – welche Entschuldigung ich hätte? Ihre Wangen waren gerötet, ihre Stirn glänzte, doch ihr Lächeln war strahlend.

»Ich musste noch ein paar Dinge erledigen«, sagte ich, als Terrence Cindy den Ellbogen in die Seite stieß.

»Au«, schrie sie, bevor ihr Blick verriet, dass es ihr dämmerte.

»Oh, Mann«, sagte sie und stammelte eine Entschuldigung, während Terrence die Hände vors Gesicht schlug.

Eine Sekunde später knuffte sie Terrence zurück.

»Au«, sagte er, woraufhin ich lachen musste. Er lachte nun ebenfalls, und Cindy konnte nicht aufhören zu giggeln.

Im Haus war die Atmosphäre angenehm und entspannt, ganz anders als sonst auf Kats Partys. Die Leute tummelten sich mit überdimensionalen Rotweingläsern auf der runden Couch. Sie lümmelten auf Liegestühlen am Pool. Die Frau des Abends lehnte mit den Ellbogen an der Bar und becherte Tiger-Bier, während sie mit Kat und Ming plauderte. Ihr einmaliger Seitensprung stand mit seinem Freund Pierre und einem Mädchen mit Pixie-Cut am anderen Ende des Raums.

Als ich durch die Tür ging, richteten sich im selben Moment alle Augen auf mich. Ich straffte die Schultern und schritt durch den Raum, und nur einen Takt später setzten die Gespräche wieder ein. Trotzdem spürte ich, wie man meine Bewegungen verfolgte.

Cindy wurde von einem Mädchen in Beschlag genommen, das ihr die Handflächen auf den Bauch drückte, als würde sie das ungeborene Kind segnen. Ein paar Typen auf der Veranda riefen Terrence zu sich, damit er eine Wette für sie entschied. Und dann war ich allein.

Es gab keinen Grund, das Unvermeidbare hinauszuschieben. Ich marschierte zu Kat, Ming und Frankie hinüber, unterbrach ihr Gespräch und umarmte zunächst die anderen beiden, bevor ich sachte meine Arme um Frankie legte.

Sie sagte: »Ich bin froh, dass du gekommen bist.«

»Das lasse ich mir doch nicht entgehen«, sagte ich und erntete ein zustimmendes Lächeln von Kat.

Sie schnappte sich ein Weinglas, füllte es fast bis zum Rand mit Sauvignon Blanc und schob es mir vorsichtig hin. Dann entschuldigte sie sich und stupste ihren Ehemann an, damit er sie begleitete.

Ich nahm einen tiefen, herben, zu kalten Zug aus dem Glas. »Wollen wir nach draußen gehen?«

Frankie und ich gingen zum Pool, doch nachdem sie den dritten Moskito erschlagen hatte, zogen wir uns in die Küche zurück, wo außer uns nur noch das Hausmädchen war, das in einer großen, tiefen Pfanne Samosas frittierte. Gemeinsam beobachteten Frankie und ich, wie das Mädchen die Samosas aus der Pfanne fischte, zuerst auf Küchenpapier und dann auf eine Servierplatte legte.

Als das Hausmädchen damit fertig war, die Samosas übereinanderzustapeln, bot sie Frankie und mir die Platte an. Ich schüttelte den Kopf und war erstaunt, als Frankie sich einen nahm. Ich hatte mich daran gewöhnt, dass sie fast alles ablehnte.

Mit der Platte in der Hand ging das Dienstmädchen ins Wohnzimmer.

»Ich weiß«, sagte Frankie und fing meinen Blick auf. »Ich sollte das nicht.«

Ich bestritt, überhaupt auf diesen Gedanken gekommen zu sein.

Sie versuchte, von der Samosa abzubeißen, gab dann aber auf und steckte sich das ganze Ding in den Mund. Sie ließ den Unterkiefer herunterfallen und schnappte keuchend nach Luft, um das glühend heiße Dreieck abzukühlen. Als sie fertig war mit Kauen, sagte sie bedrückt: »Ich habe solche Angst davor, dass alles wieder so wird, wie es mal war.«

Ich wusste, dass sie nicht nur auf ihr Gewicht anspielte, doch ich sagte ihr automatisch, dass eine Samosa nichts ausmache.

Sie leckte sich das Fett von den Fingern. »Du kapierst es nicht. Ich war noch nie so glücklich wie hier in Singapur.«

Mit einem Mal waren die Küchengerüche erstickend. Mir drehte sich der Magen um. »Frankie, du musst nicht gehen.«

»Doch, muss ich.«

»Du kannst dir hier einen anderen Job suchen. Ich bin mir sicher, dass mein Vater und mein Onkel dir helfen werden.«

Sie knüllte die Serviette in ihrer Faust mit erstaunlicher Kraft zusammen. »Ich fange bald einen großartigen Job an. Ich werde ihn nicht mehr absagen. Und wer weiß? Vielleicht werde ich Hongkong genauso lieben.«

Wäre ich darauf eingegangen und hätte Frankie alles, was ich über Hongkong wusste, erzählt, hätte unser Gespräch vielleicht eine leichtere, optimistischere Wendung genommen. Stattdessen stellte ich die Frage, die mir im Kopf herumspukte: »Gehst du wegen mir?«

Sie sah mich lange an. »Ich muss die Verantwortung für meine Handlungen übernehmen.«

»Ich bin dir nicht mehr böse«, sagte ich und wusste, es war die Wahrheit.

Frankies Gesicht sackte zusammen, und ich befürchtete, sie würde anfangen zu weinen. Doch dann sagte sie: »Zum ersten Mal hat mich ein Typ, den ich attraktiv fand, auch gemocht. Ich weiß, wie dumm und trivial das klingt, aber für mich hat es sich gigantisch angefühlt. Es tut mir leid, dass ich auf meinen Verstand gepfiffen habe. Es tut mir leid, dass ich dich verletzt habe.«

Ich wollte die Hand ausstrecken und die Wange meiner Freundin berühren. »Entschuldigung angenommen.«

Im Laufe der letzten Monate hatte ich verfolgt, wie Frankie mühelos in ihr neues Leben in Singapur geschlüpft war. Sie hatte eine unkomplizierte Liebe zu meinem Heimatland entwickelt und ihre Freiheit und Unabhängigkeit ausgelebt. So hatte ich es in Amerika auch gemacht, war aber hier nicht in der Lage dazu.

Doch nun sah ich, dass ich vor lauter Neid geblendet gewesen war. Nichts war einfach gewesen für Frankie. Sie hatte sich alles erarbeiten müssen: Den Respekt meines Vaters und meines Onkels, das Vertrauen ihrer Kollegen, die Zuneigung ihrer neuen Freunde. Mit Mut und Hartnäckigkeit hatte sie das Fundament für ihr Leben in Singapur errichtet. Nur um nach Hongkong ziehen und wieder von vorn anfangen zu müssen. Und zwar allein, denn ihre Familie hatte sie nie auf die Weise gepäppelt und unterstützt, wie meine Eltern das getan hatten. Während ihrer Zeit hier hatte Frankie all das für sich zum Leuchten gebracht, was ich mit meiner Rückkehr nach Singapur aufgegeben hatte. Nun erkannte ich endlich, was ich gewonnen hatte.

»Ich wünschte, ich hätte mehr tun können, um zu helfen«, sagte ich.

Ihre Stirn entspannte sich. »Du hast einen Job für mich gefunden, mich deiner Familie und deinen Freunden vorgestellt – du hast mehr als genug getan.«

Es war nett von ihr, das zu sagen, doch wir wussten beide, dass es nicht stimmte. Ich war so kleinkariert und eifersüchtig gewesen, so eingesponnen in den Kokon meiner Probleme und unfähig, über meinen Schmerz hinauszusehen.

»Ich bin diejenige, die dir danken sollte«, sagte ich.

Frankie sah irritiert aus.

»Ich glaube nicht, dass ich Lin's eine Chance gegeben hätte, wenn du nicht da gewesen wärst. Ich hätte niemals beschlossen zu bleiben.«

Sie stieß ihr trötendes Lachen aus. »Da ist was dran, am Anfang warst du unausstehlich.«

Spielerisch knuffte ich sie in den Arm. »Wie bitte, Miss Was-ist-schon-der-Unterschied-zwischen-Fiberglastank-und-Steinfass?«

Als wir uns über den Küchentisch hinweg angrinsten, wusste ich, dass wir uns nie mehr so nahestehen würden, wie wir es auf dem College getan hatten. Letztendlich würde sie von

Hongkong aus weiterziehen, in wieder eine andere Stadt, und unsere Wege würden sich immer seltener kreuzen. Ich dachte schon ganz wehmütig an die beiden Mädchen zurück, die wir einst gewesen waren, so wie ich eines Tages mit Wehmut an unsere gemeinsamen Monate in Singapur zurückdenken würde.

Schließlich sagte Frankie: »Mein Flug geht morgen früh um sechs. Ich sollte wahrscheinlich anfangen, mich zu verabschieden.«

»Ich zuerst«, sagte ich, stellte mich auf die Zehenspitzen und nahm sie fest in die Arme.

»Tschüss, Gretch«, sagte sie und drückte die Tür auf.

Ich blieb noch eine Weile in der Küche und starrte in mein leeres Glas. In seinen wässrigen Tiefen sah ich Frankies Mum in der Einfahrt ihres plumpen einstöckigen Hauses in Fresno stehen, die in der Ferne immer kleiner wurde, während sie winkte.

Als das Hausmädchen zurückkam, starrte ich immer noch auf dieselbe Stelle. Sie legte die leere Platte in die Spüle und drehte den Wasserhahn auf. »Immer noch hier?«, fragte sie freundlich, ohne in meine Richtung zu blicken. »Alles was Sie brauchen da, *nah*?«

Meine Augen verfolgten ihre schnellen, sicheren Bewegungen. Ich sagte, ich sei versorgt.

Im Wohnzimmer machte Frankie ihre Runde der tränenreichen Umarmungen. Eine sich leerende Platte mit selbst gemachten Cupcakes wurde herumgereicht. Als sie bei mir ankam, drehte sich jemand um und hätte dabei beinahe die restlichen Cupcakes auf meiner Brust zermanscht, mit dem Zuckerguss zuerst.

»Oh, Scheiße«, sagte James.

»Knapp daneben«, sagte ich. Eine unerwartete Ruhe breitete sich in mir aus. Ich nahm mir einen Cupcake, nur um etwas zu tun zu haben, und reichte die Platte weiter.

Wir aßen still vor uns hin. Dann sagte ich: »Wie ist es dir ergangen?«

»Ganz gut«, antwortete er. »Und dir?«

Ich sah, wie Kat mich von der anderen Seite des Zimmers aus beobachtete. »Super«, sagte ich und leckte mir die Krümel aus den Mundwinkeln.

»Hab gehört, du hast dich entschieden zu bleiben.«

»Ist was dran an dem Gerücht.«

»Ob dir das nun etwas bedeutet oder nicht«, sagte er, »und wahrscheinlich wird es das nicht, aber es tut mir leid.«

Ich sah ihn an und stellte mir vor, wie ich dieses igelige Büschel auf seinem Kopf mit der Handfläche gleichmäßig herunterdrückte. »Ob dir das etwas bedeutet oder nicht, du solltest deinen Hairstyle ändern«, sagte ich. »Und ich vergebe dir.« Ich verabschiedete mich und gesellte mich zu Kat.

»Alles okay?«, fragte sie.

Ich legte einen Arm um sie, meine liebe alte Freundin, die mich nie entkommen ließ, die mich immer zurückholte.

Im Eingang blieb Frankie stehen, um in ihre Schuhe zu schlüpfen und uns ein letztes Mal zuzuwinken. Ich winkte zurück. Wie erstaunlich es sich anfühlte, eine von den vielen zu sein, die dablieben.

Als sie durch die Tür ging, trafen sich unsere Blicke.

Ich formte stumm die Worte: »Ruf an, wenn du gelandet bist«, und sie antwortete stumm, das würde sie.

Danach begannen die Leute, nach Hause zu strömen; schließlich war es ein Abend unter der Woche.

Kat gähnte träge, und Ming lachte. »Wir werden alt«, sagte er.

»Es ist nicht mal zwölf«, sagte irgendjemand, gähnte allerdings auch.

»Macht wenigstens diese letzte Flasche leer, bevor ihr alle verschwindet«, sagte Kat trotz ihrer Müdigkeit in brüskem Ton, doch diesmal hörte keiner auf sie.

»Soll ich jemanden nach Hause fahren?«, fragte James.

Ich schüttelte den Kopf wie alle anderen.

Als alle weg waren, half ich Kat und Ming, die Gläser und Teller in die Küche zu bringen. Dann verabschiedete ich mich ebenfalls.

Als ich draußen allein vor dem Haus stand, schloss ich die Knöchelriemchen meiner Sandalen.

Am nächsten Tag würde ich versuchen, Kontakt mit meinem Cousin aufzunehmen. Wieder einmal. Seit er aus dem Büro gestürmt war, hatte er jedes Familientreffen boykottiert. Selbst Tantchen Tina hatte nichts von ihm gehört, und mein Onkel weigerte sich immer noch, seinen Namen zu nennen. Ich hatte E-Mails geschickt und Sprachnachrichten hinterlassen. Ich war zu seinem Haus gefahren und hatte an die Tür geklopft – alles, um ihm klarzumachen, was er und ich, was wir beide wussten: Dass das duftende, gelbbraune Gebräu, das mein Großvater kreiert hatte, uns immer miteinander verbinden würde. Lin's gehörte ihm ebenso wie mir, und darin würde stets die größte Schwäche und die größte Stärke der Firma liegen.

Mir war klar, dass mein Versuch, Cal zu überzeugen zurückzukommen, scheitern könnte und dass es in dem Moment, in dem ich ihn erwischte, schon zu spät sein könnte. Doch wenn ich ganz genau hinschaute, sah ich, dass mein Cousin mir gar nicht so unähnlich war: Wild entschlossen, sein eigenes Leben zu führen, um Jahre später zu erkennen, dass er sich nicht mehr erinnern konnte, wann und wie er zu dieser Entscheidung gekommen war. Eines Tages würde ich vielleicht keine andere Chance haben, als ihn vor Gericht zu schleppen, um unsere Sojasoße zu retten. Sollte ich dazu gezwungen sein, ich würde es tun. Doch ich würde es weiter mit Mitgefühl versuchen und niemals verharmlosen, wie schwierig es war, sich an eine Welt anzupassen, die nicht im Geringsten so war, wie man sie sich vorstellte.

In den folgenden Tagen würden Einzelheiten geprüft und Entscheidungen getroffen werden müssen. Aber an diesem Abend, als ich das Haus meiner Freundin aus Kindheitstagen verließ und in die warme, windstille Luft hinausging, verscheuchte ich solche Gedanken aus meinem Kopf.

Ich stellte mir meine Eltern in der Dunkelheit ihres Schlafzimmers vor, wie sie lauschten, wenn ich nach Hause kam, so wie sie es schon getan hatten, als ich ein Teenager gewesen war. In dem Moment, in dem ich die Treppenstufen hochging, würde Ma den Kopf aus der Tür stecken. »Da bist du ja«, würde sie sagen.

»Bin ich.«

»Schlaf jetzt.«

»Werd ich.«

»Sie ist wieder da«, würde sie zu meinem Vater sagen, während sie die Tür schloss, und er würde daraufhin ein grunzendes Geräusch von sich geben.

In Wahrheit lagen die beiden vermutlich sanft schnarchend im Bett.

Unter den Lichtern in Kats Nachbarschaft schlängelte sich die leere Straße und verschwand hinter einer Biegung. In den umliegenden Häusern wurden die Lampen ausgeknipst und die Vorhänge zugezogen. Ich setzte erst einmal einen Fuß vor den anderen, genoss das Vergnügen, allein zu sein, niemanden zu haben, zu dem ich nach Hause hetzen musste, und keinen Ort zu haben, an dem ich sein musste.

Druck:
CPI Druckdienstleistungen GmbH
im Auftrag der
Zeitfracht GmbH
Ein Unternehmen der Zeitfracht - Gruppe
Ferdinand-Jühlke-Str. 7
99095 Erfurt